VICOMTE G. D'AVENEL

LES
ÉVÊQUES ET ARCHEVÊQUES
DE
PARIS

DEPUIS SAINT DENYS JUSQU'A NOS JOURS

AVEC DES DOCUMENTS INÉDITS

TOME PREMIER

L

PARIS
LIBRAIRIE INTERNATIONALE-CATHOLIQUE
Rue Bonaparte, 66

LEIPZIG
L.-A. KITTLER, COMMISSIONNAIRE
Querstrasse, 34

Vve H. CASTERMAN
ÉDITEUR PONTIFICAL, IMPRIMEUR DE L'ÉVÊCHÉ
TOURNAI

LES

ÉVÊQUES ET ARCHEVÊQUES

DE PARIS

Vicomte G. D'AVENEL

LES
ÉVÊQUES ET ARCHEVÊQUES
DE
PARIS

DEPUIS SAINT DENYS JUSQU'A NOS JOURS

AVEC DES DOCUMENTS INÉDITS

TOME PREMIER

PARIS   LEIPZIG
LIBRAIRIE INTERNATIONALE CATHOLIQUE   L.-A. KITTLER, COMMISSIONNAIRE
Rue Bonaparte, 66   Querstrasse, 34

Vve H. CASTERMAN
ÉDITEUR PONTIFICAL, IMPRIMEUR DE L'ÉVÊCHÉ
TOURNAI
1878

Tous droits réservés.

INTRODUCTION.

Quand, le soir, à la tombée de la nuit, vous entrez dans une grande salle, vénérable débris d'un vieux manoir du moyen âge, toute garnie des portraits des aïeux, ne vous semble-t-il pas que ces héros d'un temps qui n'est plus, que ces nobles dames et ces gentilshommes à la mine hautaine, vont descendre de leur cadre et venir converser ensemble, à mi-voix et le sourire aux lèvres, sur les *moult* belles prouesses du passé?

Ainsi à Notre-Dame de Paris, quand un silence profond règne dans la vaste nef, quand les lourds piliers sont enveloppés de ténèbres, il semble que les illustres prélats qui se sont succédé dans la vieille basilique, vont soulever la dalle de leur tombeau et se ranger, muets et graves, devant le large autel de granit.

Ils sont là tous, la mitre en tête et la crosse à la main. Saint Denis est à leur tête ; et ils portent empreinte sur le visage cette immuable sagesse que l'on doit avoir de l'autre côté du tombeau.

Ici est Saint Marcel, là Saint Germain, puis Saint Landri ; plus loin est Gozlin, le saint prélat, l'évêque patriote, le défenseur de Paris. On distingue Maurice de Sully, qui posa la première pierre de Notre-Dame, et Guillaume Chartier, qui en posa la dernière ; Jean de Courtecuisse, l'ennemi des Anglais, et le bouillant cardinal de Retz, et Mgr de Harlay, et de Noailles, et Christophe de Beaumont, et la grande et fine figure du cardinal de Talleyrand, et Mgr Sibour, le pardon aux lèvres, et Mgr Darboy, héritier du courage de ses prédécesseurs, héritier aussi de leur martyre.

Illustre et mémorable galerie que celle de ces évêques et archevêques de Paris ; bienfaiteurs et pères de la capitale dont ils ont été si longtemps les rois, ils nous apparaissent avec une auréole de gloire, grandioses, hardis et transfigurés. Quelle noblesse ! Quelle grandeur ! Il y en a d'humbles et de grands, d'obscurs et d'illustres, de doctes et de simples ; mais il y en a peu qui n'aient été à la hauteur du poste éminent auquel ils étaient élevés.

L'histoire des archevêques de Paris, c'est à la fois l'histoire de Paris et l'histoire de l'Église, c'est presque l'histoire de la France. Paris a eu ses rois, ses prévôts, ses lieutenants, ses préfets et ses maires : mais il a toujours eu des évêques. Les rois ont parfois déserté leur ville, les prévôts maltraitaient souvent le bon peuple, et les préfets ne s'en souciaient guère. Heureusement, les évêques étaient là, consolant et combattant, plaidant les intérêts de la capitale et la défendant contre les Normands, contre les Anglais, contre le roi de France lui-même.

Eux seuls étaient vraiment les « pères du peuple. » Le premier évêque de Paris fut son véritable fondateur ; c'est par ses évêques que Paris était gouverné, domination douce et patiente entre toutes.

Durant toute cette période barbare du moyen âge, à côté du *palais des comtes,* en face de la Grève et de ses pendaisons, s'élevait la maison de l'évêque, adossée à la maison de Dieu.

C'était la douceur religieuse opposée à la force brutale. Quand les rois, après Charlemagne, fixèrent leur résidence à Aix-la-Chapelle, les évêques remplacèrent les rois, comme ils avaient remplacé les gouverneurs romains, comme ils avaient remplacé les généraux.

C'est dans le sein de l'évêché qu'est née cette fameuse

Université de Paris, à qui l'on a tenté de faire renier sa mère.

Le peuple de Paris a toujours vénéré ses évêques, car Notre-Dame était un *asile,* comme la maison de l'évêque était une hôtellerie.

Il fallait que la grande ville devînt cosmopolite, pour que ses archevêques y périssent assassinés. La barbarie est à la fin comme au commencement de l'histoire des peuples. Serait-ce pour cela que Mgr Darboy et saint Denis sont morts tous deux martyrs?...

PARIS EN L'AN DE GRACE 250.

I

Cécrops fut le fondateur d'Athènes, Romulus fut celui de Rome ; quel fut le fondateur de Paris ?

Et cependant Paris ne s'est pas fondé tout seul.

Nos pères, plus crédules et qui pensaient que l'antiquité était pour une ville un titre de noblesse, font remonter la création de Paris jusqu'à la prise de Troie par les Grecs, quelques-uns même jusqu'à un petit-fils de Noé.

Quoi qu'il en soit, en 250 après Jésus-Christ, Paris n'était guère qu'un gros bourg, sans grande importance commerciale, sans aucune importance politique.

Paris est né, comme on sait, dans cette vieille île de la Cité, qui a la forme d'un berceau. Cette île, moins grande autrefois qu'aujourd'hui, parce qu'on y a ajouté à l'ouest deux petites îles, à l'est un monticule factice qui est aujourd'hui le terre-plein du Pont-Neuf, n'était pas même à cette époque entourée de murailles. La grève de son île fut la première enceinte de Paris, la Seine fut son premier fossé.

Toutefois Paris avait déjà son histoire, car Paris ne fut jamais une ville heureuse. Les villes sont comme les peuples et les hommes : elles n'achètent la gloire qu'au prix de la paix. Il y avait de cela longtemps, il n'en restait plus de témoins oculaires ; mais la tradition était encore toute vivante chez les Parisiens, et le récit s'en transmettait fidèlement de génération en génération.

Un jour Labiénus, le lieutenant de César, était venu avec une armée nombreuse et avait assiégé la ville. Les Parisiens étaient Gaulois et ils étaient braves, parce que leur nation le voulait ainsi.

Camulogène, leur chef, les assembla, et ils jurèrent de se défendre. Les ponts furent coupés, et les hommes allèrent à la rencontre des Romains. Labiénus, ne pouvant passer la Seine devant Paris, fit descendre ses troupes jusqu'à Sèvres, et la bataille s'engagea dans les plaines d'Issy. Elle dut être terrible.

Mais le soir les Gaulois étaient battus et Camulogène était mort. Alors ceux qui restaient, rentrèrent dans leur capitale et y mirent le feu. Ce qui n'empêcha pas leurs compatriotes de se soumettre. L'honneur était satisfait.

Dès lors, la cité des *Parisii* était devenu une petite ville; elle s'appela Lutèce, se rebâtit plus belle, et se repeupla en un clin d'œil.

Au reste, les habitants n'étaient que très-imparfaitement policés. « On n'entendait que des chansons qui paraissaient plutôt des cris de guerre que des sons mélodieux ; on voyait des tables qui annonçaient des ivrognes et non des convives. Un repas ne finissait guère sans qu'il y eût du sang répandu. La bonté n'était qu'une stupide bonhomie, et lorsqu'on l'avait en partage, on demeurait éternellement oublié. »

II

Les notables de Paris étaient les *nautæ,* ou bateliers, ou, comme on les appelait au moyen âge, les *marchands de l'eau.* Paris devenu grand s'est souvenu de son humble origine, et a placé un vaisseau dans ses armes.

Les monuments du culte gaulois consistaient, avant la conquête, soit en pierres brutes ou obélisques grossiers, plantés en terres et nommées *pierres fixes*, soit en un groupe de pierres dont l'une, plus large, était élevée sur deux autres qui lui servaient de soutiens, ce qu'on appelait *pierres levées*.

Les bateliers parisiens étaient avant tout attachés à leurs intérêts ; à une époque où les routes de terre étaient rares et impraticables, le commerce se faisait presque exclusivement par les fleuves et les rivières ; leur position était donc des plus avantageuses, et ils songeaient à en tirer parti. Ils n'étaient que médiocrement attachés à leur dieu Teutatès ; en se soumettant, ils bâtirent un temple à Jupiter, dont ils ne se souciaient guère, et tout fut dit.

Ce temple de Jupiter, à peu près le seul monument qui nous reste de cette époque, n'a pas longtemps survécu à ceux qui l'avaient élevé, mais en 1711, en creusant sous le chœur de Notre-Dame de Paris un caveau destiné à la sépulture des archevêques, on découvrit un certain nombre de bas-reliefs, et une pierre sur laquelle était gravée l'inscription suivante :

TIB. CÆSARE

AUG. IOVI OPTVMO

MAXVMO

NAUTAE PARISIACI

PVBLICE POSVERVNT

« Sous Tibère César Auguste, à Jupiter très-bon, très-grand, les mariniers parisiens ont publiquement élevé ce monument. »

Cette inscription a fourni matière à des dissertations sans fin, comme sans intérêt; le temple des bateliers s'est écroulé et à sa place même s'est élevée Notre-Dame de Paris.

Le territoire des Parisiens était alors, dans sa plus grande dimension, d'une dizaine de lieues; plus grand que le département actuel de la Seine, plus petit que celui de Seine-et-Oise. Il était habité par environ quatre mille hommes. Au sud de Lutèce, ce qui est aujourd'hui le quartier latin, ce qui fut l'Université au moyen âge, était le *mont de Lutèce*.

C'était là que les gouverneurs, puis les empereurs romains, s'étaient fait bâtir un palais que Julien agrandira et auquel il donnera son nom. Ce palais descendait jusqu'à la Seine; ses jardins, ses cours, ses dépendances de toute sorte s'étendaient sur un espace fort grand, depuis la rive du fleuve jusqu'à l'emplacement actuel de la Sorbonne. De l'autre côté étaient des bois, entre autres les *bois des charbonniers,* où s'élèvent aujourd'hui les Tuileries.

Lutèce était donc une petite île entourée de bois, de marais, de prés et de vignes; deux ponts la réunissaient à la terre ferme.

A droite, le grand pont, aujourd'hui Pont-au-Change; à gauche, le petit pont, aujourd'hui pont Notre-Dame. Les deux ponts ne se correspondaient pas, et l'ancienne rue étroite et tortueuse de la Calande conduisait de l'un à l'autre.

A cette époque, les villes gauloises étaient, comme Lutèce, placées sur la lisière des bois ou sur le bord des fleuves. L'extrême légèreté de leurs constructions obligeait les habitants à chercher de cette manière un refuge contre l'ardeur du soleil, qu'ils redoutaient plus que la rigueur du froid.

« Les maisons, selon l'expression pittoresque d'un auteur du siècle dernier, étaient petites et rondes en forme de guérite et de moulins à vent, sans cheminées, bâties de bois et de terre, couvertes de paille et de roseaux. »

En effet, les habitations étaient moitié de bois, moitié de pierres brutes, jointes avec de la terre glaise et surmontées d'un toit conique. Elles n'avaient pas de fenêtres. Les maisons riches pouvaient avoir jusqu'à une quarantaine de mètres en largeur, celles du peuple ressemblaient assez aux huttes que nos charbonniers se construisent dans les bois.

Pour gagner de la hauteur, on creusait à une profondeur de plusieurs mètres en terre, de telle sorte qu'au lieu de monter, on descendait dans les maisons.

Aussi Vitruve dit-il avec dédain des Gaulois, « qu'ils ne construisent d'édifices qu'avec des branches d'arbres, des roseaux et de la boue. »

Julien, qui vint, un siècle plus tard, passer les hivers dans sa *chère Lutèce,* en fait la description suivante : « Elle est bâtie dans une île de médiocre étendue, sur un fleuve qui fournit toujours aux habitants une eau très-agréable et qui paraît toujours pure. L'hiver y est moins rigoureux qu'ailleurs, aussi ce pays possède-t-il d'excellents vignobles. »

Les vignobles s'en sont allés comme les bois, comme le palais des Thermes, comme Julien lui-même et sa philosophie. Toutefois, en 250, Lutèce méritait déjà le nom de cité, *civitas,* que lui donnaient ses habitants. Sans parler du temple de Jupiter, déjà en ruine à cette époque, ni du palais des gouverneurs, elle avait sa *place* destinée au commerce, sur l'emplacement actuel de la place du Palais; sa prison, connue sous le nom de *prison de Glaucin* et située non loin du quai aux fleurs; ses deux ponts, et de plus, quelques maisons de notables habitants.

Ce fut à cette époque que Denis vint dans les Gaules, envoyé par le Souverain-Pontife. Ce que César avait commencé, Denis allait le consommer pour Lutèce. La foi pour Paris, c'était la vie et la civilisation. Mais l'œuvre de Denis devait être plus durable que celle de

César ; où le conquérant avait répandu le sang des autres, l'apôtre devait donner tout le sien.

Il arriva à pied, accompagné du prêtre Rustique et du diacre Éleuthère, deux compagnons qui secondaient son zèle et n'inspiraient pas moins de respect que leur maître, par leur air simple et majestueux.

L'arrivé de saint Denis à Paris, cette arrivée simple, inaperçue du vulgaire, n'est-ce pas la vraie fondation de Paris ?

NOTRE-DAME DE PARIS.

I

Il est environ huit heures du soir ; le soleil vient de se coucher derrière le mont de Lutèce ; quelques lumières brillent encore dans les cours et aux abords du palais des gouverneurs ; le reste de la cité est enveloppé de ténèbres. La lune ne s'est pas encore levée, le silence et l'obscurité règnent dans la petite ville des *Parisii,* dans les champs, sur le fleuve, dans les bois qui l'environnent.

Cependant, non loin des ruines du temple de Jupiter, dont les voûtes et les cintres suivent parallèlement les arcs du ciel, et qui se fondent dans la teinte grise des nuages, quelques ombres discrètes apparaissent tour à tour, arrivant on ne sait d'où, pour disparaître un moment après dans les entrailles de la terre. Peu à peu, à mesure que les ténèbres se font plus intenses et plus opaques, les ombres augmentent. De tous côtés on les voit surgir et se diriger silencieusement vers le même point, quelques barques arrivent d'amont et d'aval de la Seine; elles abordent à la même place; quelques hommes en descendent, puis elles reprennent leur course sans bruit, sans que les rameurs aient échangé un mot ou même un signe.

Parmi ces ombres, quelques-unes marchent lentement, d'autres précipitent leurs pas; un grand nombre se retournent avant de s'engouffrer dans le souterrain, pour s'assurer qu'elles ne sont pas suivies.

Pénétrons à la suite de l'une d'elles dans cette crypte mystérieuse. L'entrée en était soigneusement dissimulée dans une carrière abandonnée; après bien des tours et des détours, on poussait une porte et l'on s'engageait dans une sombre galerie, éclairée par quelques torches de résine fixées aux parois par des crampons de fer. Puis on pénétrait dans une large pièce de forme circulaire, assez pauvrement éclairée, et remplie d'hommes et de femmes chantant à mi-voix des cantiques.

Dans le fond était un autel, sur l'autel une croix et quelques vases d'or ou d'argent apportés exprès pour la cérémonie. Devant l'autel est un homme revêtu des ornements pontificaux des premiers siècles; cet homme est l'évêque Denis.

Cette crypte souterraine, c'est la basilique de Notre-Dame de Paris.

Semez et vous récolterez : cette sainte cave était la graine, Denis semait; il semait pour ses successeurs, il semait pour l'Eglise, car il ne devait point récolter.

Les païens étaient les maîtres, et leurs temples avaient droit de cité au grand soleil; mais leurs temples étaient en ruines, et ceux des chrétiens n'étaient pas encore sortis de terre : leur heure n'était pas venue....

Cette peinture de l'Eglise sous les empereurs, de la crypte qui se dissimule, des fidèles qui se cachent, des prélats qui prêchent et convertissent en cachette et ne se montrent que pour mourir, est la reproduction fidèle de ce que fut l'Eglise chrétienne jusqu'à la conversion de Constantin.

Saint Denis, traqué comme un malfaiteur, ne pouvait élever de temple; mais la religion était puissante, et les puissants ont le temps d'attendre; c'est pourquoi les églises descendaient sous terre et se fortifiaient en attendant.

Qui se souvient aujourd'hui, en face de Notre-Dame élevant vers le ciel ses tours hautaines et tranquilles et sa flèche aiguë qui déchire les airs, qui se souvient de l'humble crypte de saint Denis?

Le chêne ne se presse pas de sortir de terre, aussi vit-il plus longtemps que les autres arbres.

C'était à peu près sur l'emplacement actuel du *terrain,* qu'était la crypte de saint Denis. Ce fut également à cette place que fut bâtie la première église parisienne.

Quoique l'ancienneté de Saint-Germain-des-Prés et celle de la petite église de Saint-Denis-du-Pas soient indiscutables, il est néanmoins certain qu'elles ne peuvent être opposées à celle de Notre-Dame de Paris.

Il y avait déjà longtemps que Cicéron avait dit que deux augures ne pouvaient plus se regarder sans rire; Ovide avait raconté en vers légers la vie peu édifiante de Jupiter et de Junon, les jongleries de Mercure, les galanteries de Vénus, les malheurs de Vulcain : et les poëtes se jouaient ouvertement de la vieille religion païenne, et personne ne s'était montré scandalisé; l'ancien culte des dieux de l'Olympe n'était plus, pour ainsi dire, que parce qu'il avait été; il vivait sur le souvenir du passé, semblable à ces monuments qui résistent et se soutiennent encore par leur force d'autrefois.

Constantin, en se convertissant au christianisme, le consacra et lui donna dans tout l'empire romain ses lettres de créance; alors les églises s'élevèrent sans crainte de tous côtés, alors aussi fut bâtie à Paris, sur les débris de l'ancien temple païen et succédant à la crypte du premier évêque, la première cathédrale. Elle fut consacrée à *saint Etienne,* premier martyr.

On a fort peu de renseignements sur cette première basilique; mais ce ne devait être qu'un bien modeste édifice, sans grande consistance, et sans élégance aucune.

Ce fut sous l'administration de Massus, troisième évêque de Paris.

Cette église de Paris fit peu de bruit dans l'histoire; à peine les auteurs la mentionnent-ils. Encore n'est-ce que pour lui dénier le privilége d'église métropolitaine, où, comme on disait alors, de basilique.

A cette époque, où les cimetières étaient toujours hors des cités, il n'y avait rien d'étonnant à ce que les évêques de Paris n'aient pas été enterrés dans leur église. Les cimetières gallo-romains, où les tombes portaient cette inscription : *Sta, viator,* étaient généralement placés au bord des routes.

II

Moins de deux cent cinquante ans plus tard, sous le règne de Childebert, à cette basilique, devenue insuffisante, on en joignit une seconde nommée dans le testament d'Erminetrude, *basilique de dame Marie*. Le roi Childebert avait fait élever, vers 555, cette seconde basilique à la sollicitation de saint Germain, évêque de Paris, qui transféra aussitôt le service divin de Saint-Etienne à Notre-Dame.

Dès lors, Paris avait véritablement une cathédrale digne de lui. Le pieux Fortunat, évêque et poëte, a célébré la munificence de Childebert et la beauté de la nouvelle église. Dans son enthousiasme, il la compare au temple de Salomon, tout en trouvant une infériorité notable à ce dernier.

« Le pieux roi Childebert a fait à son peuple ce présent qui ne périra point. Entièrement dévoué à l'honneur du culte divin, il a beaucoup augmenté les revenus de cette église. Ce Melchisédech français, prêtre et roi tout ensemble, éleva ce monument à la religion. »

De si glorieux faits immortaliseront sa mémoire.

Non content de chanter ainsi la basilique de Notre-Dame, Fortunat en donne une description minutieuse.

Elle était soutenue, paraît-il, par trente colonnes de marbre, et ses vitres splendides étaient, au lever de l'aurore, d'un effet magnifique.

Cette basilique reçut pour legs un vase en argent en forme de conque d'une valeur de douze sols d'or, et une croix valant sept sols d'or. Elle reçut aussi un plat d'une valeur de cinquante sols.

La petite église de Saint-Etienne tombait en ruines vers l'an 700 ; elle fut rebâtie, et, chose curieuse, lors de l'invasion des Normands, elle fut seule épargnée par ces barbares, tandis que sa voisine Notre-Dame était presque complétement détruite.

Pendant plusieurs siècles, Paris offrit donc le spectacle étrange d'une ville ayant deux cathédrales en une seule, une grande et une petite, Notre-Dame et Saint-Etienne. Ce fut la plus petite qui résista le plus longtemps aux injures des hommes et du temps. On les appelait Saint-Etienne et Sainte-Marie, mère de Dieu.

C'était le destin de Notre-Dame de Paris d'être incessamment mêlée aux grands événements religieux ou politiques de Paris et de la France ; événements plutôt tristes qu'heureux et dont elle n'eut toujours qu'à souffrir. Vingt fois Notre-Dame fut sur le point d'être ruinée ou détruite ; heureusement Notre-Dame de Paris ne peut pas périr.

Avant d'être détruite complétement, la vieille basilique de Childebert fut encore témoin, en 1168, d'une assemblée qui sera la gloire de celui qui l'a provoquée. Maurice de Sully et le chapitre de Paris décidèrent que le lit de l'évêque ainsi que celui des chanoines appartiendraient de droit après leur mort aux pauvres de l'Hôtel-Dieu.

Depuis le siége de Paris par les Normands, l'église de Saint-Etienne, couverte de blessures, menaçait ruine. Anschéric l'avait représenté en 908 au roi Charles le Simple, qui n'avait rien voulu entendre, et tout ce que put faire Louis le Gros, fut d'allouer une somme annuelle de dix livres pour la toiture de la cathédrale.

Les populations, persuadées que le monde finirait au bout de mille ans, ne songeaient pas à réparer les églises ; ce ne fut qu'après l'an 1000 que l'on se mit avec un véritable enthousiasme à bâtir les basiliques que nous admirons aujourd'hui, et que, selon l'expression bien connue d'un auteur du temps, « la France se couvrit d'un blanc manteau d'églises. »

En 1163, vint le tour de Notre-Dame et fut commencée la merveilleuse cathédrale actuelle.

Quand la démolition de l'ancienne église fut décidée et que la nouvelle fut assez avancée, on transporta, dit la Chronique, à Notre-Dame de Paris, le trésor de la basilique de Childebert qui se composait de trois dents de saint Jean, un bras de saint André, des pierres teintes du sang de saint Etienne et qui avaient servi à son martyre, enfin la tête de saint Denis. Notre-Dame était la troisième église élevée sur l'emplacement de la crypte de saint Denis, qui avait elle-même remplacé le temple de Jupiter.

III

En traitant de l'influence du christianisme dans les arts, dit Chateaubriand, il n'est besoin ni de subtilité ni d'éloquence ; les monuments sont là pour répondre aux détracteurs du culte évangélique.

Il suffit de nommer Saint-Pierre de Rome, Saint-Paul de Londres, Sainte-Sophie de Constantinople et Notre-Dame de Paris, pour prouver qu'on est redevable à la religion des chefs-d'œuvre de l'architecture moderne. Le christianisme a rétabli, dans l'architecture comme dans les autres arts, les véritables proportions. Nos temples du moyen âge, moins petits que ceux d'Athènes et moins gigantesques que ceux de Memphis, se tiennent dans ce sage milieu où règnent le beau et le goût par excellence.

Qu'est-ce que les cintres de l'architecture romane, les voûtes sans ornement et sèches dans leur simplicité, auprès de cet abondant, de ce magnifique et généreux style gothique, avec ses arceaux hardis et gracieux à la fois, ses ogives, ses dentelles et ses fleurs!

On aurait vainement bâti des temples grecs bien élégants, bien éclairés, pour rassembler le bon peuple de saint Louis, il aurait toujours regretté sa vieille et splendide Notre-Dame, toute moussue, toute remplie des générations des décédés et des âmes de ses pères, et la tombe d'un saint archevêque ou d'un guerrier illustre sur laquelle il *soulait* se mettre à genoux durant la messe, sans oublier les sacrées fontaines où il fut porté à sa naissance.

Les générations passent, les églises restent.

Voilà pourquoi il n'y a rien de merveilleux dans un temple qu'on a vu bâtir, et dont les échos et les dômes se sont formés sous nos yeux. Dieu est la loi éternelle; son origine et tout ce qui tient à son culte doit se perdre dans la nuit des temps; tel est le cas de Notre-Dame.

Il y avait trois ans en 1163 que Maurice de Sully occupait le siége épiscopal de Paris.

Maurice de Sully, homme d'une naissance obscure, se montra supérieur à son siècle. On était arrivé à ce temps où la foi faisait des prodiges; l'enthousiasme pour les monuments sacrés était porté au plus haut point; les églises surgissaient de toutes parts sous la protection puissante des prélats.

Le moment était propice.

Malheureusement l'importance même de l'œuvre en rendait l'exécution difficile : Notre-Dame de Paris ne pouvait pas être un monument vulgaire ; l'église métropole du royaume devait être édifiée sur un plan grandiose, par des architectes habiles : Maurice de Sully l'avait bien compris.

Bâtir Notre-Dame de Paris, telle fut l'unique, la constante préoccupation de l'évêque ; or, Maurice était un vertueux et intelligent prélat ; c'était surtout un homme d'une indomptable énergie. Il s'était juré à lui-même de réussir : il réussit.

Quand une idée s'incarne dans un homme, elle le tue, ou il l'exécute ; ce fut ainsi que la postérité attacha le nom de Maurice de Sully à la basilique dont il fut l'ouvrier, l'instigateur, le père.

En juillet 1163, sous le règne de Louis le Jeune, sur l'emplacement déjà consacré par la prière des siècles précédents, le pape Alexandre III, alors réfugié en France pour fuir la persécution de l'empereur Frédéric et de l'antipape Victor, posa la première pierre de Notre-Dame.

Ce fut une *moult* belle cérémonie, et le soir, quand le pape se retira dans la maison de l'évêque, qui voyait s'accomplir son vœu le plus cher, le peuple de Paris s'en retourna joyeux dans ses demeures.

L'évêque avait à cœur d'avancer rapidement l'exécution de son hardi projet ; aussi les travaux furent-ils commencés avec une incroyable activité.

Le mercredi 19 mai 1182, le grand autel fut consacré par Henri de Château-Marcay, légat du Saint-Siége, au moment où l'on achevait le chœur et où l'on commençait les nefs. Trois ans après, la construction de l'église était assez avancée pour qu'il fût possible d'y célébrer l'office divin, et le 17 janvier 1185, Héraclius, patriarche de Jérusalem, venu à Paris pour prêcher la croisade, y célébra la messe en présence de Maurice de Sully et de son clergé.

« Il y a longtemps, écrivait Robert du Mont, sous le règne suivant, que Maurice, évêque de Paris, travaille à bâtir son église ; le chœur est achevé, il n'y manque que le toit ; quand cet ouvrage sera terminé, il n'y aura pas d'édifice en deçà des monts qui pourra lui être comparé. »

Malgré son ardeur et son enthousiaste entraînement, l'illustre fondateur mourut le 11 septembre 1196, sans avoir la consolation de voir achever sa cathédrale. Maurice, en mourant, ne laissa d'imparfait que la partie du portail méridional et une partie de l'intérieur de l'église, entre autres, les ornements et les chapelles.

Notre-Dame était donc *à peu près* terminée, et

cependant jamais on n'en put faire la dédicace, et au xve siècle, le roi Charles VII allouait encore des sommes considérables pour l'achèvement de la basilique.

Autant Maurice était de pauvre et basse extraction, autant son successeur était de haute et noble race.

Odon de Sully était parent de Philippe-Auguste et du roi Henri d'Angleterre : il devait obtenir facilement les sommes qui lui étaient nécessaires ; aussi fit-il continuer activement les travaux jusqu'en 1208, époque de sa mort.

Maurice avait été inhumé dans le chœur de l'église de Saint-Victor, et son successeur eut la consolation d'être enterré dans son église sous une tombe de cuivre où l'on voyait sa figure en relief.

Les guerres, les discordes intestines, les malheurs publics paralysèrent les efforts des évêques qui succédèrent à Odon de Sully, si bien que plus de deux siècles après l'ouverture des travaux, les derniers couronnements n'étaient pas encore posés à l'œuvre.

Commencée sous le règne de Louis le Jeune et l'épiscopat de Maurice de Sully, la basilique ne fut achevée que sous Charles VII et sous l'épiscopat de Guillaume Chartier.

Une fois terminée, la cathédrale parut si belle à nos pères et produisit sur eux tant d'effet, qu'ils la regardaient comme le plus majestueux édifice de la chrétienté. Elle terrifiait et pénétrait de respect, au dire des chroniqueurs ; *quæ mole sua incutit spectantibus*.

Robert Cœnalis, comparant Notre-Dame de Paris à ce fameux temple de Diane à Éphèse, tant acclamé par les anciens païens, et qui a immortalisé Érostrate, trouvait la cathédrale gauloise *plus excellente en longueur, largeur, hauteur et structure*.

Et, chose étonnante, malgré les variations du goût et des principes dans l'art, durant son édification, cette grandiose basilique présente aux yeux de l'observateur une surprenante unité. Toutes les parties sont dans des rapports harmonieux et offrent un accord frappant.

A l'intérieur, Notre-Dame a bien ce cachet indéfinissable de grandeur divine, de majesté sereine et même un peu triste, qui pénètre profondément le visiteur. On n'y peut entrer sans éprouver une sorte de frémissement et un sentiment vague de la divinité ; tout à coup reporté à ces temps, où les cénobites, après avoir médité dans les bois de leurs monastères, venaient se prosterner à l'autel et chanter les louanges du Seigneur dans le calme et le silence de la nuit. L'ancienne France semble revivre ; on croit voir ces costumes singuliers, ce peuple si différent de ce qu'il est aujourd'hui.

Devant ces monuments immenses et pour ainsi dire éternels, on est saisi de la rapidité de l'existence humaine.

« Notre-Dame de Paris, a dit Victor Hugo dans sa description de la basilique, n'est pas ce qu'on peut appeler un monument complet, défini, classé. Ce n'est plus une église romane, ce n'est pas encore une église gothique. Cet édifice n'est pas un type. Notre-Dame de Paris n'a point, comme l'abbaye de Tournus, la grave et massive carrure, la ronde et large voûte, la nudité glaciale, la majestueuse simplicité des édifices qui ont le plein cintre pour générateur. Elle n'est pas, comme la cathédrale de Bourges, le produit magnifique, léger, multiforme, touffu, hérissé, efflorescent de l'ogive. »

Et cependant Notre-Dame est restée l'église gothique par excellence ; ces voûtes ciselées en feuillage, ces jambages qui appuient les murs et finissent brusquement comme des troncs, les passages secrets, les portes abaissées, tout en fait sentir la religieuse horreur, les mystères et la divinité ; tout cela était le type de Notre-Dame.

On a longtemps pensé que l'église Notre-Dame de Paris, voisine de la Seine, était bâtie sur pilotis ; on racontait même à ce sujet, jusqu'au XVIIe siècle, les plus étonnantes histoires.

On allait jusqu'à décrire ces pilotis ; on prétendait qu'on allait en bateau entre les rangs de bois, que, à de certaines époques, on en faisait la visite par troupe de dix ou douze personnes ; on commentait les dangers de ces visites.

Bien plus, on voyait des gens affirmer de bonne foi qu'il se trouvait dans ces eaux vertes et croupies des monstres épouvantables, et un auteur du siècle dernier vit un ouvrier « qui lui soutenait avoir travaillé dans cette espèce de souterrain et qui, s'il l'eût laissé dire, lui aurait narré les dangers auxquels il y avait été exposé. »

Au mois de mai 1756, lorsqu'on fit la fouille pour les fondations du bâtiment du trésor, on reconnut que celles de l'église reposaient sur un gravier ferme. Elles étaient formées de quatre assises de pierres de taille excessivement dures. Dessous étaient de gros moellons posés sur un mortier de chaux et de sable formant un corps continu et sans vide, plus solide que la pierre elle-même.

L'histoire de Notre-Dame, de 1460 à 1789, est plutôt l'histoire de ses restaurations successives, restaurations qui ont plutôt beaucoup nui à la grandeur du monument, qu'elles n'ont ajouté à sa beauté. Une œuvre comme Notre-Dame se dégrade parfois, mais jamais ne se restaure.

Victor Hugo, amoureux, à juste titre, de la Notre-

Dame de Philippe-Auguste, de Charles V et de saint Louis, déplore les changements que la Renaissance, puis le siècle de Louis XIV y ont successivement apportés. Et ces myriades de statues, dit-il, qui peuplaient tous les entre-colonnements de la nef et du chœur, à genoux, en pied, équestres, hommes, femmes, enfants, rois, évêques, gens d'armes, en pierre, en marbre, en or, en argent, en cuivre, en cire même, qui les a brutalement balayées?

Et qui a substitué au vieil autel gothique, splendidement encombré de châsses et de reliquaires, ce lourd sarcophage de marbre à têtes d'anges et à nuages? N'est-ce pas Louis XIV accomplissant le vœu de Louis XIII?

Le temps, les hommes et les révolutions se sont ligués contre Notre-Dame. Cet art magnifique que les Vandales avaient produit, les académies l'ont tué.

Durant la guerre de Cent ans et l'occupation étrangère, Notre-Dame fut respectée par les Anglais; les évêques ne l'abandonnèrent pas, ils veillèrent sur leur troupeau et sur leur église.

Sous la Révolution, après la promulgation de la constitution civile du clergé (1791), un clergé constitutionnel, guidé par un évêque intrus, prit possession de Notre-Dame.

Le 10 novembre 1793, la Convention nationale

change le nom de l'église Notre-Dame de Paris en celui de *temple de la Raison. Quos vult perdere, Deus dementat prius.*

Une sorte de montagne avait été construite dans la nef, et à sa cime s'élevait un temple d'une architecture grecque. De chaque côté de ce temple étaient placés les bustes des principaux coryphées de la philosophie, et sur le fronton étaient écrits ces mots : *A la Philosophie.*

Sur le penchant de la montagne, un rocher servait de base à un autel circulaire garni de guirlandes de chêne. A un signal donné, une misérable fille, vêtue d'une draperie blanche et d'un manteau bleu céleste, le bonnet phrygien en tête, sortit du temple et alla s'asseoir sur un banc de gazon pour y recevoir les hommages impies de ses adorateurs, tandis que l'on chantait des hymnes en son honneur.

O Philosophie! que de crimes on commet en ton nom!

Durant la révolution, la Terreur du moins, l'église fut convertie en un magasin de vins. A peine y célébrat-on encore une nouvelle fête en réjouissance de l'abolition de l'esclavage des nègres.

Il en est des chefs-d'œuvre comme des romans, comme de bien des choses, comme de la vie elle-même : ils ne se recommencent pas. Ce sont de merveilleux bouquets auxquels il ne faut pas toucher et qu'il ne faut pas refaire, sous peine de voir les fleurs tomber une à une.

Les restaurations de Notre-Dame lui ont toujours porté malheur ; de telles œuvres naissent toutes grandes, à leur plus haut point de perfection ; changer pour elles, c'est descendre et diminuer. Le premier empire et la Restauration ne firent aucun changement dans la vieille basilique.

Napoléon lui donna la fameuse *Vierge des Carmes*, que l'on voit encore aujourd'hui et qui avait eu, depuis son arrivée à Paris, de bien romanesques aventures. Raggi le Lombard l'avait sculptée d'après Bernin, et le cardinal Barberin, qui l'avait payée 18,000 francs, en fit don aux Carmes de la rue de Vaugirard. A la Révolution, elle fut portée au Louvre après bien des pérégrinations, et enfin donnée à Notre-Dame. Le premier consul aussi dota la cathédrale de son magnifique lutrin en bois sculpté. Sous Louis-Philippe, les murs et les piliers furent englués de cette couleur jaune, contre laquelle s'indigne si vertement le romantisme.

Sous le second empire, on *restaura* Notre-Dame. MM. Lassus et Viollet-Leduc furent chargés de la direction de ces travaux, du reste sans grande importance artistique.

Lors de la Commune de Paris, comme autrefois en 93, Notre-Dame ne dut sa vie qu'à la solidité de ses constructions.

Le vendredi-saint, après l'exposition des saintes reliques, vers quatre heures de l'après-midi, un délégué de l'ex-préfecture de police se présenta à l'église Notre-Dame pour en ordonner la fermeture. Il n'éprouva aucune résistance, plusieurs ecclésiastiques étaient déjà en prison, on venait d'arrêter l'Archevêque. C'était le commencement de la Terreur.

MM. Soumard, sacristain, et Durrieu, huissier du Chapitre, furent emprisonnés pendant qu'on *emballait* le trésor.

On en avait déjà mis une partie dans des fourgons du chemin de fer du Nord, et ce fut par suite d'un cas fortuit qu'il ne fut pas enlevé ce jour-là. Le 27 avril, Raoul Rigault et Protot vinrent perquisitionner l'église, sous prétexte d'y chercher des armes.

Le 4 mai, le trésor fut transporté au Garde-meuble, et s'il n'a pas été vendu, cela tient uniquement à ce qu'il n'y avait personne à Paris, à ce moment-là, en état de consacrer dix ou douze millions à l'acquisition de ces richesses. Quelques pièces furent endommagées, entre autres le reliquaire donné par Napoléon Ier; mais ce dégât a pu être réparé, et le trésor est aujourd'hui ce qu'il était avant le 18 mars.

Le vendredi 19 mai, il s'y tint une assemblée fort tumultueuse, d'environ cent cinquante personnes, qui se termina aux cris de : *Mort aux Versaillais!* Quelques jours plus tard, les incendiaires essayèrent de brûler la vieille basilique. Ils entassèrent à l'entrée du chœur chaises et bancs de bois et mirent le feu à cette sorte de bûcher. On sait comment ce projet avorta.

Néanmoins, les dégâts ont été considérables. Les balustrades en bois sculpté entièrement carbonisées ; le maître-autel, don de Louis XIV, détruit, on dut en construire un autre, le troisième, dont la tablette est de marbre rose. La statue de la *Vierge des Carmes*, dont nous parlions, a été mutilée. Enfin une lampe en argent massif, de très-grande dimension et d'un travail exquis, fut tordue et presque coupée en deux ; elle avait été donnée à l'église par Charles X.

Mais ce qu'il est impossible de remplacer, c'est la mosaïque du sanctuaire, représentant les armes de France, et que la première révolution avait conservée. Cette mosaïque, curieux spécimen de l'art français au XVIIe siècle, a été calcinée et comme anéantie par le feu. Les dégâts subis par Notre-Dame ont été évalués à plus de 300,000 francs. Quel sera le sort de la basilique durant les révolutions futures ?

IV

Si on voulait avoir une impression profonde, une idée précise, une vision sérieuse du moyen âge et du siècle de Philippe-Auguste, il faudrait fermer tous les livres, excepté peut-être quelque recueil de noëls, et s'en aller, le matin ou le soir, à l'heure où Notre-Dame est encore déserte, errer aux alentours de la vieille cathédrale. Tout est là. Le moyen âge s'y retrouve tout entier avec sa profondeur et sa naïveté, sa simplicité, sa bizarrerie, sa grâce, sa grandeur et sa piété. Devant Notre-Dame on revoit la place du Parvis, telle qu'elle était au temps de saint Louis, avec ses cuves baptismales placées à l'entrée de l'église, ses douze marches que le temps a fait disparaître en élevant d'un progrès irrésistible et lent le niveau du sol de la Cité, ses dix-huit bornes en fonte de fer, et son échelle patibulaire, où fut lu jadis, en présence de Mgr le roi Philippe, le décret de condamnation des Templiers. On pense à ces trois églises que l'on appelait les filles de l'évêque, qui s'étaient bâties à son ombre, dans la Cité.

Tout est légende, tout a son histoire à Notre-Dame. Le Vent et la Discorde passaient un jour sur la place du Parvis à l'angle de Notre-Dame et de l'Hôtel-

Dieu où il fait aujourd'hui grand vent. La Discorde demanda au Vent de l'attendre ; elle avait à entrer un moment au Chapitre ; depuis ce temps la Discorde n'est pas encore sortie du Chapitre, et le Vent se morfond à la porte et attend toujours.

Et la légende de Biscornet, qui sent son moyen âge d'une lieue. Tout le monde connaît les admirables ornements en fonte de fer qui garnissent les portes des portiques latéraux. Un garçon serrurier, qui se présentait pour obtenir maîtrise, fut chargé de ferrer les portes de Notre-Dame ; regardant ce travail comme au-dessus de ses forces, il était en proie au désespoir, quand un homme lui apparaît et promet de ferrer les portes à condition qu'il se donnera à lui corps et âme. Le pacte est signé, et dès le lendemain les deux portes latérales étaient ferrées. Satan n'osa pas ferrer celle du milieu, car c'était par là que passait le Saint-Sacrement. Le fait au reste est indiscutable, car le diable a mis son portrait sur les bandes de fer qui ornent ces portes. Aujourd'hui le diable est tout simplement le serrurier *Biscornet*.

Il y a cinq cents ans, l'alchimie se mêlait un peu de tout, et un gentilhomme chartrain avait trouvé au portail de Notre-Dame l'explication la plus grotesque aujourd'hui, et la plus accréditée jadis. Le Père éternel, par exemple, tenant un ange de chaque main, c'était Dieu tirant du néant *le soufre incombustible et le mercure de la vie.*

Nous ne viendrons pas, après beaucoup d'autres, donner par le menu la description de Notre-Dame, que du reste nous avons tous été pieusement admirer. Quelle plus belle page architecturale que cette façade, où successivement et à la fois, les trois portails creusés en ogives, le cordon brodé et dentelé des vingt-huit niches royales, l'immense rosace centrale flanquée de ses deux fenêtres latérales, la haute et frêle galerie d'arcades à trèfle qui porte une double plate-forme sur ses fines colonnettes, enfin les deux noires et massives tours avec leurs auvents d'ardoises, hautes de plus de soixante-dix mètres et séparées de la terre par trois cent quatre-vingts marches, attendant toujours les flèches aiguës qui devaient les couronner. Les sculptures de la porte Saint-Marcel au midi, celles de la porte rouge ou du cloître, celles du grand portail, se développent à l'œil en foule et sans trouble, ordre dans le désordre, unité dans la variété, avec leurs innombrables détails de statuaire et de ciselure, ralliés puissamment à la tranquille grandeur de l'ensemble.

Merveilleuse symphonie de pierre, a dit un poète. Il faudrait une vie entière pour bien connaître Notre-Dame, parce qu'il a fallu bien des vies pour la construire.

Sur l'aile méridionale, on lit une inscription qui montre à quelle époque cette partie fut bâtie :

« L'an du Seigneur mil deux cent cinquante-sept, le second des ides de février, ce portail fut commencé en l'honneur de la sainte Mère du Christ, pendant la vie de maistre *Jehan de Chelles,* maçon. »

Les architectes, en ces temps de simplesse et de naïveté, s'appelaient maçons, tandis qu'aujourd'hui, les maçons....

Sur la *croisée* de Notre-Dame s'élevait jadis une flèche élégante et hardie ; la révolution la détruisit, pour en avoir le bronze. Dans cette flèche on trouva des reliques, usage fort répandu alors pour éloigner la foudre des lieux saints.

Notre-Dame avait autrefois deux gros bourdons, *Marie* et *Emmanuel,* dans une tour, dans l'autre huit cloches fort harmonieuses données par des particuliers. Il fallut dix-huit hommes avec une machine pour casser le bourdon Marie, le second subsiste encore. Il avait été donné par Jean de Montaigu, frère de l'évêque de Paris. Il fut refondu et augmenté en 1686 ; Louis XIV et Marie-Thérèse furent ses parrains, et son poids fut porté à 18,000 kilogrammes ; son ton est fa dièse, et il a 2,50 de diamètre. Sur ses parois on lit l'inscription suivante, empreinte d'une pieuse poésie :

> Je loue le vrai Dieu ; j'appelle le peuple ; je réunis les clercs ;
> Je pleure les morts ; je fais fuir la peste ; j'embellis les fêtes.

Dans la tour du cloître, les cloches ont eu le même sort que l'un des bourdons.

Le toit de plomb de Notre-Dame est soutenu pa des poutres en châtaignier, si nombreuses qu'on les appelle *la Forêt*.

Si nous entrons dans l'intérieur de l'édifice, nous serons frappés des cinq nefs de la cathédrale, de la hardiesse de ses cent vingt-trois piliers, qui reproduisent les feuilles du chêne et de l'acanthe, de ses gracieuses et riches galeries où, sous les anciens rois, pendaient les étendards pris sur l'ennemi, ce qui avait fait surnommer Luxembourg, *le tapissier de Notre-Dame*.

Mais aussi combien nous regrettons ce « colosse de Saint-Christophe » proverbial parmi les statues, au même titre que la grand'salle du Palais parmi les salles, et ces vitraux hauts en couleur représentant nos principaux évêques, remplacés par de froides vitres blanches, et dont il reste à peine trois roses magnifiques du XIIIe siècle.

> Si tu veux savoir comme est ample
> De Notre-Dame le grand temple,

disait une poésie naïve de l'époque; nous nous garderons cependant d'en donner les dimensions. Pourquoi analyser, et mesurer ce dont l'immensité nous émeut? Nous ne parlerons pas non plus des jubés aujourd'hui détruits, et de la grille du chœur, un chef-d'œuvre de serrurerie, du pavé de la nef, en marbre de Boulonnais, de l'orgue, merveille du siècle dernier, avec ses quatre mille tuyaux de tout genre, de toutes formes, de toutes dimensions; nous ne décrirons pas la cave, dans laquelle donnaient accès trois trappes de chêne, revêtues de plaques de cuivre, et où on enterrait les enfants de l'église, depuis les chanoines jusqu'aux chantres et aux enfants de chœur; les caveaux où reposaient les prélats et où avaient été placées les entrailles de Louis XIII et de Louis XIV, et les nombreuses chapelles latérales, si difficilement achevées jadis et aujourd'hui en réparation; nous ne pouvons cependant passer sous silence, le trésor de la métropole.

Il consiste en un morceau considérable du bois de la vraie croix, la sainte couronne d'épines du Sauveur, déposée à la Bibliothèque nationale pendant les troubles révolutionnaires, un des clous qui servirent à tenir le Christ attaché sur la croix, une châsse de cuivre doré contenant une relique de saint Denis, donnée par Mgr de Talleyrand, une croix ayant appartenu à saint Vincent de Paul, une crosse d'Eudes de Sully, des ciboires et des calices du XIIIᵉ siècle, et un morceau de la colonne vertébrale de Mgr Affre, ainsi que la balle qui causa sa mort.

Nous avons dit que Notre-Dame avait été incessamment mêlée aux plus grands événements de notre histoire. En 1239, saint Louis, pieds nus et vêtu d'une simple tunique, apportait à Notre-Dame la couronne d'épines ; quelques années plus tard (1221), on y célébrait pour lui un service funèbre. Ce fut à Notre-Dame que Philippe le Bel convoqua, en 1302, les Etats généraux du royaume. Le roi Jean (1360) vint y remercier Dieu d'être délivré de sa captivité. Isabeau de Bavière, le mauvais génie de la France, la femme du roi Charles VI, y fut sacrée en 1389. Plus tard, quand Notre-Dame gémissait toujours sous la tyrannie anglaise, Henri VI, roi d'Angleterre, s'y fit sacrer roi de France. Henri IV y fut marié avec Marguerite de Navarre, et quand il entra vainqueur à Paris, il vint droit à Notre-Dame assister au *Te Deum*. Sa fille Henriette, dont Bossuet devait faire plus tard l'oraison funèbre, y épousa le roi d'Angleterre, Louis XIV s'y maria, Louis XV y fut baptisé ; après chaque traité de paix, un *Te Deum* d'actions de grâces y était chanté.

En novembre 1793, eut lieu la fête de la Raison ; en 1798, un conciliabule de l'Eglise constitutionnelle s'ouvrit à Notre-Dame, puis un concile national, où Grégoire parla de la caducité des trônes et du courage des fondateurs de la liberté.

A l'occasion du Concordat, les trois consuls se rendirent à Notre-Dame, et une messe solennelle y fut célébrée; après l'évangile, les archevêques et les évêques prêtèrent serment entre les mains du premier Consul, tandis que le cardinal Caprara entonnait le *Te Deum* de Paesiello. Le couronnement de Napoléon Ier, le baptême de son fils, plus tard le mariage du duc de Berry, le baptême du duc de Bordeaux par Mgr le cardinal de Talleyrand, puis le baptême du comte de Paris, le service du duc d'Orléans, les obsèques de Mgr Affre, tels furent les événements dont la basilique fut le théâtre.

Aujourd'hui Notre-Dame, cette aïeule de nos églises, reste seule sur sa large place; elle a vu passer bien des rois et bien des grands hommes; elle a vu les gloires du monde venir tour à tour s'agenouiller sous ses voûtes; elle a assisté impassible à nos révolutions, et si on l'interrogeait, elle n'exprimerait pour nous autres du XIXe siècle, qu'un sentiment de pitié profonde. Les monuments, ses contemporains du moyen âge, sont tombés lentement sous les coups des révolutions et du temps; elle seule a survécu, magnifique et altière, son front s'est assombri, mais elle est toujours immuable, et si elle jette sur le Paris actuel un furtif et mélancolique regard, elle doit sentir, en son cœur, une douleur amère de lui survivre et un profond regret du passé.

Depuis saint Denis jusqu'à Mgr Guibert, cent dix évêques et dix-huit archevêques ont gouverné l'Eglise de Paris. Parmi ces prélats, huit sont révérés comme Saints par l'Eglise : saint Denis, saint Marcel, saint Germain, saint Céraune, saint Agilbert, saint Théodulphe, saint Mellon, saint Landri ; treize ont été faits cardinaux, quatre ont été revêtus de la charge de chancelier de France, six furent grands aumôniers.

Au moyen âge, les évêques de Paris étaient seigneurs d'un tiers de la cité ; ils avaient le titre de vicomtes de Paris et siégeaient de droit au parlement. Plus tard, ils furent qualifiés par le roi de ducs de Saint-Cloud et jouirent de toutes les prérogatives et droits des ducs et pairs de naissance.

Dans l'ancienne juridiction, quand la France était divisée en huit parlements, ceux de Paris, de Toulouse, de Bordeaux, de Rennes, de Rouen, de Dijon, d'Aix et de Grenoble, le parlement de Paris comprenait six archevêques, et, naturellement, celui de Paris, qui avait huit suffragants.

Dans les premiers âges, il y avait peu d'archevêques. La dignité épiscopale, aussi ancienne que l'Eglise et qui dérive du mot grec ἐπίσκοπος, était presque seule conférée. Les évêques étaient qualifiés du titre d'*anciens*, de *Monseigneur*, et le plus souvent de *révérendissimes Pères en Dieu* ; leur élévation se faisait alors publiquement par le clergé et le peuple assemblé, et cet usage ne fut aboli en France qu'en 1516, lors du concordat de Léon X et de François Ier.

Le gouvernement du diocèse appartenait à l'évêque, de concert avec tout le clergé ; toutefois, il ne pouvait y avoir dans chaque ville qu'un seul évêque.

La juridiction des archevêques s'est établie par l'ancienneté sur les évêques. Chaque pays avait son *premier évêque*. Ainsi saint Athanase fut le premier évêque, ou l'évêque des Gaules. On donnait aussi ce titre à ceux qui avaient le *pallium*. C'était un manteau impérial dont les empereurs honoraient les prélats de l'Eglise durant le IVe siècle. Il était en laine, descendait jusqu'aux talons et couvrait tout le corps ; il ressemblait aux chapes actuelles, avec cette différence qu'il était fermé par devant. Aujourd'hui, le *pallium* est une simple étole.

Enfin le titre devint propre au seul métropolitain, et la capitale fut ordinairement le siége de l'archevêché dans la province.

HISTOIRE
DES
ÉVÊQUES ET ARCHEVÊQUES
DE PARIS

PREMIÈRE PARTIE

HISTOIRE
DES
ÉVÊQUES ET ARCHEVÊQUES
DE PARIS

PREMIÈRE PARTIE

CHAPITRE I.

Saint Denis, apôtre de Paris. — Les dieux de Lutèce.
La mort d'un martyr.

250—286

Montjoie et Saint-Denis! disait-on au moyen âge. En effet, saint Denis, c'est le moyen âge tout entier. Les chevaliers français ne juraient par saint Denis que dans les grandes circonstances. Denis, ce saint homme, ce vaillant évêque, a eu la plus grande gloire qu'il pouvait désirer sur la terre, il a été le patron du plus vaillant peuple du monde, quand ce peuple était de par lui *le fils aîné* de l'Eglise.

C'était au nom de saint Denis et à l'ombre de la bannière de saint Denis, mort pour la foi en France, que les gens d'armes, les chevaliers, les rois eux-mêmes allaient mourir.

L'évêque Irénée venait d'être martyrisé à Lyon et de tous côtés on apprenait la nouvelle des nouveaux massacres que Septime Sévère ordonnait contre les apôtres et les néophytes ; mais les apôtres succédaient aux apôtres, leurs rangs sans cesse décimés se reformaient sans cesse plus drus et plus serrés, et cette invincible colonne continuait sa route, calme, radieuse, impassible, sûre aussi de vaincre.

C'était la foi, qui soulève les montagnes. Les hommes passent, la foi leur survit ; les Gaules immolaient leurs évêques, c'était dans les Gaules qu'on devait envoyer une mission plus nombreuse et plus choisie. Le pape Fabien, élu depuis le 10 janvier 236, ordonnait en 250 sept prêtres qui devaient être plus tard Gratien, évêque de Tours, Trophime d'Arles, Paul de Narbonne, Saturnin de Toulouse, Denis de Paris, Austremoine de Clermont et Martial de Limoges.

A Arles, une statue de marbre recevait les honneurs publics. Denis y arrive un jour, accompagné d'une foule immense de peuple. Il invoque le nom de Dieu et la statue se renverse et se brise en mille pièces, comme si elle eût été frappée par la foudre.

Denis se prosterne humblement ; quelques mois après il était à Paris avec le prêtre Rustique et le diacre Eleuthère.

Ici s'élève une question des plus épineuses qui,

depuis les premiers siècles, divise les historiens religieux, sur laquelle on a écrit des volumes, rédigé des mémoires, soutenu des thèses innombrables et que l'on n'a pu parvenir encore à résoudre. Je veux parler des deux saint Denis[1].

Y a-t-il un ou deux saints Denis? Saint Denis l'Aréopagite est-il le même que le saint Denis évêque de Paris? Les uns disent oui, les autres non. Le bréviaire romain n'en admet qu'un seul, le diocèse de Paris en honore deux. C'est à ce dernier parti que nous nous sommes rangés, avec les plus habiles critiques et érudits de la France et de l'étranger, au nombre desquels nous citerons les Pères Sirmond, Petau, Longueval, Tillemont, Adrien de Valois, et le célèbre abbé Lebœuf, Denis de Sainte-Marthe, un des auteurs de la *Gallia Christiana*, le docteur Jean de Launoy et bien d'autres.

Nous ne nous livrerons pas, sur ce point peu élucidé et qui peut-être ne le sera jamais, à une discussion oiseuse; d'ailleurs on est libre d'en admettre un ou deux, et il n'y a point là d'article de foi.

Pour nous, nous avons procédé par l'absurde, en ce sens que, si nous admettions qu'il n'y a eu qu'un seul

---

(1) Depuis l'épiscopat du cardinal Guibert et l'adoption de la liturgie romaine, on ne reconnaît qu'un seul saint Denis.

Ce que nous disons ici de l'apôtre de Paris, n'a plus qu'un intérêt historique.

saint Denis, il nous faudrait ou bien supposer qu'il a vécu trois cents et quelques années, ce qui est évidemment exagéré, ou conclure que nous vivons sous Louis XIV, en 1677.

Ce ne peut être du reste que sur des motifs de la plus haute importance que le diocèse de Paris a décidé d'inscrire au bréviaire deux saints Denis, dont l'un est honoré le 3 et l'autre le 9 octobre.

En effet, Denis l'Aréopagite, ainsi surnommé parce qu'il fut longtemps un des juges de ce célèbre tribunal, vivait au temps des erreurs du paganisme. Le jour où Jésus-Christ fut attaché à la croix, il remarqua, dit le Bréviaire romain, que le soleil s'était éclipsé et il s'écria : « Ou l'auteur de la nature souffre, ou la machine du monde se dérègle. » Il fut converti par saint Paul et reçut le baptême de la main de cet apôtre qui le préposa au gouvernement du diocèse d'Athènes.

Il faut donc admettre qu'il vint au premier siècle de notre ère dans la ville de Paris et qu'il y prêcha l'Evangile, mais alors que devient la chronologie? Il est invraisemblable que ce poste soit resté pendant deux cents ans inoccupé ; il est également étrange, s'il l'a été, que l'histoire ne nous transmette le nom d'aucun des prélats qui s'y sont distingués pendant deux siècles environ.

A notre sens, il résulte de l'obscurité des temps anciens, que l'on attribua plus tard à un seul homme ce qui avait été fait par plusieurs du même nom. Cela s'est vu dans la Fable, cela s'est vu dans l'histoire romaine, cela se voit encore journellement quand on fouille les archives du passé.

Nous admettons donc deux saints Denis; aussi bien sa gloire est-elle assez grande et ses miracles assez nombreux pour suffire à illustrer à jamais le nom de l'apôtre de notre grande ville.

Nous l'avons dit, Paris a toujours été la ville d'aujourd'hui, et le caractère des Gaulois du IIIe siècle survit encore dans leurs petits-neveux du XIXe.

Le culte de tous les dieux que Rome avait emprunté aux nations qu'elle avait vaincues, mêlé aux rites druidiques des Gaulois, en faisait la ville la plus profondément païenne qui ait jamais existé. Jupiter enté sur Teutatès, le mariage de dieux différents dans la forme mais identiques dans le fond sur ce coin de terre, l'avait empreint du paganisme le plus enraciné. Ce n'est pas au reste que Paris fût le moins du monde attaché à sa religion; la nouveauté lui plaisait assez, il changeait de culte facilement. Il y a des gens qui prétendent qu'autrefois on y adorait Isis. Au bout de quelque temps, Isis avait dû être abandonnée pour Teutatès, que Mars avait facilement détrôné.

Paris voulait une bonne petite religion qui ne le gênât ni dans son commerce, ni dans ses usages, ni dans ses plaisirs, une religion à sa mesure, dont il pût laisser et prendre.

On voit ce que dut être la prédication de saint Denis

sur une terre aussi ingrate, dans un pays aussi frivole, chez des gens aussi indifférents. Détruire était peu de chose, le difficile était d'édifier.

Les Parisiens n'étaient pas méchants, mais ils n'étaient guère bons : ils n'étaient pas irréligieux, mais ils ne savaient même pas ce que c'est qu'une religion. Il est fort probable que si les Romains n'avaient pas été les maîtres, saint Denis n'aurait jamais souffert le martyre, mais aussi qui sait si jamais Paris eût été converti ?

Il fallait qu'un homme souffrît pour tout le peuple.... Cependant une vague rumeur avait porté à Paris le nom chrétien avec la défaveur et les atroces calomnies dont il était l'objet dans tout l'empire.

Denis n'était pas un homme ordinaire. On a dit que le christianisme ne recrutait ses adeptes que dans les basses classes de la société. Celui-ci savait le latin et ce qui, à l'époque était la marque d'une éducation soignée, il parlait couramment le grec.

Mais pour faire dans la petite Lutèce, grosse du Paris de l'avenir, les miracles qu'il y opéra, il n'eut recours qu'à la prière et à l'inspiration divine; il ne parlait qu'après avoir été transporté, pour ainsi dire, dans une contemplation céleste, ses paroles semblaient tomber du ciel; il s'appuyait sur le bras de Dieu et Dieu donnait à ses enseignements la sanction des miracles.

Les prêtres des faux dieux prirent ombrage du saint

missionnaire. Un jour ils crurent que la foule, qui le poursuivait de ses clameurs, allait le massacrer, avec ses compagnons; mais son front brilla tout à coup d'un éclat extraordinaire, il devint invisible et tandis que ses ennemis étaient confondus, il regagna sa demeure calme et majestueux. Lisbius, son hôte, en fut subitement converti, ainsi que bien d'autres. Ceux-ci devenaient apôtres à leur tour; pleins d'une ardeur enthousiaste et d'une mâle indépendance, ils entreprirent des conversions comme ils auraient marché à des conquêtes, et les vertus austères germèrent dans ces cœurs qui n'avaient point été amollis par l'oisiveté.

Tout à coup, une persécution terrible, inspirée par l'empereur Valérien, sévit contre les chrétiens. Les supplices étaient longs, et pour ôter l'espérance de la mort, on tourmentait sans fin jusqu'à ce que le courage manquât. Pescennius, qui se posait en vengeur du culte des dieux romains, arriva dans les Gaules. Denis était dans son diocèse partout où se trouvaient juges et bourreaux. Il apparaissait pour consoler ses frères; il arrivait inopinément, forçait les portes des prisons; il chantait devant les supplices, encourageait les néophytes, bravait les juges; il avait l'audace d'un homme qui n'a rien à craindre, parce qu'il a tout sacrifié. La nuit, il errait dans les vieilles forêts de la Gaule, il luttait contre le froid, la faim, la soif et la fatigue. Mais si sa vie fut triste et dure, sa mort fut glorieuse.

Un jour enfin il fut pris et enchaîné avec Rustique et Eleuthère.

« Je suis le serviteur de Dieu, » dit-il à toutes les questions qui lui étaient faites. Il avait alors cent-dix ans. Sa physionomie, transmise par la tradition et gravée sur l'argent par saint Eloi, était douce, quoique empreinte d'une remarquable énergie ; il n'avait presque plus de cheveux, mais ses yeux avaient comme un reflet du ciel.

Dans sa prison il célébra plusieurs fois les saints mystères.

Une dernière fois les trois chrétiens reparurent devant Pescennius.

« Sacrifiez aux dieux immortels.

— Nous adorons Jésus-Christ et ne sacrifions pas à vos idoles, répondirent les martyrs.

— La mort vous attend si vous n'obéissez aux ordres de César.

— Nous désobéissons à César pour obéir à Dieu. »

Leur arrêt fut bientôt prononcé. Ils étaient enfermés dans un cachot sur l'emplacement duquel fut élevé, au commencement du xie siècle, Saint-Denis de la Chartre, — *sanctus Dionysius de Carcere;* — on les en tira, et le 9 octobre 286, ils furent conduits au mont de Mars, depuis Montmartre, où ils eurent la tête tranchée.

« Lorsque le licteur, dit la naïve chronique d'Ilduin, abbé de Saint-Denis au moyen âge, eut tranché la tête de notre vénérable patriarche, son corps, étendu par terre, se releva tout à coup, ses mains brisèrent les liens qui les enchaînaient, il s'inclina, les étendit et saisit son auguste chef, puis, l'élevant dans les airs et le portant devant lui, il se mit à marcher vers l'orient l'espace de deux milles, louant Dieu à haute voix; des anges le suivaient et chantaient avec lui : *Alleluia, alleluia.* Il s'arrêta à l'endroit où se trouve son abbaye, semblant le désigner pour le lieu de sa sépulture. -

Aussi, durant tout le moyen âge, saint Denis est représenté portant sa tête coupée dans ses mains.

Son corps, par ordre du préfet, devait être jeté en Seine, mais une dame pieuse fit enlever, par des gens à elle, le corps du martyr, pendant qu'elle-même amusait les soldats romains; on le porta jusqu'à la Seine, puis il fut déposé à l'endroit où s'élève aujourd'hui la célèbre abbaye, dans un champ où l'on sema le soir même du gazon, afin de dépister les persécuteurs.

Plus tard les chrétiens, à l'instigation de sainte Geneviève, une sainte de Paris aussi, élevèrent la magnifique église que l'on admire aujourd'hui.

Rien n'égalait le tombeau du patron de la France; il était décoré de choses très-riches et très-précieuses, l'or et les pierreries y reluisaient avec magnificence. Dagobert aimait son abbaye de Saint-Denis, où le roi Robert vint plus tard chanter les psaumes; de son temps, saint Ouen, dans son enthousiasme, l'appelle une merveille de la terre, *une vraie portraicture du paradis*.

De tous côtés on venait à Saint-Denis en pèlerinage; des églises en grand nombre s'élevaient sous son patronage; les rois de France, quand ils partaient pour *guerroyer* au loin, venaient en pompe y chercher l'oriflamme; l'oriflamme de Saint-Denis, c'était le cri de guerre, c'était le cri français par excellence. Quel plus beau titre que celui d'abbé de Saint-Denis? C'est à Saint-Denis que les rois de France étaient inhumés, après avoir été portés à Notre-Dame, *Notre-Dame et Saint-Denis*. C'est à Saint-Denis, ce Westminster de France, que furent enterrés Turenne et les grands hommes de notre patrie. Sur les marches du caveau royal, le dernier roi de France attendait que son successeur vînt le remplacer. Quels échos de gloire, de grandeur magnifique, de combats sanglants, de haute piété, que les échos de Saint-Denis! Quels échos, français comme celui qui les inspire, alors que les gentilshommes priaient, se dévouaient et mouraient, comme l'a dit un poète, en chantant Jésus, les archanges et *Monseigneur saint Denis!*

CHAPITRE II

Les successeurs de saint Denis. — Saint Marcel. — Le bourg Mouffetard. — Le dragon des cimetières.

286-436

La plus grande obscurité règne dans ces premiers temps de l'histoire épiscopale. On écrivait fort peu, et les actes des Saints les plus illustres sont parfois eux-mêmes dénués de fondement.

Saint MELLON, le successeur du grand Apôtre, venait de Rouen quand il fut envoyé à Paris. MASSUS, MARC, AVENTIN et VICTORIN, ses successeurs, sont si peu connus, que leur nom même et l'ordre dans lequel ils se sont succédé ne sont pas à l'abri de la controverse.

Sous ce dernier, le christianisme prit à Paris une extension considérable. A Rome, régnait alors Constantin, et sa conversion à la foi permit aux évêques de bâtir dans la cité la première basilique, vers 315.

Cette période peut s'appeler la période des conciles. On en voit en tous pays, de toute importance, sur tous les sujets. Il y en eut un presque chaque année. C'est qu'aussi chaque année, presque chaque jour, les dogmes principaux de la religion étaient sans cesse attaqués.

Les premiers évêques de Paris y prirent part, ainsi que leurs successeurs PAUL et PRUDENCE. Cela permettait de se réunir, de se compter ; le bataillon sacré, forcé de se répandre sur toute la surface de la Gaule, avait besoin de se rassembler comme une armée autour du drapeau, il se sentait plus fort pour la lutte, parce qu'il s'aidait et s'appuyait mutuellement.

L'épiscopat de Prudence correspond à l'empire de Théodose. Cet évêque fit élever une église sur l'emplacement actuel de Saint-Gervais.

Il devina Marcel et l'ordonna prêtre.

Il fut inhumé dans un cimetière qui se trouvait au haut du mont de Lutèce, où plus tard Clovis devait bâtir *Saint-Pierre et Saint-Paul*.

Les églises se construisaient alors de préférence sur l'emplacement des cimetières ; comme plus tard les cimetières aimèrent à se grouper autour des églises.

C'est une belle statue et une belle figure que celle de saint Marcel, endormi dans sa niche de pierre à Notre-Dame de Paris. Quoique né à Lutèce, dans la rue de la Calandre aujourd'hui démolie, et qui conduisait de la rue de la Barillerie à celle du Petit-Pont, il avait le type franc plutôt que le type gaulois. Il ressemble au portrait que l'on a fait de Mérovée. Sa figure, d'une expression ascétique et réfléchie, est empreinte d'une nuance de tristesse; il porte son doigt à ses lèvres, et ses yeux sont fixes, quoique sans regard.

Marcel naquit, en 364, de parents d'une condition médiocre, sous le règne de l'empereur Valentinien Ier. Saint Marcel est, pour ainsi dire, le premier évêque de Paris sur lequel on ait des renseignements précis. Il n'a plus le caractère légendaire de saint Denis, il est moins apôtre et plus évêque.

Ce fut un de ces enfants que leur modestie, leur caractère simple, doux et bon, leur belle voix ou leur bonne tenue, rendent utiles aux pasteurs.

Entre les bras de Dieu jeté dès sa naissance,

l'église fut son pays; comme Joas il put dire:

J'adore le Seigneur, on m'explique sa loi;
Dans son livre divin on m'apprend à la lire,
Et déjà de ma main je commence à l'écrire.

La maison où il était né, et qui portait pour enseigne *Au Casque, Ad Galeam*, se conserva intacte jusqu'à la Révolution; elle portait une image de saint Marcel, à côté d'une autre de sainte Geneviève. En 1230, les Templiers qui la possédaient la cédèrent au Chapitre de Saint-Marcel; elle payait douze deniers parisis d'impôt, et tous les ans, le jour de l'Ascension, le Chapitre de Notre-Dame y faisait une station solennelle.

Rien ne désignait Marcel à la haute position qu'il obtint ; ce fut un fils de lui-même, de sa vertu, de son savoir. Selon la *Légende des Saints nouveaux,* imprimée en 1477, Marcel *régna en lumière de castité, en fertilité de jeûnes,* et dès sa jeunesse *son âme oublia la vie corporelle.*

Ce fut la religion qui le glorifia, jusqu'à ce qu'il la glorifiât à son tour.

La gravité de ses mœurs et ses progrès dans les lettres le rendirent extrêmement cher à Prudence, qui, malgré son jeune âge, le nomma lecteur de la basilique, et plus tard l'ordonna prêtre.

Se défiant de lui-même, humble et modeste, il n'accepta la dignité d'évêque de Paris qu'en tremblant.

Et cependant Marcel était déjà célèbre par ses miracles. Quand il n'était encore que sous-diacre, *tirant de l'eau à la rivière,* raconte Fortunat qui écrivit sa vie à la demande de saint Germain, cette eau fut *muée en saveur de vin,* et l'évêque et tout le peuple s'en servirent pour la communion.

On se racontait aussi un autre fameux miracle de Marcel. Il y avait, dit le légendaire, une matrone, noble de génération, mais vile et crimineuse de vie et d'opérations. Elle avait été enterrée avec grande pompe, mais après sa mort un *moult grand dragon et serpent* venait d'un bois voisin dévorer le cadavre dans son cercueil. Les populations étaient terrifiées, et, dit naïvement la légende, *plusieurs en mouroient.* Saint

Marcel, à la tête de son clergé et accompagné des habitants de la cité, s'en vint au tombeau, et le prélat s'avança à la tête du monstre pour *batailler* avec lui. Le Saint se mit en prière, et le dragon implorait merci et *applaudissait de la queue avec grande humilité.*

Saint Marcel lui donna deux coups de crosse et lui passa son étole au cou.

Il le conduisit ainsi à trois milles dans la campagne et lui dit : « Ou t'en va au désert, ou t'en va jeter dans la mer. » Le serpent obéit et *de lui jamais plus ne fut nouvelle.*

Ce miracle contribua beaucoup à la gloire de Marcel ; le fantastique et le merveilleux, qui ont une action immense sur tous les esprits simples et primitifs, tournèrent au profit de la foi.

Saint Marcel mourut le 1er novembre 436 et fut inhumé sur une éminence, le Mont-Cétarti, devenu la rue et le quartier Mouffetard. Les fidèles construisirent des maisons autour de sa tombe et formèrent un village, que Grégoire de Tours appelle le *Bourg de Paris.* Son nom fut donné au faubourg Saint-Marceau, qui s'éleva aux alentours d'une église bâtie au moyen âge sous son invocation. Ses reliques furent à cette même époque transférées à Notre-Dame.

C'est devant elles qu'en 496, Clovis, qui habitait le palais des Thermes, avait été converti.

En 1586, une église lui fut dédiée Boulevard de l'Hôpital. Son histoire a été écrite par Fortunat.

Saint Marcel, *humble en terre et élevé au ciel,* est un des trois patrons titulaires de Paris; il est surtout celui des petits et des simples, lui que la légende appelle un *bourgeois du paradis.*

CHAPITRE III

Ruine de l'empire. — Clovis. — Le christianisme à Paris. — Héracle et sainte Geneviève. — Un évêque déposé. — Le fils de Chlodomir. — Eusèbe.

436—545

L'empire romain s'était partagé en deux parties depuis le commencement du siècle : Valentinien régnait à Rome, Clodion était au nord de la Gaule. Paris était placé entre un empire qui se mourait et un autre qui allait naître.

Vivien succéda à saint Marcel, puis Félix qui donna le voile des vierges à Geneviève; puis Flavien, sous l'épiscopat duquel eut lieu l'invasion d'Attila, pendant que Mérovée était porté sur le pavois : Attila et Mérovée, les deux grands noms de l'époque.....

Alors aussi Geneviève, la vierge de Nanterre, joua son grand rôle historique et religieux à la fois.

Sous le pontificat du treizième évêque de Paris, Ursicin, Romulus Augustule était déposé (476) et l'empire romain rendait le dernier soupir.

Durant tout ce siècle, les évêques de Paris ne trouvent guère d'aliments à leur activité. Sous *Apedemius,* Clovis monte sur le trône et se convertit au christianisme. C'est un de ces moments où le monde est frappé de stupeur ; un grand fait et un seul homme absorbent l'attention, les autres s'arrêtent bouche béante et regardent.

Dans les commencements du christianisme, comme aujourd'hui dans les pays où il est propagé, les missionnaires et les apôtres s'attachent à convertir l'esprit des peuples ; ils s'attaquent au fond plus qu'à la forme des religions qu'ils veulent renverser. Ainsi avait-il été fait en Gaule, où bon nombre de pratiques, qui avaient survécu au paganisme, étaient encore en vigueur.

Le contenu a été changé, mais le vase est toujours le même, et les apôtres faisaient bien parce que la masse s'attache surtout aux étiquettes !

C'est pour ce motif que fut réuni, le dimanche 10 juillet 511, le premier concile d'Orléans, où assista l'évêque de Paris, Héracle, un an avant la mort de Clovis. On y fit divers règlements pour abolir les restes de l'idolâtrie.

Héracle eut, à propos de la discipline ecclésiastique, des démêlés avec saint Remi, métropolitain de Reims. Il s'agissait d'un prêtre que le Saint aurait ordonné contre les règles et qui se serait rendu coupable d'un crime. Nous ne saurions dire qui avait raison ; toujours est-il que saint Remi répondit par une lettre où le bon ton s'allie à la sagesse et qui est parvenue jusqu'à nous.

En 512, mourait, à l'âge de plus de quatre-vingt-dix ans, celle que les siècles suivants ont appelée la patronne de Paris, sainte Geneviève. Douce et merveilleusement belle figure que celle-là !

Il y a beaucoup de Geneviève dans Jeanne d'Arc ; mais la Sainte de Paris emprunte une grande partie de son charme et l'intérêt puissant qu'elle inspire à l'époque barbare où elle a vécu. Quoi de plus attachant, de plus simple, de plus céleste ! Tout le monde connaît la légende de Geneviève, la vierge entre les vierges de France.

Et pourtant quelle rude existence que celle de Geneviève ! quelle vie de sacrifice à Dieu, et à Paris, qui, de son temps, ne l'en a guère récompensée ! Encore le peuple dont elle était sortie a-t-il brûlé ses ossements en place de Grève. Dans la langue celtique Geneviève signifiait *fille du ciel*.

Quels furent les parents de Geneviève ? Humbles ou illustres, il est certain qu'ils n'étaient pas riches, et du reste elle les perdit de bonne heure. Geneviève ne se contenta pas de sauver une fois sa ville, elle fut d'un grand secours aux Parisiens qu'elle fournit de vivres durant un long siége.

Charles VII devait abandonner Jeanne d'Arc, mais Clovis protégea et aima Geneviève. Quelle haute sainteté et combien dût être belle la vieillesse de l'humble bergère.

Quand Geneviève mourut, son cercueil fut solennellement placé à côté de celui de Clovis, dans la basilique de Saint-Pierre et Saint-Paul qui devait être plus tard Sainte-Geneviève et que le roi avait bâtie à la sollicitation de la Sainte.

Quelques mois avant Geneviève, était mort Clovis, sous l'épiscopat d'Héracle. Il y avait quelques années que cet évêque occupait le siége de Paris, quand le roi des Francs fut baptisé à Reims.

Le baptême de Clovis fut un événement immense, c'était l'alliance de la royauté et du christianisme.

Derrière Clovis, ses vassaux et fidèles guerriers marchèrent au baptême en s'écriant : « Pieux roi, nous rejetons les dieux mortels et nous sommes prêts à servir le Dieu dont Remi prêche l'immortalité. »

Après Héracle, viennent Probat et Amélius. Sous l'épiscopat du premier, sainte Clotilde meurt dans la basilique de Saint-Martin de Tours, où elle s'est retirée.

« Les desseins de Dieu sont impénétrables, » a dit Bossuet : Clovis crut faire des évêques les instruments de sa puissance ; mais Clovis fut l'épée des évêques ; il fut apôtre sans le savoir.

Les conciles continuent. Amélius fit construire la troisième église de Paris, *Saint-Vincent*, aujourd'hui Saint-Germain-des-Prés.

Après lui l'évêque Jaffasac, le premier d'origine franque, est déposé par un concile et renfermé dans un monastère où il meurt.

Il n'y a pas de honte pour une famille à ce qu'un des membres commette un crime ; il y en aurait à le *laisser impuni*.

On nomma immédiatement pour lui succéder Eusèbe, déjà fort âgé, et qui mourut en 555.

Ce fut Eusèbe qui ordonna prêtre le malheureux fils de Chlodomir, Chlodoald, que l'Eglise honore sous le nom de saint Cloud. On sait que celui-ci échappa à ses oncles par le dévouement des seigneurs francs, qui l'enlevèrent au moment où il allait être massacré comme ses frères.

Tandis que la reine Clotilde conduisait à Saint-Pierre les corps de ses frères sur un brancard, Chlodoald, âgé de six ans, était mis en sûreté par ses protecteurs. « S'ils ne sont pas élus rois, j'aime mieux les voir morts que tondus, » avait dit Clotilde. Chlodoald se coupa lui-même les cheveux, se fit moine, puis prêtre, et fonda à Nogent — aujourd'hui Saint-Cloud — un monastère où il termina ses jours, cinq ans après Eusèbe.

Destinée triste, en vérité, que celle de Chlodoald, et cependant glorieuse. La royauté faillit le faire tuer, la sainteté l'immortalisa.

CHAPITRE IV

Saint Germain, évêque. — Childebert et saint Germain. — La basilique de Paris. — Evêque-Roi.

555-576.

Il y a des pensées qui descendent du ciel comme des rayons, il y a des hommes qui sont envoyés de Dieu avec une mission, qui l'accomplissent et passent.

Ceux-là naissent mûrs et ne vieillissent pas, et, quel que soit l'âge où ils meurent, leur mort laisse un vide immense et plonge les peuples dans le deuil.

Germain fut un de ces prédestinés. Mais Dieu commence les hommes, et ils s'achèvent.... Le saint évêque était marqué du doigt divin, mais il dut beaucoup à lui-même d'avoir été un homme supérieur.

Germain naquit en 498 à Laizy, près d'Autun; il avait donc plus de cinquante ans quand il fut promu à l'évêché de Paris. Son père se nommait Eleuthère — ce qui signifie libre; — sa mère Eusébie — ce qui veut dire pieuse. Jamais noms ne furent moins mérités.

Sa mère étant enceinte de lui, fit tous ses efforts pour se procurer un avortement ; elle échoua ; mais dès la naissance de son fils, elle l'envoya chez une de ses parentes, à Avallon, qui, quelques années plus tard, voulut l'empoisonner.

Cette parente avait un fils, Stradivicus, et sa fille qu'elle avait chargée d'administrer le breuvage, se trompa et le donna à son frère, qui en mourut : pour la seconde fois Germain était sauvé.

Il retourna dans son village, et son oncle, un brave prêtre nommé Copilion, fit son éducation, qu'il perfectionna du reste dans les écoles d'Autun. En 533, saint Agrippin, l'évêque de cette ville, l'ordonnait diacre, et prêtre trois ans après. Il fut alors chargé du gouvernement du monastère de Saint-Symphorien d'Autun.

Sa réputation de science et de vertu s'étendait de jour en jour ; il donnait tout, ses vêtements, son argent, sa nourriture ; il donnait même celle des autres, celle de ses moines en particulier, qui ne devaient pas mener grande vie.

Quand les affaires de son abbaye l'appelèrent à Paris, le roi Childebert l'y retint, et dès que l'évêché fut vacant, il y fit immédiatement nommer Germain.

C'est alors que commence le grand rôle de saint Germain et son importance religieuse et presque politique. Grave, austère, il frayait cependant avec les grands, allait à la cour de Childebert, et de l'empire qu'il sut prendre sur ce prince résulta un avantage considérable pour la ville et le clergé de Paris.

Childebert, ou Hildebert, comme l'appellent les anciennes chroniques, n'était rien moins qu'un vertueux prince : il était fort ambitieux et passablement cruel, puisqu'il avait trempé dans l'assassinat des fils de Chlodomir son frère. Germain parvint à adoucir la violence de son caractère : le roi l'aimait et le respectait, comme l'écolier indocile, mais juste, aime son maître. C'était la domination de la science sur la force, l'éternel combat suivi de la victoire éternelle de l'esprit sur la matière; Clovis aimait aussi saint Remi, et Charlemagne, Alcuin.

Childebert nomma saint Germain son archichapelain, et lui donna grande autorité dans sa capitale. Il fut le premier *évêque-roi* de Paris. En même temps le prélat obtenait du prince de grosses sommes d'argent destinées à l'édification d'une nouvelle cathédrale dans la cité, l'ancienne tombant littéralement en ruines.

A la mort de Childebert en 558, il fit un voyage à Constantinople et fut reçu par l'empereur avec les plus grands égards.

Il fut l'instigateur du troisième concile de Paris, l'un des plus importants de France, et où furent définitivement réglées bon nombre de questions importantes. Les rois francs donnaient les biens de l'Eglise au premier venu; on excommunia les détenteurs de ces biens ainsi que ceux qui s'approprieraient les biens des évêques.

Il y fut défendu d'épouser une fille ou une veuve sans le consentement de ses parents.

L'élection d'un évêque par le roi fut déclarée nulle, les élections devant être faites par tout le clergé et le peuple.

Ce concile où quinze évêques étaient réunis fut présidé par saint Probien de Bourges, et on y remarque la présence de Samson, l'évêque breton qui fonda le siége de Dol.

Childebert s'adoucissait en vieillissant ; il envoya Germain bénir une église à Angers à l'invocation de saint Aubin ; enfin, le jour même de la mort du roi, l'évêque faisait la dédicace de la nouvelle cathédrale de Paris, que l'on a comparée au temple de Salomon. Cette église, dotée d'amples revenus, devait avoir une communauté de moines, qui possédait le domaine d'Issy, dans son entier, avec la Seine, les pêcheries, les îles et autres appartenances depuis le pont de la ville de Paris jusqu'à ce qui est aujourd'hui les Moulineaux.

C'était une énorme propriété, si l'on songe que Paris se terminait à peu près à cette époque à la hauteur de Saint-Germain l'Auxerrois.

En 567, au retour d'un voyage à Poitiers où il avait béni Agnès, abbesse de Sainte-Radegonde et sacré l'évêque d'Autun Siagre, il excommunia Charibert.

Nous passerons sous silence les autres conciles auxquels assista saint Germain ; beaucoup n'ont plus aujourd'hui l'intérêt qu'ils soulevèrent à l'époque, celui par exemple, où Gilles, métropolitain de Reims, fut blâmé d'avoir sacré un évêque à Châteaudun, cette ville ne devant point en avoir. Ce sont là de ces grands faits qui paraissent tout petits à la postérité.

Une des gloires de saint Germain est d'avoir deviné l'Université de Paris et d'en être en quelque sorte le premier fondateur.

Le clergé, qui seul avait conservé la notion des belles-lettres, et qui avait recueilli l'héritage de science du passé, au milieu de l'écroulement général, voulait en faire profiter les peuples où il portait la parole de Dieu.

Les *Ecoles épiscopales* de saint Germain, où les clercs venaient, sous sa conduite, enseigner la philosophie, l'histoire, les arts et les sciences; voilà l'Université conçue, l'Université de la Cité qui n'a pas encore passé les ponts; l'Université sceptique d'aujourd'hui a été fondée par un évêque. Ecolière ingrate et indocile, elle a attendu d'être assez forte pour voler de ses propres ailes; alors elle a renié son premier maître et a passé devant lui sans le reconnaître; mais l'Eglise, qui sait que la reconnaissance n'est pas de la terre, a souri doucement, quoique un peu triste, et a fait des vœux pour l'enfant prodigue.

Au milieu de ses voyages et de ses travaux, Germain trouvait encore le temps d'écrire. Il composa un *Traité sur la Messe* qui est parvenu jusqu'à nous.

Jusqu'à sa mort, son influence sur son siècle fut immense. Un an avant, il écrivait sa *Lettre à Brune-*

haut, fameuse encore aujourd'hui, dans laquelle il la conjure de préserver le royaume des malheurs d'une guerre civile près d'éclater entre les deux frères Chilpéric et Sigebert. Le ton de cette lettre est digne mais pressant; il conseille plus qu'il ne supplie.

Il avait déjà un pied dans la tombe et il parle avec cette autorité de l'homme qui a beaucoup vécu et qui va couronner une longue vie par une sainte mort.

Saint Germain savait le jour de sa fin et l'attendait tranquillement; elle arriva le 28 mai 576. Il avait alors quatre-vingts ans.

On l'enterra solennellement à Saint-Vincent, qui prit de lui le nom de Saint-Germain-des-Prés. Il reposa avec son père et sa mère dans la chapelle de Saint-Symphorien.

Le roi Chilpéric avait fait son épitaphe en vers latins et Aimoin la retoucha; ce n'était guère la peine de se mettre à deux pour composer une strophe aussi banale. Cette épitaphe peut s'appliquer à saint Germain comme à tout autre, à un évêque comme à un pape, à un prélat du vi^e comme du i^{er} ou du xve siècle. « Miroir de l'Eglise, dit-elle, Père de son troupeau, asile des coupables, force de sa patrie. »

Les reliques de saint Germain, pour un motif ou pour un autre, firent à travers Paris et ses environs de nombreuses pérégrinations. En 734, Pépin et son fils Charlemagne les firent exhumer et déposer dans le chœur de l'église qui portait son nom.

A l'époque des incursions des Normands, on les porta en Brie, puis près de Sens à Esmans, puis à un petit village du nom de Nogent-l'Artaud. Mais l'église fut brûlée et le corps de saint Germain dut être déposé dans le lieu de sa sépulture première, d'où il fut enfin, et pour la seconde fois en 869, transféré au milieu du sanctuaire de l'église.

Un des disciples de saint Germain, saint Bertrand donna son nom à une église du Mans, et à Paris même une église primitivement dédiée à saint Jean-Baptiste prit le nom de Saint-Germain-le-Vieux.

Saint Germain fut un docte et puissant évêque; il eut le bonheur immense de venir à son heure et il sut en profiter. Il fut en ces temps barbares le Richelieu de Childebert et de Chilpéric, et il eut de plus que son illustre successeur la gloire d'en être aimé.

Un intérêt commun unissait alors les évêques et les rois; les rois avaient besoin des évêques pour affermir leur puissance, ceux-ci se servaient des rois pour augmenter celle de l'Eglise. Durant tout le moyen âge, depuis Clovis jusqu'à Louis XI, les gouvernants de France ont été les évêques. Au-dessus du roi, au-dessus des hauts barons et des grands seigneurs était l'assemblée des évêques, et l'histoire de la France est étroitement unie à l'histoire de l'Eglise française.

Germain contribua puissamment à cet ordre de choses; le passé, qu'il avait profondément étudié, lui servit à comprendre le présent et à deviner l'avenir.

Le rôle de son siècle, qu'il a dû pressentir, lui servit à comprendre le sien propre.

Ce rôle convenait admirablement du reste à ses aptitudes et à ses allures ; saint Germain ne fut pas un évêque pauvre et petit, il semblait ne pas dédaigner les riches vêtements, il tenait son rang à la cour, et ce rang était le premier ; son attitude commandait le respect ; il avait la science des hommes, savait leur imposer, les entraîner ou les maintenir ; il était le représentant de la science, de l'esprit, du travail, des beaux-arts, de tout ce qu'il y a de grand et de noble sur la terre, il était surtout le représentant de Dieu !

Si j'avais à peindre saint Germain, je le représenterais à cheval, vêtu de sa longue robe d'évêque, et accomplissant à travers la France un des ces pèlerinages qu'il aimait tant, ou bien je le montrerais à la droite du roi Childebert, dans une des sales des Thermes, entouré de tous les courtisans, des chefs francs aux visages encore durs et presque barbares, vêtus de costumes de couleurs éclatantes, parlant haut et tous à la fois. Childebert s'entretiendrait avec le prélat, qui l'écouterait calme et souriant.

Alors saint Germain peut avoir soixante ans ; ses cheveux sont presque blancs, sa figure maigre, son œil fier ; on le traite avec respect, c'est *le Père ;* on l'écoute quand il parle, mais il parle peu ; il a l'air faible, mais il est le plus fort.....

CHAPITRE V

Le disciple de saint Germain, Ragnemode. — L'évêché de Paris à l'encan. Saint Céraune. — Les conciles. — Saint Landri.

576-656.

Certains hommes sont fatalement destinés à n'être que des satellites, d'autres le deviennent par occasion, par l'époque où ils ont vécu, par la force des événements, peut-être aussi par leur propre faiblesse. Ragnemode fut un de ces derniers. Il continua saint Germain, dont il était le disciple, mais comme Louis le Débonnaire continua Charlemagne ou le pape Adrien son célèbre prédécesseur Léon X.

Et pourtant Adrien était un saint pape et Louis le Débonnaire un bon roi. Il en fut de même de Ragnemode. Ce fut un juste devant le Seigneur, ce fut un saint prélat dans le diocèse de Paris.

Saint Germain lui avait conféré le diaconat et le sacerdoce ; il hérita de son œuvre et de sa haute influence, comme il héritait de son siége épiscopal, il n'était pas la lumière, mais il était celui qui suit la lumière; c'est pourquoi il était placé au concile de Paris à la gauche du roi Chilpéric, et de toutes parts lui arrivaient des marques de déférence.

Mérovée, fils de Chilpéric, révolté contre son père, était allé chercher un refuge au tombeau de saint Martin de Tours. Le roi prétendit que Prétextat, évêque de Rouen, était l'instigateur de cette rébellion, et, après avoir rassemblé à Paris quarante-cinq évêques, il se porta son accusateur. Comment l'évêque de Rouen pouvait-il être compromis dans cette affaire de famille? on n'a jamais su le motif de cette haine royale qui poursuivit ainsi le prélat jusqu'à sa mort.

Le prince demandait une déposition ignominieuse, il voulait que la robe du prélat fût déchirée, et qu'on récitât sur sa tête le psaume qui contient les malédictions lancées contre Judas. Les évêques refusèrent, et le malheureux Prétextat, traîné en prison, fut envoyé en exil à Jersey. En même temps, Frédégonde faisait procéder à l'élection de son successeur; elle devait plus tard le faire assassiner au pied des autels, victime mystérieuse d'une affaire plus mystérieuse encore.

Par une sorte de coïncidence que l'on peut observer maintes fois dans l'histoire, Ragnemode, ce prélat doux et tranquille qui ne quittait son diocèse que pour aller, durant quelques mois, à Braisne près de Soissons à la maison de campagne du roi, ou pour accomplir au tombeau de saint Martin de Tours un de ses chers pèlerinages, n'eut pas un moment de paix et de repos.

Le 2 avril 584, Ragnemode était parrain d'un fils de Chilpéric et de Frédégonde, et quelques mois plus tard, Frédégonde, qui venait d'assassiner son mari dans la métairie royale de Chelles parce qu'il était informé de son adultère, venait demander asile à l'évêque.

Le droit d'asile était sacré, et ce n'est pas un des faits les moins caractéristiques de l'époque, que de voir la femme la plus criminelle des premiers siècles, trouver un asile inviolable dans la cathédrale de Paris, où elle se réfugie avec son fils et ses trésors, en même temps que ses sicaires poursuivent Prétextat et ses défenseurs.

Ragnemode assistait à tout cela en spectateur attristé et même un peu ahuri, priant pour sa terrible hôtesse qu'il ne voulait pas maudire, et en ne comprenant guère toutes ces intrigues qui se dénouaient infailliblement par le sang.

Tous les malheurs étaient réservés à Ragnemode : tandis qu'il revenait du concile de Mâcon, en 585, il trouve sa capitale brûlée entièrement, à l'exception des églises. On s'explique l'intensité d'un pareil incendie en songeant que les maisons étaient alors bâties en bois pour la plupart, et que la pierre était employée seulement pour les églises.

Un diacre de son diocèse chercha à répandre à Paris l'hérésie des sadducéens ; il se vit obligé de l'excommunier, et pendant que ce malheureux s'en fut mourir à Angers en tombant du haut des murailles, un peù par imprudence et beaucoup par ivresse, un aventurier — nommé Didier prétendit avoir le don des miracles et recevoir des correspondances de saint Pierre et de saint Paul.

Cette histoire est un véritable roman. Didier, que Ragnemode fait emprisonner, se sauve à Saint-Julien-le-Vieux. Une nuit, Grégoire de Tours, de passage à Paris, vint à minuit chanter l'office dans le chœur, selon son usage; il aperçoit Didier, qui le reconnaît et le supplie d'obtenir sa liberté. Le lendemain Ragnemode fait venir l'imposteur et lui annonce qu'à la prière de Grégoire il lui accorde sa grâce; en même temps l'évêque de Tarbes, Aurélius, qui se trouvait là, reconnaît en lui un de ses valets fugitifs.

Après quinze années d'épiscopat, Ragnemode mourut doucement, sans secousse, comme il avait vécu; ce fut un bon prélat, de ceux dont on parle peu, parce qu'ils ont fait peu de bruit et tenu peu de place, mais dont la physionomie est sympathique et touchante.

Il était fait pour le demi-jour; il eût brillé dans le crépuscule; un illustre voisinage et un jour trop ardent l'ont condamné à une obscurité relative.

De Ragnemode à saint Céraune, en passant par EUSEBE II, marchand syrien qui acheta l'épiscopat mis à l'encan par la reine Frédégonde — triste récompense pour les successeurs de celui qui l'avait sauvée, — par FARAMONDE, dont le plus grand titre est d'avoir été frère de Ragnemode — par Simplice, dont le nom seul nous est parvenu, l'histoire n'offre rien de bien intéressant.

Le fait le plus remarquable du pontificat de Simplice fut une lettre du pape Grégoire, en 601, recommandant à cet évêque saint Augustin, l'apôtre de l'Angleterre, et ses compagnons.

« L'histoire de l'Eglise n'a rien de plus beau, s'écrie Bossuet, que l'entrée du moine saint Augustin dans le royaume de Kent avec quarante de ses compagnons, qui, précédés de la croix et de l'image du grand roi Notre-Seigneur Jésus-Christ, faisaient des vœux solennels pour la conversion de l'Angleterre. »

Un des prélats les plus illustres des Gaules, une des figures les plus intéressantes des premiers siècles, saint Grégoire de Tours mourut sous l'épiscopat de Faramonde. Grégoire de Tours, de qui nous tenons le premier catalogue des évêques de Paris, est un prélat de la trempe de saint Germain de Paris; il est de plus un historien d'une grande valeur et d'une autorité presque toujours incontestable.

L'opinion, qui suit des fluctuations régulières, se plaît, après avoir exalté le grave prélat, à lui refuser toute valeur sérieuse aujourd'hui. Qui, mieux que Grégoire de Tours, a été à même de connaître et d'apprécier les hommes et les choses de son temps? Qui moins que lui a intérêt à les déguiser? Son *Histoire des Francs* est notre première Chronique nationale.

D'une fermeté qui va jusqu'à la raideur, Grégoire de Tours eut des relations continuelles avec les rois, et par conséquent avec les évêques de Paris. Toujours par monts et par vaux, il voyageait, discourait ou écrivait. Type fier et fin, d'un seul bloc, mais d'un bloc de marbre, sa vie entière fut consacrée à la glorification de l'Eglise et de la France.

Saint Céraune vécut au viie siècle ; le trait distinctif de son caractère, l'occupation constante de sa vie, que du reste l'on connaît peu, fut de réunir et d'écrire les Actes des martyrs. Il n'avait pu vivre avec eux, il voulait s'identifier avec leur vie ; cet aïeul des Bollandistes dut certainement composer un bon nombre de livres sur les documents originaux qu'il se procura ; il écrivit en particulier la vie de son illustre prédécesseur saint Denis.

Saint Céraune voulut vivre dans le rayonnement de ces figures admirables qu'il évoquait ; sa vie fut une patiente et sainte compilation, consacrée tout entière à l'érection d'un monument splendide pour ceux qui l'avaient précédé dans la carrière. Quant à lui, ses Actes ne sont même pas connus, et s'il pouvait voir l'ignorance dans laquelle est sa mémoire, je ne doute pas qu'il s'en réjouirait.

Semblable à ces artistes laborieux du moyen âge, élevant des édifices grandioses qu'ils ne devaient même pas signer, il trouvait sa consolation et sa récompense dans la contemplation muette de son œuvre.

Sous son épiscopat se tint le plus nombreux concile qui eût encore été convoqué : *soixante-dix-neuf* évêques y assistaient dans l'église de Saint-Pierre et Saint-Paul. Ce fut le premier concile général de France. Céraune avait pour ces apôtres une dévotion particulière ; il s'efforçait de les imiter et leur image était sans cesse devant ses yeux.

Le 27 septembre, quand il mourut, son corps fut déposé dans la chapelle souterraine de l'église qui leur était consacrée. A la Révolution, on les brûla dans la crainte d'une profanation, et ses cendres, pieusement conservées, sont aujourd'hui dans l'église de Saint-Leu et Saint-Gilles.

On conserve, et l'on ne manque pas de citer, à propos de saint Céraune, une lettre que lui écrivit Warnhaire, un clerc de Langres, à qui il avait demandé des détails sur les martyrs de cette ville. Cette lettre est une exaltation du saint évêque qui n'a pas grande importance, mais qui montre le respect dont il était entouré.

L'hommage d'un inconnu à un autre qui a voulu l'être.

L'épiscopat de Leudebert, le successeur de saint Céraune, coïncide avec le règne de Dagobert. Ce qu'il y a de plus remarquable dans l'épiscopat de Leudebert, c'est le règne de Dagobert ; ce qu'il y a de plus remarquable dans le règne de Dagobert, ce Louis XIV des mérovingiens, c'est saint Eloi. Saint Eloi était aussi un peu roi de France, ne fût-ce que pour avoir fait les tombeaux des rois.

Sous Leudebert, furent inaugurés par Dagobert les tombeaux de saint Denis, sépultures fameuses entre les sépultures des hommes.

Ce fut le règne le plus brillant, les derniers rayons de la splendeur mérovingienne prête à s'éteindre.

A AUBERT, son successeur, commença le défilé paisible et monotone des rois fainéants, qui n'avaient que le nom de roi et laissaient toute la puissance aux maires du palais.

Jusqu'à nos jours, et c'est là une des conquêtes de l'hagiographie moderne, on avait procédé à l'histoire des saints comme certains peintres procèdent à leurs tableaux, traitant tout de la même façon, les rides comme les plis, les chairs comme les étoffes, les cheveux comme les franges de tapisserie.

On tombait inévitablement dans la répétition de quelques épithètes, hors desquelles point de salut; on détruisait, en un mot, et comme à plaisir, l'individualité des saints.

On oubliait l'homme, on l'effaçait volontairement, pour ne regarder que le saint. Quoique la recherche des mêmes vertus donne à tous les saints un aspect identique et en quelque sorte un air de famille, personne plus qu'eux n'a été doué de qualités diverses et parfois contraires. On a voulu les faire passer sous les fourches Caudines de la banalité, les faire tenir dans un même moule, les accommoder de la même façon, eux qui dépassent toujours de quelque côté le commun des hommes, qui ont des allures si bien à eux et des physionomies si caractéristiques, et qui n'ont, humainement parlant, qu'un trait de commun, celui de sortir tous de l'ordinaire. Les saints sentent leur terroir et portent profondément l'empreinte de leur temps et de leur pays.

Il y a des saints savants, élevés, aristocratiques, remuants ou sédentaires, rois ou bourgeois, mystiques ou simples, évêques ou mendiants, tous de grand air.

La plupart d'entre eux ont beaucoup souffert; car tout ce qui est grand et haut, porte en soi son supplice, et est puni par sa grandeur même de quitter les voies communes de l'humanité. Voilà pourquoi le triomphe des saints est le moment de leur mort.

Nous avons dit qu'il y a des saints puissants comme des saints populaires.

Saint Landri fut de ceux-ci, il fut le Vincent de Paul de son époque.

Landri est l'évêque du peuple, c'est le pasteur qui donnerait sa vie pour la dernière brebis de son troupeau. C'est l'incarnation de la charité et de la bienfaisance; avec cela saint Landri était le plus modeste de son clergé; il aimait l'ombre pour faire le bien; si on l'avait consulté pour le canoniser, il se fût écrié bien haut : « Mais, cela est tout naturel, je ne mérite nullement un tel honneur. »

Aussi le peuple vénère-t-il la mémoire de l'évêque Landri. Il est le patron des pauvres, des malheureux, des déshérités de la terre, l'ami de tous ceux qui pleurent, de tous ceux qui souffrent, de tous ceux qui n'ont pas assez d'air pour vivre, assez de pain pour manger, et qui n'ont pu trouver leur place au soleil.

« As-tu souffert, as-tu pleuré? » demande tout d'abord saint Landri, comme la poésie de Gœthe. Il faut chercher dans son épiscopat la raison de la popularité du saint.

Pendant une horrible famine qui, en 651, désola le diocèse, il vendit sa vaisselle, ses meubles, et jusqu'aux vases sacrés de son église pour secourir les indigents.

Saint Landri, le bienfaisant prélat, fonda l'Hôtel-Dieu, comme Germain, le savant prélat, avait fondé l'Université de Paris.

Jusqu'à lui les *Matriculæ* étaient le seul refuge des malades pauvres. Ces asiles étaient soutenus par les aumônes viagères des riches. Il fonda l'hôpital Saint-Christophe avec des revenus fixes assurés. C'est à lui que revient la gloire d'avoir été le premier fondateur du premier hôpital de Paris.

Cette maison était bâtie sur l'emplacement même de celle d'Erchinoald, le maire du palais.

Ce fut lui qui forma, sous le nom de *Recueil de Formules*, le premier code français et parisien. Toutes les lois, toutes les coutumes, ordonnances, formules de jurisprudence y sont consignées; c'est un véritable monument de la législation au viie siècle.

En juin 656, saint Landri était inhumé dans l'église de Saint-Germain l'Auxerrois. En 1171, Maurice de Sully leva son corps de terre et l'enferma dans une châsse de bois doré; en 1408, Pierre d'Orgemont, un de ses successeurs, remplaçait la châsse de bois par une nouvelle en argent, qu'il plaçait derrière le maître-autel.

Tout cela n'empêcha point ses reliques d'être profanées à la révolution; il n'avait rien à envier à sainte Geneviève.

La statue de saint Landri était une de celles qui décoraient la façade de l'hôtel de ville; mais là encore il n'a pas été plus heureux, et son image a disparu avec l'écroulement du vieil édifice d'Henri IV.

CHAPITRE VI

Agilbert. — Evêque et moine. — Hugues, prélat grand seigneur.
Enée, le notaire royal.

666-883

Il est très-rare, dans ces premiers temps de l'histoire des évêques de Paris, de voir à la fois un grand roi sur le trône et un grand évêque sur le siége épiscopal. L'épiscopat de Rodobert, de Sigoband et d'Importun, c'est le règne de Bathilde; comme celui de Leudebert avait été le règne de Dagobert.

Le premier de ces prélats fut lié avec Bathilde et saint Ouen, l'ami de saint Eloi, et ces amitiés illustres nous ont conservé son souvenir. Le second fut assassiné à Chelles en 664 par des grands seigneurs, jaloux de son crédit.

La reine Bathilde domine toute cette période. C'était une esclave anglo-saxonne qu'Erchinoald, le maire du palais, avait été au moment d'épouser par amour et que, par politique, il avait mariée au roi. Sur le trône, elle s'était souvenue de sa condition première. Esclave, elle eut pitié des esclaves et employa ses trésors à en racheter des milliers.

La mort d'Importun plaça Agilbert sur la chaire parisienne. Agilbert avait été élevé en France, il était de grande famille et sa sœur Théodechilde fut la première abbesse de Jouarre. Il passa de bonne heure en Angleterre et enseigna la religion au roi des Saxons. On l'en récompensa en lui enlevant la moitié de l'évêché qui lui avait été donné. Agilbert, affligé, revint en France; il s'y lia avec Clotaire III, qui fut l'instigateur de son élection à Paris. Le roi d'Angleterre se repentit alors d'avoir laissé partir un homme de cette valeur, il le fit supplier de revenir, mais il était trop tard et Agilbert se borna à lui envoyer son neveu Eleuthère.

Parvenu à la plus extrême vieillesse, Agilbert entreprit le pèlerinage de Jouarre et voulut voir sa sœur avant de mourir. Ce fut son dernier voyage. Les deux vieillards, qui composaient à eux seuls toute leur famille, eurent à peine le temps de s'embrasser encore. Agilbert s'éteignit doucement, et fut enterré à la chapelle Saint-Paul dans l'abbaye; à ses côtés était une lame de plomb où était inscrit son nom : Agilbert.

Son tombeau, aujourd'hui profondément dégradé, a fixé l'attention des archéologues, qui viennent de préférence errer sur les tombes.

Il y avait à cette époque cinq abbayes aux environs de Paris : Saint-Laurent, à l'orient, où est aujourd'hui

Saint-Lazare; Sainte-Geneviève au midi; Saint-Germain-des-Prés au couchant; Saint-Germain-l'Auxerrois au nord, enfin, à quelques lieues, Saint-Denis. De ce monastère sortit Turnoald qui parut au palais de Clovis à Vandencourt et abdiqua pour retourner dans son cloître comme un homme habitué à l'obscurité, qu'une lumière trop vive a un instant ébloui.

Turnoald quitta le trône d'or et de velours pour la couchette de bois blanc, la haute basilique aux colonnes de marbre, où il se sentait perdu, pour l'humble cellule à sa mesure.

Après le sang royal, la famille d'Hugues de Rouen était la plus illustre de France; illustre de par Charles Martel, son oncle, de par son grand-père Pépin d'Héristal, de par les titres de son père Drogon, duc de Bourgogne et de Champagne, Hugues comptait parmi ses aïeux saint Arnoul, il était riche et puissant en terre et au ciel.

Il fut d'un seul coup porté au plus haut point des dignités ecclésiastiques. Il était déjà prince de Metz, quand son oncle lui donna l'archevêché de Rouen qu'il échangea quelques années plus tard pour l'évêché de Paris, le premier de France.

Son heureuse nature le porta au bien, il le fit sans effort. Il cumulait les abbayes de Jumièges et l'évêché de Bayeux avec son siége de Paris, sans compter ses autres bénéfices moins importants. Il donna comme il avait reçu; les richesses qui lui avaient été octroyées, il appela ses frères à les partager. La charité lui était facile, mais il la porta à son comble et y donna tous ses soins, aussi fut-il mis par l'Eglise au rang des Saints. Saintement il mourut à son abbaye de Jumièges, celui de ses bénéfices qu'il préféra toute sa vie.

Sous l'épiscopat de Madalbert — qui donna son nom à la Place Maubert, fameuse dans les siècles postérieurs — eut lieu un grand fait politique, l'abdication du paresseux Carloman, le dernier des Mérovingiens, et l'avénement au trône de la race Carlovingienne avec Pepin-le-Bref. (752.)

Sous Déodefroi, le pape Etienne, dépossédé par les Lombards, vint demander secours à Pepin; il fut splendidement logé à l'abbaye de Saint-Denis, pendant que le roi et ses féaux faisaient leurs préparatifs de départ pour l'Italie. Après avoir vu le don fait à la papauté par le roi en la personne d'Etienne, Déodefroi assista Pepin dans les derniers moments à Saint-Denis et vécut assez pour présider à la fondation de l'Université de Paris par Charlemagne.

Enée, qui précéda Gozelin, c'est le pieux Enée, homme doux et humble de cœur. Il fut l'homme-lige de Charles-le-Chauve; c'est pourquoi l'empereur le fit nommer à l'évêché de Paris, mais les évêques et le peuple ratifièrent unanimement le choix du roi. Enée était notaire, c'était l'homme d'affaires royal. « Ce fut, dit sa légende, un homme d'un grand esprit et d'une prudence consommée dans les affaires. » Sous son épiscopat apparurent les premiers Normands dans ces barques qui firent l'effroi de nos pères. C'étaient les premiers symptômes et comme le prologue du drame sanglant qui allait se jouer sous Gozlin.

CHAPITRE VII

Gozlin, quarante-neuvième évêque de Paris. — Comment Paris fut assiégé et défendu par Gozlin. — Du rôle qu'il a joué en France.

883-886

Gozlin fut le Charlemagne de cette puissante dynastie épiscopale dont saint Denis avait été le Clovis. Il est le chef moral et politique de cette seconde race. Il fut le roi de Paris plus et mieux que Charles le Chauve et Louis le Bègue ne furent les rois de France; bien plus, sous Gozlin il n'y eut pas d'autres rois de France que Gozlin; d'autre comte *(Comes)* qu'Eudes, son leude et son lieutenant.

En quelque temps qu'il eût vécu, au quatrième, au quinzième, au dix-huitième siècle, cet évêque eût été un grand homme ; il fut à son siècle quelque chose de plus, un grand citoyen et un grand chrétien.

C'est dans notre histoire, qui en compte beaucoup, une grande figure et une vaillante épée.

Gozlin était de race royale, fils du comte d'Anjou;

disent les uns, fils de l'empereur Louis le Débonnaire, selon les autres.

Entré de bonne heure dans le clergé, il prit très-jeune encore l'habit de bénédictin, et sa science le distingua si vite parmi ces savants légendaires et ces patients travailleurs, qu'il devint au bout de peu de temps abbé de Saint-Maur-sur-Loire, puis de Saint-Amand au diocèse de Tournai; enfin abbé de Saint-Germain-des-Prés, à Paris.

Il devait plus tard porter la crosse et la mitre abbatiale de Saint-Denis. L'abbé de Saint-Germain-des-Prés était d'ailleurs un des grands dignitaires de l'église de Paris, et son abbaye, fameuse par ses moines et illustre par ses précieuses reliques.

Dès cette époque, tandis que Gozlin était chancelier intérimaire du royaume, en remplacement de son frère Louis, les Normands firent sur les bords de la Seine, une incursion dans laquelle il tomba en leur pouvoir. Il vécut plusieurs années leur prisonnier; aussi connaissait-il bien ces fougueux pirates, quand il eut à se mesurer avec eux. Sa vie alors était sans cesse exposée, et il fallut la santé de fer unie à la force morale dont il était doué, pour résister aux mauvais traitements de tout genre qu'on ne lui épargna pas. L'abbé-chancelier étudia ses ennemis futurs, leurs mœurs, leur langage, leurs armes; il mettait à profit le temps de la captivité, en attendant l'heure de la délivrance.

Elle se présenta sous la forme d'une somme d'argent

considérable, que les Normands demandaient pour sa rançon. Charles le Chauve racheta son ministre au poids de l'or ; ainsi devait-il plus tard racheter son royaume de France à prix d'argent, comme si cent bons lingots valaient une mauvaise épée.

Rendu à la vie publique, Gozlin déploya un talent remarquable de politique, et de belles qualités d'administrateur. En même temps qu'il ordonnait, comme abbé de Saint-Germain, la translation du corps de saint Merry dans un endroit plus honorable que la chapelle de Saint-Pierre, où il avait été enterré, il s'efforçait, comme chancelier, de placer le pays sous les ordres d'un seul chef après la mort de Louis le Bègue.

Ami fervent du pouvoir central, qui devait prévaloir quelques siècles plus tard, il était peu aimé de la noblesse. Il comprenait que les Normands n'étaient si forts que parce que nous étions plus faibles, que notre division nous perdait, et que les flèches échangées de donjon à donjon étaient toutes perdues pour la patrie.

Aussi fut-il considéré comme un novateur ; il est d'ailleurs éternellement vrai que ceux qui ont raison huit jours avant les autres, passent pendant huit jours pour n'avoir pas le sens commun.

Gozlin venait d'être promu au siége épiscopal de Paris, quand les Normands firent jusque sous les murs de la ville leur première course.

A la nouvelle de leur approche, il fit achever aux flambeaux la tour de bois du pont construit par Charles le Chauve. Eudes, comte de Paris, qui devait plus tard devenir roi de France, par la grâce de son épée, et Ebles, neveu de Gozlin, le secondaient dignement.

Un matin, les Parisiens virent en se réveillant la Seine couverte de barques en amont et en aval et des tentes de peau, ces tentes basses et trapues particulières aux armées du Nord, groupées sur les hauteurs environnantes.

Sigefrid, leur chef, envoya un de ses hommes à Gozlin et vint lui-même dans la journée en parlementaire. Suivi d'une escorte composée des principaux chefs des barbares, il arriva par la Seine jusqu'au pont de bois du Petit Chatelet. On le conduisit à la maison de l'évêque.

La ville était déserte et les habitants s'étaient renfermés dans leurs demeures. Sigefrid traversa le parvis de la basilique, lieu ordinaire des *monomachies* ou duels entre champions ; devant l'entrée de Notre-Dame, étaient les malades affligés des *ardents* qui attendaient leur guérison.

Par la porte entr'ouverte, on apercevait, à la lueur de six lampes d'argent, brûlant jour et nuit près du baptistère, les reliques de saint Séverin solitaire, les vêtements de l'évêque saint Germain, et les châsses contenant les ossements de saint Lucain, martyr à Lugny sur la *Terre Episcopale,* de saint Justin, martyr au Louvre en Parisis.

Par la rue des Porteurs et la rue de l'Evêque de

Rouen, la petite troupe accéda au logis de Gozlin. Le prélat était revêtu des ornements sacerdotaux et portait l'étole sur la cuirasse. A sa droite était le comte Eudes ; à sa gauche, l'abbé Ebles, son neveu.

« — O Gozlin, dit Sigefrid, aie pitié de toi et de ton troupeau ; si tu ne veux périr, nous te prions d'écouter favorablement nos demandes. »

Gozlin lui répondit fièrement :

« — Si des remparts eussent été confiés à ta garde, comme ceux-ci à la nôtre, si tu eusses rempli ce que tu aurais cru ton devoir, que devrais-tu espérer ? »

Sigefrid alors éclata en injures, et sortit, en déclarant que le lendemain il ferait donner l'assaut, et qu'il ne tarderait pas à avoir par force ce qu'on n'avait point voulu lui livrer de bonne grâce. A Paris, on travailla toute la nuit, et le lendemain, la tour de bois avait grandi d'un étage.

Durant tout le jour, elle soutint et repoussa l'assaut des barbares.

« Gozlin distribue des flots d'huile, de cire, de poix, qui brûlent, enlèvent la chevelure des Normands, en tuent quelques-uns, en forcent d'autres à se précipiter dans le fleuve.

» Les pierres retentissent sur les boucliers ornés de peintures, les écus gémissent et les flèches en sifflant traversent les casques.

» Alors, raconte le moine Abbon, dans son poème en vers latins, les Normands construisent des machines monstrueuses, portées sur seize roues ; vraies merveilles de l'art, elles étaient trois, réunies en une masse compacte, et formées de grandes pièces de chêne.

» Ils jettent dans cet abîme de la terre, des branches d'arbres, les moissons dépouillées de leur fruit et l'herbe des prés, ils entassent de vieux taureaux, de belles génisses et de jeunes veaux ; enfin ils massacrent les malheureux qu'ils retenaient captifs, et les précipitent dans ces profondes cavités.

» Gozlin est au premier rang parmi les guerriers qui défendent la tour, Gozlin qui tue autant d'ennemis qu'il lance de traits. »

Mais à la vue des atrocités commises par ces barbares, le pieux évêque fond en larmes, implore à haute voix la Mère du Rédempteur et s'écrie :

« Mère du Rédempteur et du salut du monde, étoile de la mer qui brille par-dessus toutes les autres, prête une oreille à nos humbles prières, s'il te plaît que je célèbre encore le saint sacrifice, fais que ce barbare, ce cruel qui massacre ses prisonniers, soit lui-même enveloppé dans les filets de la mort.

» Belle Marie, Reine des cieux, toi qui as déjà daigné arracher le peuple de Lutèce aux mains cruelles des Danois et à leurs épées menaçantes — et tu pouvais bien en effet sauver Lutèce, puisque tu as enfanté le Sauveur du monde en péril — toi qui as été choisie pour nous enfanter un père ; lune brillante, tu as donné à la terre un soleil encore plus éclatant, et en éclairant de la plénitude de tes rayons, les contrées où tu faisais ton séjour, tu as préparé le salut de notre race qui périssait.

„ A qui donc puis-je te comparer, ô Reine du ciel, plus sainte que tous les Saints? Veille toujours désormais sur un pays qui t'honore. „

Après cette prière, Gozlin, saisissant un javelot, tua un soldat normand qui présidait à cette exécution, tandis qu'Ebles perçait d'un même javelot, pareil à une broche gigantesque, plusieurs Normands qui se trouvaient liés ainsi, et tombaient ensemble comme une masse.

Pendant un an, Gozlin soutint chaque jour le même combat, pendant un an, il fut sur la brèche, défendant la bonne ville pour le roi et pour Dieu; car la haine de la foi chrétienne était aussi grande pour le moins chez ces barbares, que l'horreur du nom Franck.

Une nuit, au milieu de ses angoisses, le Ciel envoya un soulagement au vaillant prélat.

Il vit apparaître son prédécesseur, l'illustre saint Germain « qui embrasse son frère Gozlin de tout le feu d'une amitié sincère et supérieure aux affections terrestres.

„ Je suis Germain, lui dit-il, autrefois évêque de cette cité; elle ne sera pas engloutie dans le gosier avide de ces barbares, mais brillera entre toutes les villes. „

Ut regina micans super omnes urbes.

Gozlin tenait pour la résistance, et le pusillanime Charles le Gros inclinait à la rançon.

Le 16 avril 886, Gozlin mourut, sur la brèche, au milieu de ses ouailles, et Paris prit le deuil.

Homme d'église, homme d'État, homme de guerre, un concert de gémissements accompagna son cercueil.

« Que la terre gémisse, s'écrie Abbon, ainsi que le ciel dans toute l'étendue d'un pôle à l'autre. Gozlin, ce prélat du Seigneur, ce héros si humain, s'en va dans le séjour des astres, astre brillant lui-même, habiter avec le Seigneur.... Au milieu de nous, il fut notre rempart, il fut pour nous une hache à deux tranchants, un arc et une flèche terrible! »

Quelques mois après, l'empereur rachetait Paris au prix de sept cent mille livres d'argent, et de la plume qui venait de signer ce traité ou mieux ce trafic, Charles le Gros signait, sans le savoir, l'abdication de sa dynastie.

Ses successeurs ne purent racheter eux-mêmes de leur sang, la rançon de la capitale.

Leur courage fut inutile.

En effet, la décadence des Carlovingiens ne ressemble pas à celle des Mérovingiens.

Ce ne sont plus là des hommes étiolés par la

débauche, s'abandonnant sans effort à la fatalité qui les entraîne, ici la vie est énergique et douloureuse ; elle se sent, elle se débat, elle lutte contre les forces fatales qui l'oppriment ; ces malheureux princes ne pouvaient oublier qu'ils descendaient de Karl le Grand.

CHAPITRE VIII

Des successeurs de Gozlin. — Renaud de Vendôme. — Le sac de Saint-Germain des Prés.

886-1124

L'évêque qui succéda à Gozlin sur le trône épiscopal, continua son œuvre. *Anschéric* tua dans une sortie plus de six cents hommes aux Normands. Aussi eut-il de droit ce gouvernement de Paris, que son prédécesseur avait eu de fait.

Anschéric gouverna quinze ans et Théodulphe son successeur, douze ; c'est lui qui fit insérer dans les litanies ce verset que l'histoire a conservé :

« *A furore Normannorum, libera nos, Domine.* »

Notre-Dame posséda sa tête jusqu'à la révolution qui l'envoya rejoindre les cendres de ses saints collègues, dont les reliques faisaient l'envie de la France entière.

Gauthier, Albéric, Constance, Renaud, Engelbert furent tous mêlés au gouvernement non-seulement de

Paris, mais aussi du pays tout entier. Comme chanceliers de France, l'histoire ne mentionne avec leurs noms que des actes d'administration sans importance.

Quoi qu'on fît, les Normands désolaient toujours par leurs incursions, les rivages de la Seine. Ce que n'avaient pu faire l'épée de Gozlin et l'or de l'empereur, la parole des missionnaires envoyés dans le propre pays des barbares devait l'accomplir.

Louis le Pieux avait eu une idée profonde lorsqu'il envoya aux hommes du Nord des apôtres chrétiens, et si cette idée avait eu une complète réalisation, la France n'eût pas déploré tant de malheurs.

En effet, au commencement de l'épiscopat de Renaud de Vendôme, l'abbaye de Saint-Germain des Prés, la reine des abbayes, la rivale de Saint-Denis, Saint-Germain des Prés, qui tenait le sceptre de la science naissante comme Saint-Denis recevait le sceptre des rois mourants, fut dévastée de fond en comble.

Aux premières lueurs du jour, alors qu'on récitait les matines, un bruit formidable se fait entendre. Ce sont les Normands, amarrant leurs barques chargées d'hommes armés, et dont les clameurs retentissent depuis Saint-Cloud.

L'enclos de l'abbaye comprenait tout l'espace aujourd'hui circonscrit entre la rue de Seine, la rue Sainte-Marguerite, la rue Saint-Benoît et la rue Jacob. Ce n'était pas encore l'abbaye féodale, disciplinée dans une sévère hiérarchie, avec ses flèches et ses clochers s'élevant au-dessus de remparts solides, avec ses courtines crénelées que desservent des fossés pleins d'eau, communiquant avec la Seine par un canal qui traverse le Pré-aux-Clercs.

Mais déjà Saint-Germain était digne de son nom d'*inclyte royale et première de France*. Déjà, des merveilles innombrables s'étaient accumulées entre des mains conservatrices par excellence, où rien ne se dispersait, ne se perdait, ne se gaspillait. Notre temps, où tout passe vite, n'a point le sens de cette durée et il faut réfléchir quelques instants, pour avoir la notion nette de cette immobilité et de cette stabilité.

Or, ce jour-là tout fut détruit; en vain, les moines se réfugièrent dans la cité. Celui-ci porte les vases sacrés, celui-là sauve les manuscrits sur papyrus, et le culte de Dieu et le génie de l'homme s'en vont ainsi, fuyant devant l'invasion qui se précipite, tandis que, maîtres de l'abbaye, les barbares allument peut-être le feu avec les derniers livres de Tacite ou la *République* de Cicéron.

Renaud de Vendôme, évêque de Paris à cette époque, était le fils de Bouchard le Vénérable, deuxième comte de Vendôme et de Melun, nommé par Hugues Capet, comte de Paris.

Grand chancelier de France, le comte Renaud offre un des exemples les plus frappants de l'importance et de la grandeur de cette dignité d'évêque de Paris; puisque premier ministre et gouverneur par droit de naissance de la capitale, il sollicitait les suffrages des clercs, pour devenir pasteur de la cité. Le spirituel l'emportait tellement sur le temporel au moyen âge, qu'il rehaussait et augmentait par cette prélature élective, ses prérogatives de naissance.

Albert de Tronchiennes succéda à Renaud, il abdiqua et eut pour successeur Francon, un grand seigneur, fils du comte de Boulogne et d'Adèle de Gand. Francon gouverna dix ans, et un siècle environ après sa mort, Etienne de Senlis était revêtu de la dignité épiscopale.

CHAPITRE IX

Etienne de Senlis — La royauté. — Du rôle des évêques. — Le prieur de Saint-Victor. — Pierre Lombard. — Le Maître des Sentences. — Maurice de Sully. — La Cathédrale. — Les Elections. — Eudes de Sully. — La fête des Fous. — L'Excommunication.

1124-1208

I

Nous touchons ici à la troisième période de l'histoire des évêques de Paris. La première correspond à peu près à la race mérovingienne ; c'est celle de Saint-Denis, celle de Saint-Germain, celle de la prédication de l'Evangile. Les prélats portent la crosse de bois, et célèbrent, sur des tertres de gazon, dans des masures de boue et de roseaux, le Saint-Sacrifice, devant des hommes à peine vêtus. Les missionnaires que le Pape et les Généraux des Ordres religieux envoient aujourd'hui prêcher la sainte doctrine, dans les pays les plus barbares, au milieu des forêts vierges de l'Amérique, des déserts africains, des pampas des Indes, ne nous peuvent donner aucune idée des persécutions, du dénûment et surtout de l'abandon au milieu desquels les premiers évêques et leurs vicaires se trouvèrent exposés.

Au manque absolu des ressources premières, se joint pour eux non pas seulement l'indifférence des populations qui les entourent, mais la haine officielle, et le mot d'ordre de proscription, hiérarchiquement envoyé de Rome.

De plus, ils ne se sentent pas, comme les missionnaires actuels, appuyés moralement par leurs frères ; ils ne peuvent pas se dire que par delà les mers, dedans la ville éternelle, le Pontife, évêque de Rome, premier des évêques, tout le Sacré-Collége et les fidèles des autres nations les admirent et les encouragent de toutes leurs forces. L'huile imposée sur leur front, la mitre sur leur tête : autant de signes de douleurs sans nombre, de persécutions incessantes, de pénibles responsabilités, parfois de martyre.

Et pourtant, quelques siècles après, le premier roi Franck, chef de Paris, se convertissait à la foi chrétienne, bien plus, se faisait sacrer à Reims par un de ces évêques ; c'est-à-dire, demandait à cette Eglise, autrefois proscrite et méprisée, la consécration, la sanction de son pouvoir temporel.

Depuis ce jour, l'influence de l'Eglise grandit sans cesse ; les évêques de Paris sont officieusement protégés, respectés, consultés ; en eux, les rois trouvent la science, la prudence dans les conseils, la sagesse dans les négociations, la justice et la modération dans le gouvernement.

Plus tard, ils sont hautement avoués par les rois; l'évêque de Paris est à la fois le directeur, le chancelier et le premier ministre du prince, c'est, après le souverain, le plus haut placé dans le royaume. Et quand le roi se sent impuissant à défendre son territoire, son évêque de Paris appelle ses clercs, sonne les cloches de sa basilique et invite ses serfs à se joindre à lui, contre les ennemis du pays.

C'est la deuxième époque. Enfin, aux Carlovingiens, qui avaient vécu deux siècles du nom de Charlemagne, succède la troisième race; un souffle s'est répandu sur l'Europe : *Dieu le veut!* et avec les croisades commence le moyen âge.

C'est le signal de nouveaux devoirs pour les évêques.

L'œuvre d'apostolat est achevée... l'Eglise autrefois bannie, a été tolérée, puis admise, puis respectée, enfin presque souveraine. Le vieux monde l'a méconnue, le vieux monde est mort; et dans cette société nouvelle le christianisme, naturellement et comme par la force même des choses, a conquis la première place.

L'évêque de Paris s'est construit une cathédrale, digne de la capitale de la France, digne de la destinée future de la cité. Sa juridiction spirituelle s'est établie, et son pouvoir temporel est incontesté, à l'abri des armes du roi, dont il est en même temps le père et le vassal.

Mais, tandis que le roi part pour la croisade, qui assistera dans le gouvernement du royaume, sa femme sans expérience ou son fils au berceau, sinon l'évêque de Paris? Et non-seulement l'évêque aura voix prépondérante dans les conseils de France, mais il sera dans son diocèse, le premier médecin, le premier avocat, le premier artiste, le premier précepteur.

Ce sont ses chanoines, ses prêtres, ses archiprêtres, ses abbés, ses moines, ses clercs de tout âge et de tout rang, qui apprendront à soigner et à guérir les blessés et les malades, qui garderont les traditions de peinture, de sculpture, de musique, de tous les arts. Ce sont eux qui copient dans l'isolement de leurs cellules, ces manuscrits grecs, hébraïques, latins, dont ils doteront l'Université naissante ; eux les littérateurs, les historiens, les poètes, les diplomates de ce temps de moyen âge, où l'on ne connaissait autre chose que la charrue et l'épée ; ce sont eux les notaires, rédigeant les contrats et les chartes, eux les officiers de l'état civil, eux les juges, les commissaires royaux, les administrateurs ; les hommes de tous les dévouements, des travaux ingrats, des missions difficiles, faisant partout entendre dans cette société mi-barbare, la voix de la sagesse, de la modération, de ce qu'on appelle plus tard l'humanité.

L'éloignement de ces temps et l'obscurité de l'histoire ont empêché les siècles modernes de connaître en détail la vie de ces savants prélats. La modestie religieuse est ici remarquable : ce sont les évêques et les moines qui seuls ont écrit l'histoire de cette époque, histoire des peuples, des rois, des villes et des grands hommes ; rien par eux n'a été omis, hormis eux-mêmes. Aussi pour connaître des détails biographiques sur les évêques de ces siècles, il fut nécessaire aux auteurs du *Gallia Christiana*, de fouiller les archives, de consulter les chartes, les relations des conciles, les lettres éparses, pour reconstituer l'histoire épiscopale.

Ici un mandement, là un grand acte accompli, parfois un nom simplement inscrit sur un document, voilà tout ce qu'il en reste. C'est pourquoi nous passerons rapidement sur ces personnalités discrètes de saints prélats, qui ont voulu en quelque sorte disparaître dans l'action générale de la chrétienté. Nous étudierons plutôt le rôle collectif, l'histoire commune de ces évêques qui se sont éclipsés derrière leur œuvre ; œuvre gigantesque, comme ces monuments construits par une génération tout entière sur lesquels aucun architecte n'a été assez osé pour inscrire son nom.

Et pourtant c'étaient des hommes de haute lignée, de grande importance, ceux qui occupèrent durant ces siècles le siége épiscopal de Paris. Ils figurent aussi dignement dans l'armorial de France, que dans le cartulaire diocésain.

Voici Godefroi de Boulogne, petit-fils du premier comte de Boulogne, oncle de Godefroi de Bouillon, chef de la première croisade, et de Baudouin III, roi de Jérusalem, puis Guillaume de Montfort, et Etienne de Senlis de la Tour, fils du grand bouteiller de France, et Eudes de Sully, fils d'Archambaud de Sully et de Mathilde de Beaugency, des comtes de Champagne et de Blois, qui comptait parmi ses ancêtres le roi Guillaume le Conquérant.

Et plus tard, Pierre de Nemours, fils de Gautier Ier, seigneur de la Chapelle, de Tournan et autres lieux, chambrier de France et d'Aveline, dame et héritière de Nemours, auquel succèdent Guillaume de Seignelay, fils du seigneur de Seignelay et d'Eléonore de Montbard, Gautier de Château-Thierry, descendant des seigneurs de ce nom, Renaud, vicomte de Corbeil; et Guillaume de Chanac et son petit-neveu Foulques de Chanac; Jean de Meulan, Pierre d'Orgemont, etc., sans compter le prince Philippe de France, fils de Louis le Gros et d'Alix de Savoie, frère du roi Louis VII, le Jeune, qui refusa la mitre, trouvant au-dessus de ses forces les fonctions de premier pasteur de l'église de Paris. Quand Etienne de Senlis monta sur le siége épiscopal de Paris, Louis le Gros était déjà sur le trône de France. Mais Etienne était beaucoup plus seigneur de Paris que Louis ne l'était de France. En effet, le roi était alors si faible, qu'il devait combattre corps à corps avec le moindre de ses arrière-vassaux; il guerroya en personne pendant plusieurs années, contre des châtelains infiniment petits, éternellement révoltés, comme ce seigneur des

Puyset, dont il détruisit par trois fois le donjon, entre Orléans et Chartres.

Aussi l'évêque était-il plus utile au roi que le roi ne pouvait l'être à l'évêque. Dans une société organisée comme au XIIe siècle, où tout le monde est fort, il n'y a plus personne de fort, si ce n'est le faible et le désarmé, lorsque comme le seigneur-évêque, il possède la force morale.

Le serment que les grands vassaux faisaient au roi le jour de son sacre, en mettant leurs mains dans ses mains, d'autres le leur faisaient à leur tour et d'autres encore faisaient à ces derniers les mêmes foi et hommages. Ainsi, quoique séparés par la langue, les lois, les intérêts, quoique disséminés sur une grande étendue de pays, les seigneurs français paraissaient unis entre eux par une grande chaîne de devoirs.

Cependant la suprématie du roi n'était que nominale; chacun, du plus grand au plus petit, gouvernait, battait monnaie et guerroyait à sa guise. Dans les temps modernes, où les gouvernements ont ce qu'on appelle la force publique, ils se peuvent passer de la puissance morale, mais quand l'armée du roi trouve en face d'elle une armée presque toujours égale, souvent plus puissante comme en 1125; si le suprême pouvoir ne dispose pas de moyens supérieurs à ceux de ses adversaires, le pays se transformera fatalement en une fédération bizarre, livrée à l'anarchie au dedans, désarmée contre les ennemis du dehors. Le péril était imminent dans la France des premiers Capétiens.

Il devait appartenir aux évêques, et en particulier à l'évêque co-suzerain de la capitale avec le roi, de commencer l'unité française. Le royaume était alors semblable à une de ces armées composées de chevaliers bardés de fer de la tête aux pieds, serrés les uns contre les autres, dans lesquelles le mouvement d'un seul retentit sur toute la ligne, et se répercute à l'infini, le fer choquant le fer.

Dès Louis le Gros, les lois que le roi édictait étaient envoyées immédiatement à presque tous les évêques et à la plupart des abbayes de France, avec les instructions du suzerain-sire, scellées de son grand scel. Tandis que la force semblait régner sans partage, la résistance vint du sentiment religieux, qui inspira assez d'énergie pour troubler dans la jouissance de leur pouvoir les grands qui s'affranchissaient des lois.

Eternel contrepoids, réaction éternelle contre les vices et les folies du siècle, le catholicisme qui est aujourd'hui le rempart le plus puissant de l'autorité, menacée jusque dans ses derniers retranchements, fut durant tout le moyen âge le plus fidèle soutien des droits du faible et de l'opprimé, de la liberté universelle.

Dès cette époque, l'Eglise, avec cette sérénité qui n'appartient qu'aux choses éternelles, repoussait les prétentions injustes, de quelque part qu'elles vinssent, et tenait déjà la balance égale entre ces deux pouvoirs, l'aristocratie et la foule, qui ont tour à tour la domination du monde.

Le clergé partagé par deux intérêts, l'intérêt féodal qui le portait vers l'aristocratie et l'intérêt moral qui le poussait à unir son action à celle de la royauté, préféra le dernier, sacrifiant ainsi généreusement sa supériorité féodale à la cause publique.

Soutien de la royauté carlovingienne à l'époque où les seigneurs la foulaient, le clergé ne se démentit pas lorsque recommença la lutte de la puissance publique contre les grands terriens qui s'étaient approprié la souveraineté et la propriété des hommes et des choses, il concentra ses ressources autour du trône pour donner à la monarchie capétienne un puissant point d'appui.

Ce n'est pas que les rois épargnent au clergé les persécutions quand ils ont des démêlés avec les évêques. Dans une question de canonicat sur laquelle Étienne de Senlis et son chapitre se trouvaient divisés, Louis le Gros prit parti pour le chapitre; le prélat craignant que l'intervention du roi ne portât préjudice à la liberté de son église, jeta l'interdit sur ce prince et sur ses domaines. Furieux de cette peine, la plus considérable qui pût être infligée à un souverain, Louis confisqua le temporel de l'évêché, fermages, terres, maisons et revenus de tout genre.

L'évêque de Paris, avant d'appeler au pape de l'injustice du prince, s'adressa à son collègue et ami

Saint-Bernard, abbé de Clairvaux, lequel écrivit de suite au roi de France. Cette lettre, que l'histoire a conservée, nous montre le ton grave et ferme d'un personnage tel que saint Bernard, écrivant à un roi tel que Louis le Gros :

« Le Roi du ciel et de la terre, disait-il, vous a donné un royaume sur la terre pour vous en faire mériter un autre dans le ciel si vous gouvernez, avec justice et sagesse, celui que vous avez sur la terre. C'est l'objet des vœux et des prières que nous adressons à Dieu pour vous. Mais pourquoi rendez-vous inutiles les prières que nous faisons pour vous, et que vous nous avez demandées avec tant d'humilité, si vous vous en souvenez? Car avec quelle confiance, pouvons-nous lever les mains pour vous vers l'Epoux de cette Eglise que vous contristez sans sujet, comme nous le croyons, par des entreprises peu mesurées? Qui pensiez-vous que vous offensiez par là? Ce n'est pas l'évêque de Paris, c'est le Seigneur du ciel, c'est ce Dieu terrible qui ôte quand il lui plaît la vie aux princes, c'est celui qui a dit aux évêques : qui vous méprise me méprise.

» Si nous avons cru devoir prendre la liberté de vous faire ces remontrances, c'est notre amour pour vous qui nous a inspiré cette hardiesse. Nous vous avertissons de faire cesser ce scandale, et nous vous en prions par l'amitié et la fraternité que vous avez eu la bonté de vouloir bien contracter avec nous, mais que vous venez de blesser si grièvement. Si nous ne méritons pas d'être écoutés, si vous nous méprisez, nous qui sommes vos frères et vos amis, et qui prions tous les jours pour vous, pour vos enfants et pour votre royaume, sachez que nous ne pouvons pas abandonner l'Eglise de Dieu, ni son ministre, le vénérable évêque de Paris, notre père et notre ami. Il nous a sommés par le droit de fraternité d'écrire au pape contre vous, mais avant que d'en venir là, nous avons cru devoir écrire à Votre Excellence. »

Quelque temps après, le pape lui-même faisait justice dans un concile, et le roi scellait la réconciliation, en invitant l'évêque à assister au sacre de son fils Philippe-Auguste.

Ce ne furent pas là les seules tribulations d'Etienne de Senlis; pendant que le roi le menaçait de la misère, un de ses archidiacres le menaçait de l'assassiner.

L'évêché de Paris était alors divisé en trois archidiaconés, celui de Paris en Parisis, celui de Josas et celui de Brie. Thibaud Notier était archidiacre de Josas, et à la faveur de son poste, le premier après celui du prélat, il exerçait des concussions criantes, au point qu'Etienne fut obligé de l'interdire au spirituel et au temporel. L'archidiacre en appela à Rome; un cardinal-légat arriva, rendit une sentence, et Thibaud rentra dans le devoir.

Celui-ci parut se soumettre, mais il chargea ses neveux de le venger. On appelait le prieur de Saint-Victor *l'âme du conseil de l'évêque*, parce qu'Etienne le considérait comme son meilleur ami, le voyait sans cesse, et le consultait souvent.

Nous demanderons à l'abbé de Saint-Victor, disait l'évêque à son chapitre quand on ne savait quel parti prendre et que personne n'avait su exprimer un avis.

Or, un jour, l'évêque chevauchait sur la route de Chelles, un dimanche, avec son pieux ami Thomas, prieur de Saint-Victor; au détour d'un chemin, les hommes d'armes qui le précédaient la lance au poing étaient hors de vue, quand tout à coup deux hommes sortent d'un buisson, l'épée à la main, fondent sur le prieur, le massacrent pendant que les clercs qui suivaient l'évêque s'enfuyaient épouvantés, et ordonnent à Etienne de fuir s'il ne veut avoir le même sort. Ces hommes étaient les neveux de l'archidiacre Thibaud.

De retour à Paris, le prélat fulmina contre les meurtriers une sentence d'excommunication, et l'adressa à ses archiprêtres qui devaient la transmettre à leur tour à tous les prêtres du diocèse. Il y comprend non-seulement les auteurs du meurtre, mais les fauteurs, ceux qui leur donneront asile ou qui communiqueront en quelque manière avec eux. Il défend à tout prêtre, chanoine, abbé, moine, reclus, ou ermite, d'absoudre aucun des coupables qui viendront se présenter à eux, se réservant à lui seul le droit de prononcer la sentence d'absolution.

Le mois suivant, l'archidiacre de Josas et ses complices, étaient interdits au spirituel, et déchus de tous leurs bénéfices; il ne leur resta d'autre ressource que de se réfugier dans un couvent.

Quelque temps après, Etienne de Senlis, plein de jours, rendait son âme à Dieu. Il fut inhumé dans l'abbaye de Saint-Victor, afin de dormir du dernier sommeil auprès du saint prieur Thomas. On grava sur son tombeau cette épitaphe en distiques latins, qui se termine par un trait touchant :

> Hic jacet inter oves, Stephanus qui Parisiensis
> Exstitit ecclesiæ pastor et hujus ovis
> Hanc inopem, parvamque, novam pater pius auxit,
> Extulit, ornavit rebus, honore, libris,
> Multa dedit multis, se nobis, plusque daturus
> Si dare plus posset, qui sua seque deit.

...... A beaucoup de gens il donna beaucoup de choses, il se donna lui-même à nous, il aurait donné plus encore, si celui qui a donné et tous ses biens et lui-même, pouvait donner davantage.

En ce temps-là, arrivait par la grande route romaine d'Orléans, un jeune homme au teint olivâtre, au front large encadré de cheveux noirs collés sur les tempes. Il n'avait pas d'argent et partant pas de gîte, mais il avait — ce qui valait mieux alors que de l'argent — une lettre de recommandation de saint Bernard.

— Gardez-le et pourvoyez à son séjour jusqu'à la fête de la Nativité de la Vierge, écrivait l'abbé de Clairvaux à l'abbé de Saint-Victor. *Petro di Lumello,* tel était alors le nom de celui que l'on devait appeler plus tard le *Magister Sententiarum* dans le royaume de la Scholastique, et Pierre Lombard sur le trône épiscopal. Ses camarades, pour le distinguer de tous les autres Pierre, qui étudiaient à l'Université, l'avaient surnommé le Lombard.

Le futur évêque était venu à Paris pour quelques mois; il ne put s'en éloigner et ne le quitta presque plus.

Comme on disait dans le langage de l'époque. — Avouez-le, *être* à Paris c'est ÊTRE dans le sens ABSOLU, ÊTRE ailleurs c'est ÊTRE ACCIDENTELLEMENT.

Grave, studieux, taciturne, Petro descendait le matin de sa cellule à l'abbaye, et après avoir erré sur le bord de la Seine, et près des boutiques des orfèvres du Grand-Pont, se rendait couvert du bonnet doctoral et de la robe courte, chez les professeurs de décrets de la rue du Clos-Bruneau, ou chez les philosophes de la rue du Fouare qui « démontrent la logique, révèlent les mystères de la nature terrestre et céleste, expliquent les abstractions de la métaphysique, indiquent les résultats certains obtenus par les mathématiques dans leurs rapports avec l'astronomie, la musique et l'optique, et apprennent enfin à régler les mœurs de l'individu, l'économie de la famille et le gouvernement des Etats. »

Car telles étaient les prétentions des professeurs de philosophie, au grand détriment de leurs collègues, les médecins, les théologiens et les décrétistes, les trois autres facultés de l'Université. Déjà, l'Université avait ses quatre colléges, ses quatre nations et ses quatre facultés.

Durant le jour, Pierre le Lombard écoutait les leçons de Guillaume de Champeaux, le conceptualiste, du savant maistre Abailard, de tous ces hommes d'étude, au savoir universel, que l'Eglise formait pour l'enseignement.

Plus tard, nous retrouvons Pierre dans le palais de Louis le Gros. Il tient à la main les *Sentiarum libri quatuor,* et commente pour son royal élève, le prince Philippe de France, frère cadet de Louis VII, les ouvrages des Pères de l'Eglise. Aussi le prince, quand il refusa plus tard l'épiscopat, n'hésita pas à prier le clergé de fixer son choix sur le *Maître des Sentences,* le très-illustre professeur Pierre.

Pas d'homme ne jouit plus que lui d'une réputation incontestée, pas de livre n'eut une vogue plus universelle que les *Sentences* de Pierre Lombard, décisions tirées des Pères de l'Eglise dont il concilie les contradictions apparentes... On s'explique le succès qu'obtint cet ouvrage, en songeant que toute question religieuse était devenue, suivant le goût du temps, la matière d'un examen contentieux, d'une démonstration rationnelle.

En quel embarras devaient se trouver les professeurs, obligés de discourir sur tant de mystères dogmatiques, sur tant de maximes morales, avant qu'on leur eût tracé la carte de leur labyrinthe! Pierre Lombard s'était proposé de leur servir de guide; ils l'acceptèrent avec une reconnaissance dont témoignent les cent quarante commentaires que nous avons de ses sentences. Ces commentaires sont dus à la plume des docteurs les plus célèbres : saint Thomas, saint Bonaventure, Guillaume d'Auxerre, Albert le Grand, le Spéculateur, Estius, Gilles de Rome, Scot et tant d'autres.

L'ouvrage du Maître des Sentences, est un miroir fidèle des discussions du temps.

Dans son ELUCIDARIUM[1], Pierre Lombard, sous la forme de dialogues entre le Maître des Sentences et son disciple, donne sur les principaux passages de la Genèse, des explications qui furent acceptées par tous au moyen âge :

LE DISCIPLE. — Où l'homme fut-il créé?

LE MAITRE. — A Hébron où plus tard il mourut et fut enterré, mais immédiatement après sa création, il fut placé dans le paradis terrestre.

— Où la femme fut-elle créée?

— Dans le paradis, et tirée du côté de l'homme durant son sommeil.

— Quel était ce sommeil?

— Une extase, c'est-à-dire un ravissement de l'âme : car l'esprit le transporta dans la Jérusalem céleste où il vit le Christ et l'Eglise, qui devaient naître de lui,

---

(1) Fol. 19 et suiv. (De primo Homine).

et à son réveil, il prophétisa immédiatement ces choses...

— Combien de temps furent-ils dans le paradis? demande le disciple.

— Sept heures!

— Pourquoi pas plus longtemps?

— Parce que dès que la femme fut créée, immédiatement elle prévariqua, c'est-à-dire qu'elle trangressa les ordres du Seigneur. — A la troisième heure, l'homme créé donna leurs noms aux animaux. — A la sixième heure, la femme formée mangea immédiatement du fruit défendu et tendit la mort à l'homme qui, par amour pour elle, en mangea. — Et bientôt après, à la neuvième heure, le Seigneur les chassa du paradis.

— Qu'était-ce que le paradis? Où était-il? dit le disciple.

— C'était un lieu très-agréable, en Orient, dans lequel des arbres de différente nature étaient plantés pour satisfaire à nos besoins divers. Si un homme mangeait en temps opportun de ces fruits, il n'aurait plus ni faim, ni soif d'aucun autre fruit et ne s'en lasserait jamais. A la fin, il mangerait du fruit de l'ARBRE DE VIE, ne vieillirait plus, ne serait jamais malade et ne mourrait jamais.

« Dans ce paradis étaient des arbres de différentes sortes parmi lesquels était celui appelé l'*arbre de vie* et un autre, l'*arbre de la science du bien et du mal*. L'arbre de la science du bien et du mal n'a pas reçu ce nom de sa nature ni à cause du fruit qui naissait de cet arbre, mais à l'occasion de ce qui est arrivé ensuite : car cet arbre n'était pas mauvais, mais il a été appelé arbre de la science du bien et du mal, parce que (après la défense du Seigneur) c'était en lui que devait arriver la désobéissance par laquelle l'homme devait apprendre, par son expérience, quelle différence il y avait entre le bien de l'obéissance et le mal de la désobéissance....

» Si les anges ne fussent pas tombés, les hommes eussent été de même créés, car Dieu a tout fait en substance ensemble et d'un seul coup. Et ensuite il a distingué toutes choses par espèces. Les *âmes* aussi, dès le commencement, ont été créées de rien. Et chaque jour elles sont formées en individualités et envoyées dans la forme apparente des corps.... »

La haute situation que lui donnaient et son poste d'évêque de Paris et sa renommée littéraire, n'avait pas changé Pierre Lombard. C'était une de ces natures froides, sages, inflexibles, concentrées dans une idée qu'elles creusent à fond jusqu'à la mort. Pierre Lombard mourut la plume à la main.

Il était resté humble comme il convient à un prélat chrétien, simple comme presque tous les grands savants qui ayant beaucoup appris, arrivent à la fin de leur existence avec le mot de Socrate à la bouche : « Ce que je sais le mieux, c'est que je ne sais rien. »

« Le Lombard, étant évêque de Paris, raconte un chroniqueur du XIVe siècle, quelques nobles du lieu de sa naissance se rendirent en cette ville pour le saluer, amenant avec eux sa mère; et comme elle était pauvre, ils la revêtirent d'habits, tels qu'ils crurent convenir à la condition de la mère d'un illustre prélat. La bonne femme en les laissant faire, leur dit : « Je connais mon fils, cette parure ne lui plaira point. » Etant donc arrivés à Paris, ils présentent à l'évêque sa vieille mère. Celui-ci l'ayant envisagée : « Ce n'est point là ma mère, dit-il, car je suis le fils d'une pauvre femme, et il détourna les yeux. »

» — Hélas! dit-elle à ceux qui l'accompagnaient, je vous l'avais bien dit que je connaissais mon fils et sa façon de penser; qu'on me rende mes habits ordinaires et il me reconnaîtra.

» Ayant alors repris ses vêtements de paysanne, la bonne femme revint trouver son fils, qui s'écria :

» — Ah! pour le coup, voilà ma mère, voilà cette pauvre mère qui m'a enfanté, qui m'a allaité, qui m'a réchauffé, qui m'a entretenu. Et s'étant levé de son siége, il l'embrassa tendrement et la fit asseoir auprès de lui. »

Pierre Lombard laissa la réputation d'un bon évêque et d'un fidèle orthodoxe. Il avait eu sous les yeux l'exemple d'Abailard, et avait su éviter l'écueil de ce maître de la philosophie sceptique, pétri de grandeur et de faiblesse, esprit délié, tourmenté de cette inquiétude qui flotte sans cesse entre la vanité et l'erreur.

Il avait appris de son premier maître la vanité des

poursuites d'une pensée ambitieuse qui s'aventure au-delà de l'horizon que Dieu a tracé à l'homme.

II

Maurice de Sully — voici un homme qui fut un des plus grands hommes de son siècle.

Et l'on ne peut dire de lui, comme de beaucoup d'autres grands hommes, que, contre les lois de la perspective, il paraît s'agrandir en s'éloignant. Il fut aussi grand devant ses contemporains, qu'il l'est aujourd'hui devant l'histoire.

Maurice était né à Sully-sur-Loire, d'où son nom. Fils de serf, serf lui-même, sa basse condition n'était comparable qu'à sa profonde misère. A seize ans, il était un jour devant sa pauvre cabane, regardant sa mère qui filait en gardant ses bêtes; il avait le front bas et soucieux. Au monastère voisin où parfois on l'employait à de menus offices, il avait vu de beaux manuscrits dans une langue inconnue, et le frère portier lui avait lu l'Evangile, écrit en lettres de toutes les couleurs.

— J'irai à Paris, dit un jour Maurice.

Sa mère tremble... elle est vieille... qui travaillera plus tard à la terre? qui fournira la corvée au château? comment payer la taxe, la dime, les aides? et puis le seigneur même permettra-t-il à Maurice de s'éloigner?

Et cependant Maurice disait toujours : « J'irai à

Paris, » et il partit avec la permission de son seigneur, qui à la prière des moines, affranchit sa mère.

Comme tous ceux que Dieu a prédestinés à de grands desseins, l'enfant croyait à son étoile. Au bout de quelques lieues, les vivres manquèrent, il mendia.

Un chevalier passait, suivi de ses hommes d'armes.

— Au nom de Dieu et de Madame la Vierge Marie, la charité, messire.

— Tiens, dit le chevalier, voici une demi-livre parisis, elle est à toi, mais à une condition.

Les yeux de Maurice brillèrent.

— Laquelle?

— C'est qu'auparavant tu vas me jurer sur la poignée de mon épée, où sont des reliques de Saint-Basile, que tu renonces pour ta vie à l'épiscopat.

— Gardez votre argent, messire, mais je ne ferai point ce serment-là.

Et le chevalier piqua des deux avec sa suite, riant à écarteler sa cotte de mailles.

Ce jour-là, Maurice coucha à la belle étoile, mais il trouva son étoile à lui plus brillante que de coutume.

« Cette petite fierté ou cette générosité naissante d'un enfant d'esprit qui se connaissait, dit la chronique, se développa depuis tout entière. »

Maurice de Sully était chanoine de Paris quand mourut Pierre Lombard or, c'était aux chanoines à nommer l'évêque. Dans les premiers siècles de l'Eglise, presque toutes les fonctions étaient électives, plus tard les charges, canonicats, abbayes, prébendes, cures, furent à la nomination de l'évêque, du roi, du pape, d'un seigneur clerc ou séculier. L'évêque seul était nommé par le peuple et le clergé. Mais comme il devenait impossible de réunir une population considérable, ce furent à Paris les chanoines du diocèse, assistés des archidiacres, archiprêtres et des dignitaires de l'évêché, qui procédaient à cette élection.

Le cardinal-légat du Pape et l'archevêque de Lyon, primat des Gaules, transmettaient au Pape le nom de l'élu avec un rapport sur l'élection et leurs observations.

Quand l'élection paraissait régulière et qu'il ne se produisait pas de réclamations directement portées au Saint-Siége, le Pape envoyait son approbation.

Dès lors l'élu était évêque de Paris au spirituel; il fallait, pour jouir des prérogatives attachées à la seigneurie-temporelle, que le nouveau prélat fût accepté par le roi.

C'est après cette formalité que l'évêque entrait solennellement dans sa capitale, aux acclamations du peuple, porté par ses barons feudataires, et était sacré dans sa cathédrale avec le bâton et l'anneau.

Il arrivait souvent que le Pape ordonnait des enquêtes. Il en fut ainsi pour Guillaume de Montfort, frère de la fameuse Bertrade, concubine du roi de France Philippe Ier, pour laquelle celui-ci était excommunié. Bertrade était femme du comte d'Anjou, Guillaume était fils du comte de Montfort ; ses alliances et surtout l'influence de sa sœur sur le roi, firent craindre à plusieurs prélats que son élection ne fût pas canonique.

Il n'en était rien, mais malgré la régularité prouvée par les témoignages les plus authentiques, le Saint-Siége fit prêter au chapitre de Paris, avant de donner sa sanction, le serment suivant :

« Ce n'est point pour quelque présent que nous ayons reçu ou qu'on nous ait promis, ni à cause de la faveur dont jouit la sœur de Guillaume auprès du roi, ni à cause des menaces que sa sœur ou le roi nous ait faites, que nous avons élu Guillaume pour notre évêque ; qu'ainsi Dieu nous ait en aide et ses saints Evangiles. »

On voit par ce détail rétrospectif, combien étaient rigoureuses et de quelles précautions étaient entourées les élections des évêques, qu'on s'est plu à représenter comme entrant dans l'église de par le droit du plus riche ou de par la volonté du roi.

L'élection de Maurice, à l'évêché de Paris, fut entourée de circonstances particulières comme si rien ne devait être ordinaire dans la vie de cet homme extraordinaire.

Quand il s'agit de donner un successeur à Pierre Lombard, les suffrages du chapitre ne pouvant se réunir sur aucun candidat, les chanoines s'accordèrent à investir trois d'entre eux du droit de nommer définitivement à l'évêché. Ceux-ci n'ayant pu concilier leurs opinions, remirent à leur tour leurs pouvoirs à Maurice, qui s'étant bien assuré que ses deux collègues ne le démentiraient point sur celui qu'il nommerait :

« Je ne connais, dit-il, ni les consciences ni les intentions des autres, mais je crois me connaître assez moi-même et pouvoir me garantir que si je prends en main le gouvernement de ce diocèse, je ne chercherai et ne travaillerai avec la grâce du Seigneur qu'à l'administrer avec sagesse. Je me donne donc ma voix, l'élection est faite. »

Ainsi Philippe-Auguste avant Bouvines devait offrir sa couronne de France à qui, mieux que lui, serait digne de la porter; ainsi Napoléon devait se poser lui-même sur la tête la couronne de fer des empereurs.

Ce sont là des faits qui sembleraient vulgaires, sans une manière de parfum héroïque qui les recommande à la postérité.

Une fois évêque, Maurice se montra digne de sa tâche. Le diocèse de Paris, le pays entier, étaient infestés de routiers et de cotereaux, rançonnant le paysan, dévastant les abbayes, entretenant partout et sans cesse la terreur; les seigneurs se battaient sans relâche, et pour les prétextes les plus frivoles; enfin les chevaliers sans terre, les archers sans compagnies, les lansquenets sans solde, accomplissaient moult exploits et prouesses qui désolaient le royaume. Semblables à ces Saxons du temps de Charlemagne, qui demandaient le baptême toutes les fois qu'ils éprouvaient le besoin d'avoir une tunique neuve, les lansquenets venaient à résipiscence pour quelques livres, on donnait des fiefs aux chevaliers, le désordre n'était que suspendu ou déplacé.

Maurice conseilla donc la croisade à Louis VII, car si la croisade n'avait pas de résultat, elle servirait au moins selon l'expression d'un auteur du temps de « purgation au royaume. »

Routiers, coteraux, soldats et chevaliers partirent à la suite du très-redouté seigneur monsieur le Roi, psalmodiant des cantiques, et répétant la romance du comte Guillaume de Poitiers :

« Puisqu'il m'a pris fantaisie de chanter, je dirai dans mes vers ce dont je suis dolent, je m'en vais quitter Poitou et Limousin, je m'en irai en exil, je laisserai mon fils en guerre, en grand'peur et en péril, et le mal lui sera fait par ses voisins.

» Je quitte tout ce que j'aimais, chevalerie et grandeur.

» Je m'en vais sans plus tarder où les pécheurs sont délivrés.

» O mes amis, quand je serai devant la mort, venez auprès de moi, vous m'avez vu jadis aimant la joie et les plaisirs, je verrai volontiers partir au loin les délices. »

Au XIIe siècle, la guerre était le tribunal des seigneurs, les victoires étaient ses arrêts ; les droits, qui n'étaient appuyés que sur la puissance, si la puissance tombait, tombaient aussi. Maurice de Sully qui connaissait le sort des pauvres, par sa condition passée, et par sa condition présente, le droit des nobles, s'appliqua à faire pénétrer dans son diocèse l'esprit de la justice moderne.

L'évêque, dans son diocèse, législateur et applicateur des lois, à la fois pouvoir exécutif, administratif, judiciaire, attira à lui les peuples par l'impartialité qui régnait dans sa législation et dans ses jugements. Il conquit cette influence morale qui produisit de fréquentes désertions du fief laïque dans le fief ecclésiastique, et qu'il devait à la sagesse des lois romaines introduites dans ses tribunaux, et à l'humanité des lois et des règlements que l'esprit du christianisme lui dictait. L'Eglise ramasse ensemble tous les titres par où l'on peut espérer le secours de la justice, a dit Bossuet.

Ce fut véritablement sous Maurice de Sully que s'opéra la séparation des pouvoirs laïques et religieux. Les clercs ne dépendirent plus que des tribunaux ecclésiastiques, l'évêque exerçait en outre le pouvoir temporel dans l'étendue de son fief.

« Les canons et les lois, les rois et les évêques concouraient ensemble à empêcher les ministres des autels de paraître pour les affaires même temporelles devant les juges de la terre; on voulait avoir des intercesseurs purs du commerce des hommes et on craignait de les rengager dans le siècle, dont ils avaient été séparés pour être le partage du Seigneur [1]. »

Maurice ne se borna pas à son diocèse, il ne cessa d'entretenir le roi de la nécessité de l'institution judiciaire, il lui en fournit les moyens, et le fief royal de Paris se présenta alors aux autres fiefs du royaume, comme le modèle d'un état mieux administré, où la justice était mieux distribuée. Cet exemple proposé aux seigneuries, acquit à la royauté une supériorité que le contrat féodal ne pouvait lui assurer.

La féodalité essuya, par le génie d'un grand prélat, sa première grande défaite. Elle dut presque s'avouer vaincue, en reconnaissant un pouvoir supérieur à la force et un droit antérieur au fait et qui le domine toujours.

Les soins de l'édilité ne laissaient pas indifférent l'évêque Maurice. Il construisait deux ponts en pierre, chose d'importance pour l'époque, l'un sur la Seine, l'autre sur la Marne; ouvrait des rues dans la cité, détruisait, bâtissait, rectifiait, fondait l'île Saint-Louis, l'hôpital Sainte-Opportune, et inspirait à Philippe-Auguste, l'idée de paver sa capitale, après l'avoir enceinte de murailles avec des fossés et des remparts.

Mais le grand œuvre de Maurice fut la construction de Notre-Dame de Paris, à laquelle il travailla trente ans, faisant sortir de l'argent de dessous les pavés, des artistes de tous les coins de la France et invitant le Pape à en poser la première pierre.

---

(1) Bossuet. — Oraison funèbre de Michel le Tellier.

Nous avons ailleurs décrit l'œuvre colossale pour l'époque, de l'édification de cette basilique, l'une des premières en son style, dont elle est restée un des modèles.

Trente-six ans après être monté sur le trône épiscopal, Maurice, le 11 septembre 1196, couronnait sa vie par sa mort.

Réduit à un état qui faisait douter si le saint Viatique pouvait lui être administré, l'évêque ne le demandait pas avec moins d'empressement.

Pour l'éprouver, on lui apporta avec la solennité habituelle une hostie non consacrée.

« Retirez-vous, retirez-vous, ce n'est point là mon Dieu, cria Maurice, qui avait reconnu intérieurement qu'on le voulait tromper. »

Le prêtre, fort étonné, n'hésita plus à lui présenter le corps véritable de Notre-Seigneur; il reçut l'Eucharistie, avec tous les transports d'une âme religieuse.

Puis il fit appeler son secrétaire et lui dicta ces paroles de Job, qu'il avait introduites de son vivant dans l'office des morts :

« Je sais que mon Rédempteur est vivant et qu'au dernier jour je me lèverai de terre; que, revêtu de nouveau de ma chair, je verrai mon Dieu, que je le verrai moi-même, et non pas un autre, et le contemplerai de mes propres yeux. »

On sait que la résurrection des corps était une question très-controversée au moyen âge.

Ces paroles écrites, il prit le parchemin, le roula de

ses propres mains, le plaça sur sa poitrine, et ordonna qu'on le mît avec lui dans sa tombe.

« Tous les hommes de lettres, dit-il, verront ce témoignage de mes sentiments et s'ils ont des doutes, j'espère qu'il n'en faudra pas davantage pour les dissiper. »

Ce furent ses dernières paroles. Après sa mort, ses vêtements, son linge et son lit furent donnés aux pauvres, ainsi qu'il l'avait ordonné, et l'usage se conserva longtemps de donner aux pauvres de Notre-Dame le lit de l'évêque de Paris.

Il n'y a pas un homme entre mille, disait Salomon, il y a si peu de gens qui veulent que l'homme doué d'une forte volonté arrive toujours à être grand parmi les hommes; n'obéir à personne et à rien au monde, n'être le serviteur d'aucun être, ni l'esclave d'aucune idée, mais être à soi-même son propre esclave et son propre serviteur, décréter dans toute la plénitude de son intelligence, accomplir avec toute la force de sa volonté, s'ordonner et s'obéir, telle est la règle de qui est prédestiné à s'élever.

Tel fut Maurice de Sully.

Sa modération le mit toujours au-dessus de sa fortune. Comme il y parut sans ostentation, il y fut vu sans envie. « On remarque dans sa conduite ces caractères d'une haute sagesse que, parti du plus bas degré pour arriver au plus haut, il a vécu aussi modeste que grand; » dans les honneurs, il ne regarda que le bien de son diocèse, et mourut sans proférer un soupir, « tant il avait mis, selon l'expression d'un grand orateur, en lieu haut et inaccessible à la mort, son cœur et ses espérances. »

II

« J'étais à Rome, dit Pierre de Blois, au commencement du pontificat de Grégoire VII, quand Eudes de Sully, à peine sorti du premier âge, vint le saluer. J'y vis avec joie les honneurs que le Souverain-Pontife et les cardinaux lui rendirent, et ils ne lui en rendirent guère moins qu'à un évêque. »

Eudes de Sully, de l'illustre maison de ce nom, quoiqu'il n'eût voulu accepter que les fonctions de chantre de l'église de Paris, fut le successeur de Maurice.

La conformité de nom entre Eudes de Sully et Maurice son prédécesseur, ne pouvait pas couvrir une différence plus frappante qu'il y en avait entre l'un et l'autre, pour la naissance et l'éducation.

Un génie moins profond, une capacité moins étendue, quelque chose de plus doux, de plus tranquille, de plus timide dans le caractère, que son prédécesseur, fut ce qui distingua Eudes.

Son épiscopat ne laissa pas pourtant d'être agité. Philippe-Auguste, qui voulait répudier la reine Ingelburge pour épouser Agnès de Méranie, augura qu'il devait être parent de la première. C'était la mode du temps.

Pour prévenir les abus que la fixité extrême des familles du moyen âge, l'émigration rare et impossible, n'auraient pas manqué d'engendrer, l'Eglise par une sage mesure, avait défendu les mariages entre parents aux degrés les plus éloignés. C'était le seul moyen de conjurer l'affaiblissement et l'abâtardissement de la race, mais c'était une porte ouverte au divorce. L'autorité religieuse se réservait d'ailleurs d'examiner la nullité des unions, son jugement était d'une inflexible impartialité. Elle le prouva en s'attaquant indistinctement aux rois et aux gens du peuple.

Or, Ingelburge était bien et dûment reine de France, elle n'était pas parente de son mari; Eudes de Sully invita le roi à ne pas donner suite à son projet; le roi lui répondit par l'ordre de célébrer son mariage avec Agnès de Méranie. L'Evêque refusa, le roi passa outre, mais le Pape enjoignit au roi de reprendre sa première femme.

Sur le refus du prince, le Saint-Père adressa à Eudes et à tous les évêques de France, une sentence d'excommunication contre Philippe-Auguste.

On se fait difficilement idée au XIXe siècle de l'importance d'un pareil acte. Cependant l'excommunication était peine cent fois pire que la mort.

« Nous déclarons notre fils le roi de France excommunié jusqu'à ce qu'il ait obéi, avait écrit le pape, et si quelqu'un abuse de sa puissance pour l'absoudre, nous ordonnons qu'il perde le privilége de cette puissance. »

Le prêtre dans sa paroisse, l'évêque dans sa cathédrale, montait en chaire après l'évangile :

« Ecoutez tous... j'ai reçu l'ordre de prononcer contre le roi Philippe, les cierges allumés et au son des cloches, une solennelle sentence d'excommunication.... »

L'excommunié devenait un lépreux ; le roi n'était pas exempt de cette répulsion ; on s'éloignait de lui, ses grands officiers ne l'approchaient que pour les devoirs indispensables de leurs charges. On évitait de s'asseoir à sa table, de coucher sous son toit, les plats où il avait mangé étaient réservés à son seul usage, nul n'y eût pris sa nourriture : c'était un supplice de tous les instants pour qui se voyait ainsi l'objet de l'horreur de ses parents, de ses sujets, de ses meilleurs amis.

Devant l'obstination de Philippe-Auguste, le pape voulut frapper un grand coup ; l'évêque Eudes fut informé par un bref que le royaume était mis en interdit, que cet interdit commencerait vingt jours après Noël, qu'il n'y aurait alors, ni prières publiques, ni prédications, ni Sacrements, ni messes, ni sépultures même.

Seuls, les croisés seraient privilégiés pour entendre la messe et recevoir l'inhumation.

Le 15 janvier, le roi se rendit, selon sa coutume, à la chapelle bâtie par Maurice de Sully au bout du palais épiscopal pour l'usage particulier des évêques, et qui servait aux jugements ecclésiastiques depuis qu'on avait cessé de les prononcer au portique de la cathédrale : il en trouva la porte fermée. Il descendit à l'étage inférieur ; là était la chapelle basse, où l'on disait la messe pour les prisonniers de l'évêché. Elle était déserte.

Pour se venger, le roi fit saisir l'évêque de Paris, l'arracha de la maison épiscopale, et l'on vit Eudes de Sully dépouillé de tout, contraint de chercher à pied un lieu de retraite où il pourrait se reposer.

L'interdit n'en fut pas moins strictement observé, au point que le mariage de Louis, fils aîné du roi avec Blanche de Castille étant arrivé, aucun prêtre ne voulut bénir cette union, et il fallut la faire célébrer en Normandie, sur les terres du roi d'Angleterre.

L'interdit ne cessa que par le renvoi et la mort d'Agnès de Méranie, dont les deux enfants furent légitimés. Ici encore, nous voyons apparaître l'évêque, à qui appartenait, souvent par l'autorisation même du pape, le droit de légitimer les enfants naturels. C'est la première fois, croyons-nous, que les rois de France y eurent recours, et la légitimation fut marquée comme toute particulière et justifiée par les circonstances. Il n'était pas rare, en effet, de voir l'évêque refuser de légitimer les enfants des plus grands seigneurs, exécutant ainsi son rôle de gardien de la morale publique, et partant de la famille.

Eudes de Sully était souvent choisi pour arbitre

par les évêques et abbés dans leurs contestations, et nul ne s'élevait contre les sentences qu'il rendait; le Souverain-Pontife lui confiait des négociations importantes, et les canons des conciles ont recueilli des statuts qu'il élabora pour le bien de son diocèse, sur la forme des sacrements.

Le premier en France, Eudes de Sully eut le courage de s'attaquer à un monstre contre lequel le clergé lutta pendant deux siècles.

Nous voulons parler de la *fête des Fous*.

La *fête des Fous* avait du sang païen dans les veines; elle procédait sans aucun doute des anciennes Saturnales, où pendant quelques jours, la société Romaine était sens dessus dessous, livrée aux orgies les plus bizarres, aux excentricités les plus monstrueuses, et où le programme consistait exactement à faire le contraire de ce qui se faisait des calendes de janvier aux ides de décembre.

La *fête des Fous* se célébrait le 1er janvier, parfois même elle commençait après Noël, pour ne se terminer que le jour de l'Epiphanie, le 6 janvier.

On élisait dans les églises cathédrales un évêque ou un archevêque des Fous, dans les églises exemptes ou qui relevaient immédiatement du Saint-Siége, on élisait un pape des Fous, à qui l'on donnait avec grande dérision, les ornements de la papauté, afin qu'il pût agir et officier solennellement.

Le 1er janvier, vers 1198, les simples clercs revêtaient le rochet des chanoines, le peuple envahissait le matin Notre-Dame de Paris, les plus remuants montaient sur l'autel, et proclamaient le nom d'un étudiant connu pour ses bonnes farces à la prévôté, ou d'un archer célèbre par galantes prouesses, ou d'un marinier qui ne naviguait le plus souvent qu'entre deux vins, voire même d'un clerc renommé pour son indiscipline envers nosseigneurs les chanoines.

« Noël, Noël, criait le peuple, massé sur le parvis, hissé sur les colonnes, sur les degrés de la chaire ou sur le haut des pénitenciaux. Et les lazzis de courir, les chansons de s'échapper en cascades discordantes, et les huées, les injures, les jurements de s'entremêler.... »

Mais silence...

L'évêque des Fous va officier. Il est entouré d'un clergé de fantaisie, le plus grotesque qui se puisse imaginer. Tous sont revêtus d'ornements sacerdotaux mais tournés à l'envers, et souvent déchirés, l'un tient une mitre, l'autre une crosse en bois doré, ornée d'arabesques folles ; l'évêque des Fous porte à la main un livre renversé et à rebours, où il fait semblant de lire avec des lunettes dont il a ôté le verre, et où il a agencé des écorces d'orange.

Les diacres et sous-diacres qui l'entourent portent des masques difformes, se font voler de la cendre au visage en soufflant dans les encensoirs qu'ils tiennent en mains et s'en couvrent la tête les uns des autres, ce qui, dit un chroniqueur, les rend si épouvantables, qu'il faut l'avoir vu pour le croire.

Pendant ce temps les enfants de chœur, les minorés de l'évêché, se carrent dans les siéges en bois sculpté des chanoines, et chantent à tue-tête, quinze fois de suite, le verset du *Magnificat* :

Deposuit potentes de sede.

D'autres leur répondent par le refrain de la chanson de l'*Ane* :

> Orientis Partibus
> Adventabit Asinus
> Pulcher et fortissimus,
> Sarcinis aptissimus.
> Hè ! sire Ane ! hè !

« De l'Orient viendra un âne, beau et vaillant, merveilleux porteur de fardeau, hè, sire Ane, hè. ! »

Enfin, peuple et clergé jouent aux dés et aux cartes sur les dalles de la nef, mangent saucisses et boudins, brûlent dans des encensoirs des morceaux de vieilles savates, et attendent que l'évêque monte dans le tombereau d'ordures qui l'attend sur le parvis ; ordures qu'il devra libéralement distribuer à la populace, laquelle, à son tour, jette du son aux yeux des passants en les forçant de danser autour de la charrette.

Les choses allaient si loin, qu'un historien contemporain s'écrie tristement que si « tous les diables de l'enfer avaient à fonder une fête dans nos églises, ils ne pourraient pas ordonner autrement que ce qui se faisait alors. »

Par un mandement approuvé du Saint-Siége, Eudes de Sully défendit, sous les peines les plus graves, la célébration de la *Fête des Fous,* ainsi que tout ce qui serait contraire à la profession cléricale et au respect dû à Dieu.

Eu égard à l'esprit du siècle, religieux, naïf et remuant, cette cérémonie baroque n'avait rien du caractère qu'on lui pourrait supposer aujourd'hui, mais était devenue une occasion de scandale et d'effroyable tumulte. Elle était également à craindre pour l'avenir.

L'évêque Eudes fit strictement observer la défense, mais, après sa mort, la fête des fous reprit une partie de son empire. Il y eut même des pays où elle envahit les châteaux.

Ainsi le comte de Clèves et trente-cinq seigneurs « qui s'entr'aimaient comme frères, » formèrent une « *Compagnie de Fous,* » que le duc de Bourgogne, Philippe le Bon, approuva en 1484.

« Chacun de nous, disaient les statuts, doit porter à son habit un fou d'argent brodé ou cousu, selon sa volonté, et quand quelqu'un de nous ne portera pas ce fou journellement, celui de nous qui s'en apercevra, lui fera payer l'amende de trois vieux tournois, qui seront donnés aux pauvres en l'honneur de Dieu. »

La Compagnie des Fous de Dijon avait son bâton,

son guidon, son étendard; elle avait son ambassadeur, vêtu de velours vert galonné d'argent, les manches entièrement de velours rouge, galonnées de même, avec des grelots entre la distance des galons.

Cette Compagnie des Fous prospéra si bien et si longtemps, que M. le premier Prince du Sang, Henri de Bourbon, prince de Condé, le père du grand Condé, acceptait, en 1626, la qualité de membre de la compagnie de la Mère-Folle de Dijon, par lettres patentes scellées de cire verte où était empreinte cette devise :

Numerus stultorum infinitus est.

Dans ces lettres, il lui était ordonné de se conduire, selon la formule usitée, en :

Fou folâtrant, fou lunatique,
Fou chimérique, fou fanatique,
Fou jovial, fou gracieux,
Fou gaussant, fou contant fleurette,
Fou fin, fou écervelé,
Fou altéré, fou gabellé,
Fou à caboche légère,
Fou cherchant à faire bonne chère,
Fou aimant les morceaux choisis,
Fou vert, fou teint en cramoisi,
Fou en plain-chant, fou en musique,
Fou faisant aux sages la nique,
Fou riant, fou gai, fou plaisant,
Fou bienfaisant, fou bien disant,

Fou éventé, fou humoriste,
Fou caut, fou pantagruéliste,
Fou léger, fou escarbillat,
Fou indiscret, fou sans éclat,
Fou sur la terre, fou sur l'onde,
Fou en l'air, fou par tout le monde,
Fou couché, fou assis, fou debout,
Fou çà, fou là, fou partout.

Quoi qu'il en soit des compagnies de fous et des lettres patentes qui en sont la conséquence, la *fête des fols* n'avait point au XIIe siècle de ces allures *chevalereuses* et poétiques, aussi doit-il être tenu compte à Eudes de Sully d'avoir combattu une orgie dont il parvint à changer le caractère et le théâtre, s'il ne réussit pas à la détruire entièrement.

En effet, à partir de cette époque, les fous du 1er janvier allèrent élire leur évêque ailleurs qu'à Notre-Dame.

Tout en défendant son église contre les invasions d'en bas, l'évêque devait soustraire son autorité aux empiétements d'en haut.

Le cardinal-légat est un jour invité à dîner par les chanoines de Sainte-Geneviève ; il y arrive à onze heures, heure à laquelle on dînait à cette époque, suivi de l'évêque de Paris qu'il avait invité à l'accompagner.

Grande rumeur dans le cloître.

L'évêque de Paris a-t-il droit de venir ainsi prendre

repas chez les chanoines sans y avoir été prié par eux? Evidemment non.

On ne peut cependant refuser l'entrée au cardinal Octavien. Le doyen est consulté, et après avoir parlementé avec le légat, qui assure de ses intentions de pure honnêteté en invitant l'évêque, les deux prélats sont introduits.

Mais à la fin du repas, un clerc approche de la table un *scriptionale* et prend sur le pupitre un parchemin juridique qu'il venait de rédiger par ordre du Chapitre.

« L'amitié seule, est-il dit dans cette pièce, a porté le légat à inviter l'évêque de Paris à venir passer quelques moments dans sa compagnie, mais les précautions ont été prises aussi sagement qu'on le peut pour maintenir le droit des chanoines. »

Le cardinal et l'évêque signèrent, la difficulté naissante s'apaisa.

Les Chapitres étaient à l'évêque ce que les grands vassaux de ce temps étaient au roi. Ils juraient la fidélité à condition, et l'obéissance sous garantie de leurs libertés.

Or, on sait que les libertés de ce temps-là n'entendaient pas raillerie....

CHAPITRE X

Le tombeau de Pierre de Nemours. — Le génie de la discussion au moyen âge. — Cy dit l'entrée solennelle du seigneur évêque de Paris. — Cy dit l'hommage prêté par ses vassaux, et comment il les reçoit. — L'évêque interdit à l'Université le droit d'avoir un sceau, et des troubles qui en adviennent. — Comment force resta à l'évêque. — Des jugements de Dieu. — L'Epée, l'eau froide.

1208-1304

En 1219, on scelle dans le chœur de Notre-Dame une grande plaque oblongue de cuivre jaune; les ciseleurs et graveurs mettent la dernière main à leur ouvrage; c'est l'image de Pierre de Nemours, évêque de Paris; le prélat est représenté couché; sa tête puissante, recouverte de la mitre de lin, repose sur un coussin de drap d'or; à ses pieds sont des souliers de soie, à ses mains les gantelets, ornés sur le revers de cinq pierres précieuses; il porte la chasuble aux plis abondants, et sur la dentelle de son aube sont brodées, en fil d'argent, les armes de la maison de Nemours.

Le corps de l'évêque revenait de loin. Parti en croisade à la délivrance des lieux saints, Pierre de Nemours était mort sur le sable de Damiette, frappé par la peste, ce lâche ennemi plus terrible que les Sarrasins, et il avait voulu reposer parmi ses ouailles, *in patria sœpe servata*.

C'était un tempérament guerrier ; il était fait pour la vie féodale, pour ces passions, ce point d'honneur, cet enthousiasme qui l'animent et l'embellissent.

Le moyen âge comportait une fixité extrême, ou un grand esprit d'aventures. Le voyage était inconnu. Le serf était attaché à sa seigneurie, le bourgeois, enfermé dans sa ville, croyait que le monde se terminait au bout de ses remparts, et l'habitant de Paris faisait son testament avant de partir pour Amiens.

Mais pour ceux qui n'avaient pas besoin des douceurs de la vie, il n'y avait pas de limites à l'audace. On partait alors pour Babylone, on allait offrir son épée à un roi de Thessalonique ; on ne savait pas où était Thessalonique, mais on rassemblait vingt, trente gentilshommes, et on se mettait en route.

Pierre partit ainsi pour cette guerre éternelle que le christianisme doit toujours livrer aux peuples barbares.

Aussi bien, avec son caractère, se trouvait-il mal à l'aise de lutter avec les arguties des théologiens, les rêves creux des philosophes et les propositions des hérésiarques, lesquels ne se donnaient pas un instant de repos.

Depuis le xiie siècle, à partir de l'épiscopat de Pierre Lombard, il ne se passe pas de jours sans qu'un cerveau plus ou moins savant ne devienne la proie de quelque idéologie nouvelle qu'il devra, bon gré mal gré, mettre au jour. Les évêques de Paris passent une partie de leur pontificat à discuter, plaider, réfuter, proscrire, dénoncer, condamner chaque mois une erreur nouvelle.

C'est une épidémie qui sévit tout particulièrement sur les docteurs de l'Université parisienne. Depuis le professeur jusqu'à l'élève, chacun est tourmenté d'une sorte de manie d'invention théologique, où les propositions les plus saugrenues sont merveilleusement soutenues.

L'un disait que l'essence de Dieu n'est et ne sera vue en elle-même ni des anges, ni des hommes ; que cette essence est une dans le Père et dans le Fils, mais non dans le Saint-Esprit ; qu'en tant qu'amour et nœud des deux premières personnes de la Trinité, le Saint-Esprit ne procède que du Père, que la création est distincte de la créature, que le Diable ni Adam n'avaient de quoi se maintenir dans l'état d'innocence, que les âmes et les corps des bienheureux ne seront pas dans le ciel empyrée avec les anges, mais dans le ciel aqueux ou cristallin au-dessus du firmament, etc., etc.... Impossible d'établir la nomenclature exacte de toutes les opinions qui furent avancées dans l'espace de quatre cents ans, sur la matière philosopho-théologique.

L'activité de l'esprit, se trouvant sans objet, paraît ainsi s'être reportée sur les questions religieuses, faute d'autre aliment, peut-être par un secret dessein de la Providence qui voulut ainsi prouver la toute-puissance de la doctrine chrétienne, en l'exposant pendant une période si longue à des dangers si renouvelés dont elle devait sortir victorieuse.

C'est ainsi qu'un Guillaume, orfèvre, et quelques prêtres, après avoir affirmé que chaque chrétien était membre de Jésus-Christ, enseignaient que Dieu le Père s'était incarné dans Abraham comme Dieu le Fils dans Jésus-Christ. Ils qualifiaient le pape d'Antechrist et appliquaient à Rome les textes des Ecritures qui concernent Babylone.

Il est à remarquer que les Luthériens en feront autant deux siècles plus tard et ne désigneront la Ville-Eternelle que sous le nom de Babylone.

Babylone d'ailleurs n'est pas d'un usage exclusif au moyen âge, puisqu'un grand nombre de villes ont été tour à tour appelées Babylone, qui n'en sont pas mortes. Ceci est seulement fâcheux pour la ville de Sémiramis, qui est ainsi devenue le type de ce qu'on peut rêver de plus abominable au monde. Quoi qu'il en soit, Guillaume, chartrain de naissance et prophète de profession, se donnait pour un des sept personnages dans lesquels le Saint-Esprit devait s'incarner, et prédisait quatre fléaux qui allaient se succéder dans l'espace de cinq années : la famine qui désolerait les peuples, le glaive dont les princes s'armeraient l'un contre l'autre, les commotions de la terre qui s'entr'ouvrirait pour engloutir les cités, enfin, le feu du ciel qui dévorerait les prélats, tous membres de l'Antechrist.

Pour faire accepter ses prophéties précédentes, Guillaume annonçait à Philippe-Auguste les faveurs et les bénédictions divines : le royaume de France embrasserait tout le globe, et le roi régnerait sur la terre aussi longtemps que le Saint-Esprit dans le monde, c'est-à-dire jusqu'au moment où tous les êtres rejoindraient l'Être suprême.

Comme on croit toujours volontiers ce qu'on peut désirer, Philippe-Auguste souriait et laissait dire.

Mais dans un temps où le mystérieux et le surnaturel avaient sur les esprits une influence puissante, de pareilles prophéties jetaient dans les affaires publiques une perturbation facile à concevoir.

Les années se succédaient. « Au lieu de cinq, que le fourbe marquait pour l'accomplissement de sa prédiction, dit le chroniqueur, j'en ai vu s'écouler treize et rien n'est arrivé. »

Pierre de Nemours fit appréhender les sectaires, les enferma à l'évêché, et, livrés à la justice séculière, ils furent brûlés vifs.

Ils n'excitèrent aucune compassion, car la multitude, très-facile à duper, est impitoyable quand elle s'aperçoit qu'on la dupe, et tous ces braves gens n'étaient pas fâchés de se venger de leur crédulité, sur ceux qui l'avaient exploitée.

On leur reprocha même d'avoir altéré méchamment l'atmosphère ; et l'inclémence de l'air, le jour de leur supplice, leur fut imputée à crime par les historiens du temps.

Mais les procès et les procédures ne convenaient pas à Pierre ; si du moins, comme son archidiacre, de Parisis il avait pu combattre dans le midi l'hérésie des Albigeois, le heaume en tête et la cuirasse sur le dos ! Il apprenait que son vicaire dressait des tours mobiles, poussait les mangonneaux contre le château du comte de Toulouse et qu'après avoir, pendant un an, lutté contre les éléments en même temps que contre les châtelains, son archidiacre était entré, à la suite de Simon de Montfort, dans le donjon qu'ils avaient détruit de fond en comble. Ces récits de bataille tentaient le prélat.

Aussi, quelques années plus tard, à la première nouvelle du siége de Damiette, Pierre de Nemours, à son tour, ne songea plus qu'à partir combattre pour la foi.

Ses successeurs ne firent que passer sur le siége de Paris. L'un, Guillaume de Seignelay, ne se consola pas d'y avoir été élevé ; l'autre, Barthélemy, n'y fut élevé que pour y rendre le dernier soupir. Le premier était l'évêque adoré d'Auxerre, comme Auxerre était sa ville bien-aimée. Il fallut un ordre formel pour lui faire quitter son siége; il vint à Paris les larmes aux yeux, et pour y mourir sans avoir voulu se consoler.

Pendant que Philippe-Auguste, un grand prince, était roi, Maurice de Sully, un saint prélat, était évêque; le règne étouffé de Louis VIII correspondit au pontificat obscur de Pierre et de Guillaume.

Au moment où Louis IX, le saint roi, montait sur le trône de France, un grand évêque, Guillaume d'Auvergne, revêtait la pourpre épiscopale.

Au mois de mars 1228, il y avait grande émotion parmi le populaire de Paris; les chars couverts de draperies se croisaient sur le parvis Notre-Dame, les bourgeois en belle robe de camelin toute neuve, se dirigeaient vers le Grand-Châtelet; la foule en vêtement court se massait dans la rue du Petit-Four, dans la rue à l'abbé Saint-Denis, et dans les rues de la Platrière, de la Barre et des hoirs de Harecourt, qui sont, comme chacun suit, les belles et principales rues de l'Université.

Il y avait enfin dans la cité ce bruissement vague et sourd, cette agitation invisible et mystérieuse qui font pressentir l'approche d'un événement merveilleusement intéressant, tel qu'une émeute des escholiers contre les gens du prévôt, un tournoi à la barrière du Louvre, un baptême royal à Notre-Dame.

Cette fois, il s'agissait de bien autre chose, et bien mieux que tout cela, l'entrée de notre dit très-saint seigneur messire Guillaume d'Auvergne, l'évêque et vicomte de Paris.

Chacun se rappelait avoir vu maistre Guillaume dans sa chaire à l'Université, discourir sur la théologie, la philosophie et les mathématiques, comme homme le plus savant de tout le royaume; et puis, c'était un étrange docteur, celui-là qui lisait livres arabes et syriaques comme le Saint-Evangile, et avait traduit du grec, de gros manuscrits attribués à Mercure, le patron des ribauds, le même qui avait des ailes aux pieds, dans l'antiquité, en vrai sorcier qu'il était.

La curiosité pour l'évêque Guillaume était donc vivement surexcitée, et ç'allait être une moult belle fête et moult solennelle que cette entrée. On avait fait depuis huit jours des préparatifs immenses.

Les bourgeois avaient encourtiné la ville de draperies aux couleurs éclatantes, des herbes odoriférantes avaient été répandues à profusion dans la nef de la cathédrale, tendue de drap d'argent et de tapis sarrasinois.

L'évêque était descendu dans l'abbaye de Saint-Victor, proche de l'enceinte de Philippe-Auguste. A midi précis, les évêques de Beauvais, de Chartres et le métropolitain de Sens, accompagnés du nouveau prélat, se rendirent au *Vestiaire* du monastère, où les ornements pontificaux avaient été apportés la veille.

Là, étaient déjà rassemblés les cent notaires de

l'évêché, lesquels cumulaient leur profession avec celle de barbier.

L'un d'eux, le doyen, s'approcha de Guillaume, et se mit en devoir de lui raser la barbe ; il s'arma ensuite des ciseaux de fer et lui accommoda les cheveux à la manière des capucins de nos jours.

Il était ordonné par les saints conciles que le clergé supérieur ou subalterne se rasât le sommet de la tête en rond ; on laissait un cordon de cheveux fort courts, la nuque et le surplus de la tête étaient sans cheveux ; on exprimait ainsi en abdiquant ses cheveux, qu'on devenait le serf de Dieu.

Et c'était là un grand sacrifice pour un homme honnêtement né, car la chevelure était restée, depuis Clovis, l'insigne de l'homme libre.

On jurait sur sa chevelure comme on jure sur son honneur. En saluant quelqu'un, rien n'était plus poli que de s'arracher un cheveu et de le lui présenter. Un roi s'arracha un cheveu et le donna à un évêque pour lui marquer à quel point il l'honorait, aussitôt chaque courtisan s'en arracha un et le présenta au prélat qui retourna dans son diocèse, enchanté des politesses de la cour.

Après la cérémonie de la coiffure, Guillaume revêtit les habits épiscopaux, la robe de soie fourrée de vair, le surplis et l'étole, le vêtement long qui traînait à terre, et dont l'ouverture était du haut en bas garnie d'or phrygien.

On lui mit sur la tête la mitre de drap d'or, enfin ses clercs déposèrent sur ses épaules le magnifique *pluvial,* offert par les orfèvres et sur lequel on voyait la création du monde avec tous ses épisodes..

Qu'on ouvre les portes de l'abbaye!..

Les quatre plus grands seigneurs de la chrétienté de Paris entrèrent; c'étaient les barons de Montmorency, de Chevreuse, de Luzarches et de Montgeron. Ce dernier tenait à la main un parchemin orné du sceau royal en cire verte.

Tous quatre s'inclinèrent profondément; et Guillaume prit le pli de monsieur le Roi.

Saint Louis priait l'évêque de l'excuser s'il ne venait pas remplir envers lui son devoir de féal chevalier, en le portant à son entrée sur la chaire seigneuriale, comme c'était l'usage, et d'agréer pour le remplacer son loyal chambellan le baron de Montgeron.

En effet, le roi de France, comme seigneur de Corbeil, de Montlery et de la Ferté-Aleps, devait l'hommage à l'évêque de Paris dont il était vassal, et par conséquent tenu de le porter à son entrée.

Tout ayant été réglé, le cortége se mit en marche.

D'abord venaient les varlets de l'évêque de Paris, montés sur ses vingt chevaux, et sonnant de la trompette, tandis que plus loin, les clercs chantaient le *Te Deum,* accompagnés par les violes, les harpes et les psaltérions.

La garde épiscopale les suivait, portant la cuirasse

sur le gambison rembourré qui empêchait d'en sentir les arêtes, et sur la cuirasse, la cotte d'arme blasonnée.

Puis venait la grande confrérie de Notre-Dame, composée de trente-six prêtres et de trente-six bourgeois. Elle a le pas sur toutes les autres, car les bons confrères de Marie sont les plus anciens en la cité et ce sont eux qui vont réciter *Matines,* à minuit sonnant, avec les chanoines, dans le cloistre Notre-Dame ; les confrères flagellants en tunique rouge à capuchon, et les pénitents bleus, et les pénitents blancs, et enfin la toute nouvelle confrérie de Saint-Michel, où vous ne pouvez être admis qu'après un pèlerinage en Terre-Sainte, au mont Saint-Michel ou à Saint-Jacques de Compostelle.

Le *Te Deum* se rapproche, la scène change ; c'est messire l'évêque...

Des arbalétriers du roi le précèdent ; et les quatre barons, magnifiques sous leur chaperon à frange d'or, chaussés de *houseaux* en cuir de Cordoue, avec le surcot de cendal à manches de martre zibeline, portent sur leurs épaules une chaire ou trône en chêne sculpté, entremêlé de cèdre et de bois odoriférant.

Le prélat assis, bénit le peuple de sa main nue, tandis que l'autre gantée de daim, orné de rubis, tient la crosse d'or.

Derrière lui, à cheval, sont les évêques, ses frères et le cardinal-légat vêtu de la chlamyde noire et de la mosette violette, insignes de sa dignité. Autour d'eux sont les prieurs, en aube de samit soyeux, les moines en étole, les prêtres en *garnache* de velours, les diacres vêtus de la dalmatique, l'ample robe blanche bordée de pourpre.

On voit émerger dans la foule les hautes coiffures des femmes, les mortiers des barons, les bourrelets des docteurs, les aumusses fourrées des gens de justice, les calottes jaunes des juifs, les chaperons des bourgeois, en fin camelin de Château-Landon, les casques à pointe aiguë des gens d'armes, et toutes les coiffures imaginables, chapel blanc des professeurs, toque des écoliers, chaperons en fourrures, chaperons à roue, chaperons en drap isambrun ou barracan, en toile mollequin ou en bonnette rouge, bleu, vert et de toutes les couleurs d'un arc-en-ciel bien complet.

Le cortége s'était arrêté un instant à l'enceinte nouvelle, où le corps des bourgeois avait présenté à l'évêque les clefs de la ville.

Sur quoi, Guillaume n'en avait voulu accepter qu'une sur trois, en témoignage de sa souveraineté; en effet l'évêque était vicomte de Paris pour un tiers en partage avec le roi, ce droit donné à un fils de France ayant été confirmé par plusieurs rois à l'évêché.

L'évêque était donc seigneur d'un tiers de la ville, et jouissait de la troisième partie de la justice et de la censive, ainsi que des droits d'entrée, de voirie et de coutume et de toutes sortes de droits seigneuriaux qu'il tenait de trois semaines une, et qui étaient réputés

« utiles jusqu'à la concurrence du tiers dans la capitale et aux environs. »

Arrivé sur le parvis Notre-Dame, on fit silence, et les barons déposèrent le trône sur la place entre l'échelle patibulaire et la statue de Jésus-Christ.

L'échelle représentait le droit de haute, moyenne et basse justice de l'évêque, dans l'étendue de son fief; la statue, une figure tenant un livre d'une main et de l'autre un bâton entouré d'un serpent, pouvait représenter Notre-Seigneur, mais elle pouvait aussi représenter saint Jean, ou tout autre saint, ou Mercure, ou tout autre dieu païen; quoi qu'il en soit, c'était la statue de *Jésus-Christ*.

Mal venu eût été celui qui eût mis en doute son authenticité.

La porte de Notre-Dame était fermée. Sous le portail se tenait, vêtus de chapes fourrées les cinquante-deux chanoines de la cathédrale, et derrière eux, un gentilhomme portant sur la poitrine leurs armes battues sur cendal; c'était l'homme d'armes du chapitre, tenu d'assister, armé de toutes pièces, à l'office de la cathédrale et de se tenir auprès de l'évêque, quand il officiait pontificalement.

Guillaume s'avança seul auprès des chanoines, mit ses mains dans celles du doyen et jura de maintenir les droits du chapitre.

Les clercs sonnèrent des clochettes, les portes tournèrent sur leurs gonds, et l'évêque, précédé de la croix, entra dans sa basilique. Il alla s'agenouiller devant la tour d'or massif, placée sous une tente de soie rouge, où était renfermée la sainte Eucharistie, et se dirigea vers la grande salle de l'évêché.

Le long des murs, toiles peintes, tapis haut-lissiers, tapisseries de Flandre représentant des scènes religieuses ou des faits historiques; au fond, une cheminée circulaire, immense, la hotte décorée de peintures à fresque, et de chaque côté, des bras de fer supportant les cierges de cire; çà et là, des tables d'argent, de marbre et de bronze, où gisent les *heures* couvertes de drap d'or, bancs garnis de coussins, *faudesteuils* de métal, couverts de tissus épais, brocards et velours. A terre, carreaux et marchepieds en fourrures parfumées, lourds bahuts peints et dorés, telle était la grande salle d'illustrissime et révérendissime Père en Dieu.

Monseigneur Guillaume, monte les degrés de sa chaire, un siége architectural à six faces, où six personnes se seraient assises à l'aise.

Son sénéchal, son chapelain, son sommelier, tous ses dignitaires laïques et ecclésiastiques, se placent à ses côtés.

L'évêque de Paris va recevoir l'hommage de ses vassaux, féaux, tenanciers et redevables.

Tout d'abord on introduit M. le Prévôt de Paris, lequel seul en France a le droit de juger sous un dais, de par le roi.

Monsieur le prévôt, en mantel de samit vermeil fourré d'hermines, prête serment de fidélité à l'évêque, comme le prévôt de l'évêque prête serment de fidélité au roi, le roi et l'évêque se devant mutuelle protection et assistance comme suzerains de la bonne ville de Paris.

Le baron de Montmorency, tête nue, sans éperons, sans épée, se met à genoux sur le second degré du trône épiscopal, et, les mains dans celles de Guillaume :

« *Je deviens votre homme de ce jour en avant, de vie, de terrestre honneur, et à vous serai féal et loyal, et foi à vous porterai des tênements que je reconnais tenir de vous, sauf la foi que je dois à notre seigneur le roi.* »

L'évêque fit relever le baron, l'embrassa et lui remit un anneau d'or.

Un anneau d'or fut remis au seigneur de Tournan pour son château et sa châtellenie, au comte de Beaumont *pro castra et castellenia de Confluente,* au seigneur de Montjoy qui, en se reconnaissant homme-lige du prélat, lui remit, comme il devait, un cierge de dix sols.

Puis vinrent les seigneurs de Villiers, de la Boissière, d'Andelu, de Mareuil, de Chevreuse, de Senlis, de Béthizy, de Bouvigny, de Garges et le comte Guillaume de Bretagne.

Tous jurèrent de faire descendre leur drapeau de leur donjon et d'y élever celui de l'évêque, leur seigneur, à son premier commandement, à son commandement proféré avec colère, ou sans colère, soutenu par grande ou petite force, pour cause de délit ou sans délit, comme s'énonce la formule de droit féodal.

Et le sire de Rochefort, qui, sous l'épiscopat précédent, avait rompu et abjuré la foi et l'hommage qu'il devait garder, vint tête basse, et, se frappant la poitrine :

— « Très-débonnaire Sire, pardonne-moi ta colère et ton mécontentement, car j'ai méchamment et orgueilleusement agi. »

L'un, par le serment féodal, promit de donner cinquante sous parisis et trois setiers du meilleur froment à l'évêque, le jour de la fête de Saint-Pierre ; l'autre jura d'assister, le jour de la Saint-Jean, à l'office de Notre-Dame, avec ses écuyers et sa maison.

Jusqu'à la nuit tombante, il arriva de tous les points du diocèse des chevaliers suivis de leurs gens d'armes, précédés de leurs bannières, des barons, des abbés, des seigneurs de tout rang, qui venaient mettre leurs mains dans celles de leur suzerain et en recevoir l'investiture.

Guillaume de Noisement y rencontra Pierre de Condé, Jean d'Orléans y salua Guillaume de Bar, Hugues de la Tour, Robert de Béthune, Jean de Tilly, Geoffroi de Juignes se succédèrent aux pieds de Guillaume d'Auvergne.

Il en vint de toute la France, témoin le seigneur de Térouanne pour sa ville, et Jean du Coudray, suzerain de Limoges, pour la moitié de la sienne, sans compter tous ceux qui ne vinrent que les jours suivants, et qui tous séjournèrent plusieurs jours à l'évêché, eux, leurs gens et leurs bêtes; si bien que ce fut le plus grand concours de brillants seigneurs et riches chevaliers qu'oncques se fût vu depuis des années en la ville.

Le lendemain de son entrée solennelle, l'évêque, sur un destrier richement ensellé, se rendit en pompe au palais royal situé, comme on sait, sur l'emplacement actuel du palais de justice. Il était suivi de ses gens, tous grandement montés ; quand son cortége déboucha de la rue de la Calendre, les trompettes du roi sonnèrent de leurs trompes d'argent à panonceaux ; Guillaume mit pied à terre, dans la cour du palais, où étaient rangés vingt sergents d'armes, l'épée en écharpe, la masse d'argent à la main; deux huissiers à vergettes le précédèrent et, suivi de quatre chambellans, le prélat monta à l'appartement où le jeune roi Louis IX l'attendait, dans sa chambre de bois d'Irlande, du côté des jardins.

Guillaume ôta sa barrette, Louis ôta son chapel royal, et le roi et l'évêque s'embrassèrent.

Le roi fit alors traverser à l'évêque, la grande salle du palais, la chambre du parlement, la chambre sur l'eau, la chambre verte — toutes richement ornées, — et, enfermés pendant plusieurs heures dans cette dernière salle, ils devisèrent.

Nul ne sut de quoi, mais quand le soleil se coucha

derrière la montagne de Sainte-Geneviève, le prince reconduisit le prélat jusqu'à la grande salle, pensif et silencieux.

II

Or, il faut savoir que dans le cloître Notre-Dame, ce cloistre où Louis-le-Jeune avait passé les premières années de sa jeunesse, se trouvaient les écoles de Paris. Quand on avait pénétré dans cette enceinte, entourée de murailles sombres, et défendue par de hautes portes bardées de fer, on voyait à l'heure des leçons, étendus sur la paille fraîche, ces écoliers si nombreux qui vieillissaient en apprenant par cœur quelques pages d'Aristote, qu'ils entendaient lire et paraphraser depuis vingt ans.

De ces écoliers, beaucoup sont devenus professeurs, ils se sont répandus sur la rive gauche, ont grimpé sur la butte des Thermes, se sont établis au bord de la Seine. Des élèves sont venus de la France et de l'étranger, les maîtres se sont associés, l'Université s'est fondée.

Elle s'est déclarée majeure, et l'Eglise l'a émancipée, elle pouvait être attaquée, l'évêque lui a donné des priviléges, elle voulait bâtir, le chapitre a provoqué les dons de l'Etat.

Alors l'Université dit à l'Eglise :

— Je ne vous connais plus, attendu que je n'ai plus besoin de vous. Je ne veux plus aller recevoir tous les ans du chancelier de Notre-Dame, la bénédiction de licence, je fermerai ma porte au syndic que vous m'envoyez pour veiller sur l'orthodoxie de mes doctrines ; et pour vous prouver mon droit et ma liberté, je vous renvoie votre sceau épiscopal, et j'arbore un sceau à ma guise.

Les choses n'ont jamais eu de valeur que par la signification qu'on leur donne ; un morceau de bois peut être tour à tour un sceptre, une crosse, une houlette, une béquille, un signe d'investiture, un instrument de supplice. Un sceau, en 1220, était marque de souveraineté et d'indépendance ; n'avait pas un sceau qui voulait. Un seigneur qui pouvait faire pendre de son autorité propre, ne pouvait en sceller l'ordre de son propre sceau.

Donc, c'était chose que ne devait supporter l'autorité épiscopale, d'abandonner ainsi l'Université à ses caprices et fantaisies intellectuelles et temporelles.

Les écoliers insistèrent, le Chapitre maintint ses droits, le corps du délit fut porté au légat du Pape qui le renvoya en morceaux, rue de France, avec défense à l'Université d'employer et de s'attribuer à l'avenir un sceau particulier.

On n'eut pas plus tôt entendu cette sentence, qu'au dernier mot il s'éleva un cri d'indignation, qui se communiquant de la salle dans la ville, devint le signal d'un soulèvement terrible parmi la jeunesse, contre tout ce qui appartenait au légat. Son hôtel fut assailli, ses gens maltraités, ses effets pillés, avec une violence que les troupes royales purent seules arrêter ; le cardinal s'enfuit, sous bonne escorte, pour mettre sa personne à couvert, en excommuniant les coupables.

D'où l'on voit que si, dès cette époque, on savait parler de liberté, on savait aussi bien s'y faire justice soi-même de la bonne façon.

L'année suivante, quatre-vingts professeurs venaient demander humblement leur absolution au cardinal de Saint-Ange qui l'octroya fort bénévolement.

Ceci se passait quatre ans avant l'élection de Guillaume d'Auvergne. Mais rarement on vit gens se soumettre en face, sans avoir la ferme intention de se venger par derrière. C'était le cas de l'Université; la question du sceau était une question de droit, et les questions de ce genre sont sujettes à caution, quand la force n'est pas derrière le droit pour le soutenir, à l'instar du gendarme derrière le juge, et du sabre derrière le gendarme.

Il est hors de doute, qu'après la lèpre, aucuns disent avant, le plus grand fléau du moyen âge c'est l'escholier. La ribauderie, était chez lui une grâce d'état, l'émeute, un passe-temps, la querelle, une habitude. Ils donnaient à faire à la fois aux gens du roi, aux gens du prévôt, aux gens de l'évêque.

L'issue de l'affaire du sceau pesait donc au cœur des étudiants, et une sourde agitation régnait parmi eux.

On était à la fin du carnaval de 1229, quelques étudiants avec des filles, buvaient dans une taverne du faubourg Saint-Marceau, hors la ville. Ils étaient un peu plus qu'aux trois quarts ivres, et ne trouvèrent rien de mieux que de quereller le cabaretier. La dispute commencée avec les garçons de la taverne ameuta contre eux les gens du faubourg, qui les poursuivirent, et les menèrent battant jusqu'aux portes de Paris.

Le lendemain, les écoliers, honteux et irrités du mauvais traitement qu'ils ont reçu, reviennent en nombre, armés d'épées et de bâtons; ils se ruent sur la taverne, brisent les portes, défoncent les tonneaux, dévastent la maison, et se répandent dans les rues voisines où hommes, femmes, varlets, serfs, moines et bourgeois, personne n'échappa à leurs coups.

L'évêque avait juridiction féodale sur le faubourg Saint-Marcel, par le chapitre qui en était possesseur.

Guillaume d'Auvergne informe le légat de ce scandale; ils vont ensemble en conférer avec la reine régente.

Sans écouter les conseils des prélats, et ceux de la prudence, la reine ordonna de courir sus aux coupables, et de ne faire quartier à aucun des étudiants qui se trouveraient aux environs du faubourg. Il y en avait malheureusement un bon nombre, qui, sans prendre part au tumulte, ne pensaient qu'à se divertir.

Bien qu'ils fussent sans armes, les archers du

prévot de Paris, poussés par un zèle intempestif, en blessèrent une trentaine, et en tuèrent même quelques-uns.

Le lendemain les professeurs de l'Université, précédés de leurs bedeaux et de leurs massiers, le chaperon sur l'épaule, se rendent processionnellement et successivement au palais de la reine, qui ne les reçoit pas, chez le légat qui les renvoie à Aristote, et à l'évêché où Guillaume leur donne tort.

Le surlendemain de la scène du faubourg Saint-Marceau, un silence absolu régnait sur la rive gauche de la Seine; depuis la rue du Moine, jusqu'au quartier des Juifs, les chaires de philosophie faisaient relâche, les décrétistes s'étaient mis en grève, tout uniment comme des mineurs du xixe siècle.

Angers, Orléans, Poitiers, Toulouse les reçurent à bras ouverts, et ses Universités s'y fondèrent ou s'y fortifièrent.

Mais, comme c'était charge très-enviée que celle de professeur à l'Université de Paris, des demandes arrivaient chaque jour à l'évêché, et pendant que les rebelles souriaient sous leur bonnet aux quatre coins de la France, Albert-le-Grand et les dominicains s'asseyaient dans la chaire des sentences, et les escholiers affluaient comme devant.

L'affaire alla pourtant en cour de Rome, et le Pape demanda grâce pour les professeurs. Le résultat obtenu n'en demeura pas moins. L'autorité épiscopale resta maîtresse du terrain, et les disciples de Saint-Dominique qu'un mesquin esprit de jalousie avait tenus jusqu'alors éloignés de l'enseignement, furent maintenus dans leurs nouveaux droits.

Il est étrange de considérer comme la majorité de ces savants docteurs de l'Université du moyen âge furent des esprits faux. De grands esprits sont pourtant des esprits faux, dit Joubert, ce sont des boussoles bien construites, mais dont les aiguilles, égarées par l'influence de quelque corps environnant, se détournent toujours du nord.

Le nord, c'était l'Eglise pour l'Université; sitôt qu'elle s'en séparait, dans les choses de la vie, ou dans les questions de doctrine, elle se mettait à agir le plus follement du monde, ou à débiter les opinions les plus burlesques, avec un imperturbable sérieux.

En montant dans la chaire parisienne, Guillaume d'Auvergne avait un double but. Deux pensées se partagèrent sa vie, qui tenaient une place égale dans son cerveau.

Ces pensées, il les poursuivit sans relâche, il n'en fut détourné ni par ses ambassades politiques en Bretagne, où il déclarait déchu de ses états le duc Pierre Maucler qui s'était allié contre la France, avec le roi d'Angleterre, ni par ses ouvrages immenses sur la *Trinité*, sur l'*Ame*, sur l'*Univers*, sur les *Lois*, sur les *Mœurs*, sur les *Démons*, sur la *Rhétorique*, car cet homme était universel.

Ramener l'Université dans le devoir, subordonner son influence à celle de l'Eglise, la dominer, afin de ne point tomber sous son joug : telle fut la première tâche, à quoi il se donna tout entier. La seconde fut la lutte contre la pluralité des bénéfices.

Pour l'accomplissement de l'un et l'autre projet, on le vit inébranlable, inexorable, terrible de fermeté.

Dans son duel avec l'Université, il saisit la première occasion qui se présenta ; il brava tout.

Des étudiants nobles avaient été tués par des archers.

— Qu'importe ?

L'Université est puissante.

— L'Evêque le doit être encore plus.

Il y avait du Richelieu en Guillaume d'Auvergne, pour le calme et la ténacité.

L'Université vaincue, restait la pluralité des *bénéfices*.

Il s'agissait de savoir si un même clerc, ou simplement un laïque, pourrait posséder à lui seul plusieurs abbayes, plusieurs paroisses, plusieurs *bénéfices*, quelle qu'en fût la nature, et en toucher simultanément les revenus. Les abus en ce genre étaient scandaleux, Guillaume leur déclara la guerre.

Il convoqua une assemblée, où tout ce qui avait un nom dans les écoles se rendit ; et afin d'éviter les distinctions au moyen desquelles les partisans de la pluralité avaient jusqu'alors éludé les condamnations, il formula ainsi la question :

— Un ecclésiastique à qui les revenus d'un seul bénéfice procurent les moyens de vivre honnêtement, peut-il en conscience en garder un autre?

L'évêque soutint sa proposition, il parla durant plusieurs heures, et quand il se rassit, l'assistance était gagnée. A la presque unanimité, il fut décidé qu'à l'avenir nul ne pourrait posséder plus d'un bénéfice, quand le revenu en serait supérieur à 300 francs, ce qui suffisait alors parfaitement à un honnête homme.

Guillaume, en cette circonstance, eut pour lui non-seulement les habiles, mais aussi l'opinion, aussi puissante alors qu'aujourd'hui.

Un seul homme s'était prononcé pour la pluralité des bénéfices, attendu qu'il en possédait un certain nombre : c'était Philippe de Grèves, chancelier de l'Eglise de Paris; et voici ce qui lui arriva.

Le 25 décembre de l'année suivante, Philippe de Grèves mourait, et peu de jours après, une ombre noire apparut à messire l'évêque.

— Qui êtes-vous? dit Guillaume.

— Je suis, répondit-elle, votre misérable chancelier, damné pour le grand nombre de mes bénéfices.

Tout finissait alors par une légende, comme aujourd'hui par une chanson. Mais le peuple donnait raison à Guillaume.

Celui-ci porta en toutes choses le même esprit politique que nous avons signalé.

Quand saint Louis, revenu d'une grave maladie, voulut partir pour la première fois en Terre-Sainte, il fit appeler Guillaume d'Auvergne.

Le prélat arrive à Pontoise. Dans la chambre du monarque étaient la reine Blanche, sa mère, la reine Marguerite, sa femme, les comtes d'Artois, de Poitiers et d'Anjou.

— Sire évêque, cria Louis, vous requiers me donner la croix d'outre-mer.

— O chier sire, dirent ses parents tombant à genoux, pour l'amour de notre Rédempteur, attendez que vous soyez entièrement guéri ; alors agissez comme bon vous semblera.

Le royaume avait en ce moment le plus grand besoin du roi, un prêtre ordinaire se fût peut-être réjoui du désir royal. Guillaume, lui, refusa de s'y prêter. Il fit entendre sa parole si persuasive, il représenta au prince les dangers de son engagement, il fit tout pour faire abandonner ce projet.

— Je ne porterai boisson ni aliment à mes lèvres que je n'aie à l'épaule la croix d'outre-mer, répliquait saint Louis, sans vouloir rien entendre.

Guillaume alors, un genou en terre, lui attacha sur l'épaule la croix rouge de Terre-Sainte.

A quoi le roi :

— Scachiez de vray que je suis guéri.

L'évêque prévoyait-il l'inanité de cette généreuse entreprise ? Toujours est-il que le résultat le plus précieux du règne, en ce genre, avait été l'acquisition de la sainte couronne d'épines de Notre-Seigneur, obtenue sans verser une goutte de sang.

C'avait été fête nationale, que l'entrée de la Sainte-Couronne. Nul n'était sans connaître les lais, virelais, rondes, complaintes et ballades qui avaient été composés à cette occasion, et qui jouissaient d'une grande popularité.

Le roi et la reine étaient partis à la rencontre de la précieuse relique, ils la rencontrèrent à Villeneuve-l'Archevêque, près de Troyes, et vérifièrent les sceaux et les actes qui en constataient l'authenticité.

Puis ils descendirent de leur char, tendu de brocart d'or à pois rouges, et fermé par une chaîne d'argent, et se prosternèrent.

Une châsse extérieure de bois renfermait la cassette d'argent qui contenait la cassette d'or, où reposait la couronne d'épines.

Le 18 août 1239, elle entrait processionnellement à Paris. Le respect contemporain pour les reliques n'est rien auprès du culte qu'on leur rendait au moyen âge. La joie de les posséder ne se peut comparer qu'à la désolation universelle qui s'emparait des peuples, quand il fallait se séparer des restes du corps vénéré; les châsses étaient l'arche de la civilisation.

L'arrivée de la Sainte-Couronne fut donc un événement immense. Les huchiers, imagiers, orfèvres, écriniers avaient tenu conseil, et les mains des plus habiles avaient fabriqué ce chef-d'œuvre d'orfèvrerie, que la révolution a détruit, que nos pères ont si longtemps admiré.

C'était alors l'usage en Occident, de construire les reliquaires pour les reliques, au lieu de les placer comme aujourd'hui dans une châsse en forme de chapelle. Un étui d'or affectant la forme d'un bras, était destiné à recevoir les bras des martyrs, leur chef était renfermé dans une tête de métal précieux.

Aussi la châsse destinée à la couronne d'épines, était une couronne royale, avec les douze apôtres dans des niches sur le cercle, tandis qu'à l'intérieur un cylindre de cristal devait supporter la relique.

Tous les chapitres, religieux et religieuses prirent place dans le cortége de la Sainte-Couronne; derrière eux, venait monseigneur Guillaume d'Auvergne et son clergé, puis le roi et le comte d'Artois, son frère, vêtus d'une simple tunique, et les pieds nus, portant la châsse sur un brancard.

Le prince était entouré de toute sa maison : le grand prévôt de l'hôtel qui connaît des jeux de dés et de hasard de la cour; l'archichapelain préposé à la garde de la chappe de Saint-Martin, conservée dans l'oratoire royal; le chancelier, qui garde les sceaux de France, et le référendaire qui rédige les ordres du roi; puis les chambellans et aumôniers de la cour.

Les six corps de Paris, ou *Confrérie des marchands de l'Eau*, drapiers, épiciers, merciers, fourreurs, orfèvres et bonnetiers, suivent les gens du roi. Ils portent la robe de drap noir à collet, les manches à l'ange, bordées de velour noir. Leurs six maîtres sont à leur tête et le plus ancien porte la bannière où l'on voit monseigneur Hercule, demi-dieu de son état, s'efforçant de rompre un faisceau de six baguettes.

Des centaines de chevaliers, vêtus du haubert, et les targes pendus à leurs cols, chaussés des éperons d'or aux molettes larges comme la main, vont pieusement à pied, et les sergents de Son Excellence ferment la marche.

Pour que la fête fût complète, on avait donné ordre aux juifs, de ne point sortir ce jour-là des six petites rues qui leur étaient réservées dans les Champeaux, et de tendre leurs chaînes de la rue de la Friperie à la rue Jean de Bausse.

Il est bien entendu que quiconque apercevra leurs calottes jaunes hors de la juiverie, et verra les *coiffures à roue* de leurs femmes, qui doivent porter, dans le dos, un morceau d'étoffe rouge de la grandeur du grand scel du roi, aura droit de leur courir sus.

A Notre-Dame, les voiles de soie brodée qui entourent le maître-autel et qu'on ne relève qu'à l'élévation, ont été écartés ; messieurs les sergents d'armes, justiciables du roi et du seul connétable, sont rangés autour du chœur, et Guillaume expose, à l'adoration du peuple, la très-précieuse couronne.

Le soir même, l'évêque la déposait dans la chapelle de la rue de Jérusalem.

Dix ans après cette imposante cérémonie, Guillaume rendait le dernier soupir, entouré de toutes les illustrations de son diocèse, la main dans celle de saint Louis, tandis que des évêques et des grands seigneurs en foule se pressaient autour de son lit de mort; il ne prononça aucune de ces magnifiques paroles qui ne servent qu'à faire connaître un orgueil caché, et ses derniers moments eurent ceci de remarquable qu'ils ne le furent pas, et qu'un prélat si exposé à toute la France ne donna rien aux spectateurs.

Comme les bonnes choses auxquelles le temps donne un nouveau relief, tandis qu'il détruit les médiocres, l'œuvre de Guillaume non-seulement subsista, mais fut jugée plus grande encore après sa mort. Il avait eu ce don que le Ciel accorde rarement aux mêmes hommes, de bien penser, de bien dire et de bien agir en toutes choses.

Prélat humble dans son cœur, magnifique dans sa vie, il fut doué de cette âpreté à faire le bien qui ne connaît pas d'obstacles, et l'on vit par les querelles de l'Université sous ses successeurs ainsi que par l'abus des bénéfices, combien Guillaume avait eu la prescience de ce double danger, l'un extérieur et qui attaquait l'Eglise du dehors, l'autre intérieur, et qui la rongeait au dedans.

Dès cette époque, on voit l'Eglise française commencer à graviter dans la sphère d'action de la papauté, qui a la suprême direction des affaires générales, tandis que les milices des paroisses, commandées par les prêtres et les évêques, préludent à l'alliance de la dynastie avec les communes, établies par une suite d'événements que la royauté n'avait ni prévus ni suscités.

L'alliance du clergé avec le pouvoir pour l'établissement des communes et la création de ce qu'on appelle le tiers-état, avaient eu pour conséquence naturelle l'affranchissement des serfs.

On connaît l'édit de Louis le Jeune :

« Selon le droit de nature, chacun doit naître franc ;
» comme beaucoup de notre commun peuple sont déchus
» en lien de servitude, ce qui moult nous déplaît, nous,
» considérant que notre royaume est dit et nommé le
» royaume des Francs, et voulant que la chose en vérité
» soit accordant au nom et que la condition des gens
» amende par nous en notre nouveau gouvernement,
» voulant que les seigneurs prennent exemple de nous,
» de les ramener à la franchise, nous voulons que la
» franchise leur soit donnée à bonnes conditions. »

Les évêques de Paris avaient, au XIIe siècle, plaidé la cause de la liberté et l'abolition du servage, ceux du XIIIe siècle, Etienne Tempier, Renaud de Corbeil, Simon de Bucy, ayant à leur tête Guillaume d'Auvergne, se préoccupèrent de l'administration de la justice.

La justice, en effet, était en enfance, et en la plus naïve. Il n'y avait pas longtemps que les nobles, atteints de quelque crime, étaient condamnés à porter un chien, nus et en chemise, d'un comté à un autre; ceux qui n'étaient pas nobles étaient obligés de porter, dans le même équipage, une selle de cheval.

La coutume de faire amende honorable nous est venue de là. Les nobles étaient même quelquefois condamnés à porter la selle; ce chien, cette selle, — comble d'ignominie — et quelques autres supplices *ejusdem,* résumaient toute la pénalité.

Aujourd'hui, une selle et même tout un harnais sont choses dont ne s'effraierait pas le moindre habitué de la police correctionnelle.

Il est vrai qu'il y avait aussi la peine de mort.

Mais pour discerner le coupable de l'accusé dans les procès civils ou criminels entre gentilshommes, on ne connaissait que le *jugement de Dieu.*

Les jugements de Dieu — résignation naïve de l'homme qui, ne pouvant discerner la vérité, appelait la Providence à son secours — étaient de diverses sortes : la croix, l'eau froide, l'eau chaude, le fer chaud, le serment, l'Eucharistie.

Le duel à l'épée était réservé aux hommes nobles; pour les prêtres, on se servait de l'Eucharistie ou du serment sur les reliques; ils ne touchaient pas les reliques, parce qu'il leur était défendu de jurer sur les choses saintes, ils ne levaient pas la main en prêtant serment, ils se contentaient de la tenir sur leur poitrine.

Les duels par l'épée avaient lieu dans la cour de

l'évêché, ils étaient ordonnés par la justice, faute d'autres preuves et en certains cas seulement.

L'accusateur rendait sa plainte devant le juge, et jetait son gant pour gage de bataille; l'accusé lui donnait publiquement le démenti et s'il ramassait le gant, le gage était censé accepté. Alors le juge marquait le jour et l'heure du combat.

Les deux champions partaient en grand cortége de leurs hôtels, en se signant pieusement, et faisant porter devant eux des bannières où étaient peintes les images de Notre-Seigneur, de la Vierge et des Saints.

Aussitôt qu'ils étaient arrivés à leurs pavillons, dressés dans les lices, l'appelant venait se mettre à genoux devant le roi, ou son représentant, et commençait par faire le signe de la croix; alors le maréchal ou quelque autre nommé par le roi, lui disait :

« Sire chevalier, voyez-vous ici la vraie ressemblance de Notre-Seigneur, vrai Dieu, Jésus-Christ, qui voulut mourir et livrer son très-précieux corps à mort pour nous sauver. Or, lui requériez merci, et lui priez qu'à ce jour, vous veuille aider, si bon droit avez, car il est souverain juge. Souvenez-vous des serments que vous ferez, ou autrement votre âme, votre honneur et vous, êtes en péril. »

Ensuite le maréchal, le prenant par les deux mains, qu'il mettait sur la croix, lui faisait faire le serment suivant :

« Je jure sur cette remémorance de la passion

de notre Sauveur Dieu Jésus-Christ, et sur la foi de vrai chrétien, et du saint baptême que je tiens de Dieu, que je cuide fermement avoir pour certain, bonne, juste et sainte querelle et bon droit, d'avoir en ce gaige appelé un tel, comme faux, traître ou meurtrier ou foi mentie, lequel a très-fausse et mauvaise cause, a de foi en défendre et combattre contre moi et à lui montrerai aujourd'hui par mon corps contre le sien, à l'aide de Dieu, de Notre-Dame, et de Monseigneur saint Georges, le bon chevalier. »

On faisait prêter le même serment à celui qui avait été appelé en duel, et le maréchal donnait le signal du combat en jetant son gant, après avoir crié trois fois : Laissez-les aller.

Les jugements étaient, comme on voit, fort juridiques ; on ne laissait pas même aux combattants l'ardeur d'une première effervescence, mais on les ajournait à une période de dix ou quinze jours, souvent un mois, parfois plus, pour venir se mesurer en champ clos.

« Un homme s'étant présenté devant le vicaire, pour se plaindre de l'usurpateur d'une terre qui lui appartenait, et celui-ci l'ayant nié, il fut ordonné que dans quarante jours ils eussent à se présenter l'un et l'autre devant le vicaire, pour subir le jugement de la croix, ce qui étant fait, celui qui avait usurpé la terre a été convaincu. »

Plusieurs de ces épreuves n'étaient pas bien dangereuses, le jugement de l'eau froide par exemple, dont la formule latine et l'instruction nous ont été conservées.

« Prenez ceux que vous voudrez mettre à l'épreuve de l'eau, y est-il dit, et conduisez-les à l'église où le prêtre célébrera la messe en leur présence et les offrira à l'autel. »

Quand ils se présenteront pour recevoir la communion, dites-leur : « Si vous avez fait ce dont on vous accuse, si vous y avez consenti, si vous savez qui l'a fait, je vous conjure, au nom de Dieu le Père, le Fils et le Saint-Esprit, par la foi chrétienne que vous avez reçue, par le saint Evangile, et par les saintes reliques qui reposent en cette église, ne soyez pas assez téméraire que d'approcher de l'autel pour recevoir la communion. »

S'ils gardent le silence, le prêtre les communiera en disant :

« Que ce corps et que ce sang de Jésus-Christ vous soit aujourd'hui une épreuve. » Après la messe, il bénira de l'eau, et s'étant rendu au lieu où se doit faire l'épreuve, il en fera boire à ceux qui y doivent être mis en disant :

« Que cette eau vous soit aujourd'hui une épreuve. »

Ensuite il fera les exorcismes sur l'eau où ils doivent être jetés. Après quoi, il les dépouillera de leurs habits, leur fera baiser l'Evangile et les jettera dans l'eau, les uns après les autres.

On liait les pieds et les mains à ceux qu'on jetait ainsi dans la cuve pleine. Celui qui surnageait sans enfoncer était réputé coupable : on croyait que l'eau refusait de le recevoir dans son sein. Celui-là seul qui allait au fond était jugé innocent. — C'était le moyen de rencontrer peu de criminels. — Les prévenus étaient aussitôt retirés de l'eau, avec la corde dont celui qui les avait jetés tenait toujours un bout dans la main. Une cuve destinée aux jugements était, pour les églises, un droit seigneurial.

On s'est beaucoup égayé sur les *jugements de Dieu*, sans tenir compte de la naïveté des peuples qui les employèrent ; on a beaucoup reproché à l'Eglise de les avoir tolérés, sans prendre garde au droit, dénué d'artifice, de l'époque.

A tout considérer cependant, mieux valait cette justice là, que l'absence de justice, et l'on sait que les juges en ce temps étaient très-nombreux, les lois très-rares et toutes différentes les unes des autres.

Il est assez étrange, en un siècle comme le nôtre où l'étude de l'histoire a pris un tel développement ; où tous se piquent de vérité et d'exactitude, au point que dans un drame la coupe d'un habit et la forme d'un fauteuil, contribuent au succès autant qu'une belle pensée et une grande scène, il est assez étrange, que pour juger temps passés et peuples barbares, nous ne daignions pas faire un voyage de cinq cents ans en arrière.

Tel contemporain reproche à saint Louis la mauvaise *assiette de son impôt*, et son *piteux système de recrutement*.

Nous n'oserions l'affirmer, mais il nous semble que, pour un peu, il lui ferait un crime de n'avoir pas appliqué l'*équilibre européen* et d'avoir pratiqué le *système de non-intervention*. Quand on juge un individu, on peut le faire comparaître à sa barre; pour apprécier une époque, il faut se transporter chez elle. On l'oublie souvent de nos jours.

Il est des peuples où l'on tourne le dos à celui qu'on salue, où l'on ne regarde jamais celui qu'on veut honorer. « L'assuéfaction endort la vue de notre jugement, dit Montaigne. » Il y eut des pays où les femmes allaient à la guerre, où la sépulture la plus enviée était d'être mangé par des chiens, et d'autres, par ses parents.

Les jugements de Dieu eurent leur temps; l'Eglise les a tolérés, point approuvés, et quand elle put les remplacer par une justice plus sérieuse, elle les interdit. Ce qui fut fait, sous le règne de Louis IX, à l'instigation de Guillaume d'Auvergne et de ses successeurs.

Un homme de sens a dit qu'une institution avait fini son temps, quand elle ne rendait plus de services, et ne se signalait que par ses inconvénients. Les *jugements de Dieu* furent utiles jusqu'au XIIIe siècle, où l'on s'avisa de légiférer.

Il fut longtemps de mode en France, de ne pas détruire sa maison avant d'en avoir construit une autre pour la remplacer; c'était afin de ne pas loger dans la rue.

CHAPITRE XI

Les Moustiers de Paris au xive siècle. — Où l'évêque assiste au procès des Templiers. — Cy dit des légendes du moyen âge. — Des superstitions sur les Sacrements. — De Maître du Coignet. — Comme l'évêque Pierre de Forest fut un grand homme. — L'évêque sait faire respecter l'Université.

1304-1409

I

C'est un terrible avantage que de n'avoir rien fait, mais il ne faut pas en abuser. Un médecin très-distingué, Guillaume de Baufet; un évêque de bonne mémoire, Etienne de Borest; un docteur en l'un et l'autre droit, Hugues de Besançon; un patriarche d'Alexandrie, Guillaume de Chanac; un chevalier sans peur : Jean de Meulan; c'est à peu près tout ce que l'on sait des évêques de Paris, durant la première moitié du xive siècle.

Tous prirent une part active aux affaires publiques, et dépensèrent, dans l'administration quotidienne du diocèse, la monnaie d'une grande œuvre quelconque, qu'ils n'eurent point à accomplir.

Paris, à cette époque, était parsemé d'églises, toutes merveilleusement riches et ornées, sans compter la Sainte-Chapelle, « belle comme une des belles salles du paradis, » où Philippe le Bel venait de faire transporter la tête de saint Louis, « comme lieu où il aimerait mieux reposer qu'en aucun autre. » Cette translation eut lieu en 1306, nous apprend la table chronologique attachée, selon la coutume, au cierge pascal de la Sainte-Chapelle, durant trois mois de l'année.

Un manuscrit, découvert au commencement du siècle, nous fait connaître les noms des cent Moustiers de Paris, au XIIIe siècle.

Le poète contemporain de Saint-Louis, débute ainsi :

> Hè! *Notre-Dame de Paris*,
> Aidiez moi qui suis esmaris
> Et vous *Notre-Dame des Chans*,
> Et *saint Marcel* li bien quéranz,
> Et *saint Victor*, li Dieu amis,
> Et *saint Nicolas* li petis,
> Et vous *saint Etienne* des Grés,
> Et *sainte Geneviève* après ;
> Aidiez-moi *saint Symphorien*,
> *Saint Cosme* et *saint Dominien*,
> *Saint Glaive, saint Julien*
> Qui herberges les crestiens ..

La poésie ne défie pas Corneille, mais elle offre un véritable intérêt historique : on fit sous l'épiscopat d'Etienne de Borest une autre description ; nous nous contenterons d'en détacher le passage qui se rapporte à la cité :

> Si les ai tous en rimes mis,
> J'ay commencié à *Notre-Dame,*
> Qui nous sauve et gart cors et âme,
> Pour ce que c'est la mère Eglise
> De Paris, après, de ma guise
> Près le Moustier *Saint-Jean le Ront,*
> Entre eux deux n'a ne val ne mont ;
> Ne *saint Aignien* n'oubli-je pas,
> Et puis la *Chapelle-aux-Noctaires*
> Où il repaire mains vicaires,
> Et puis après la Maison Dieu
> De Paris, ou à digne lieu ;
> En rue neuve pas ne griève
> Le Moustier *Sainte-Geneviève*
> La Petite, que je ne faille
> Devant cette église saus faille,
> Veut on chapon, gelines, cos,
> Perdrix, plouviers et widecos.
> Après le Moustier *Saint-Christophe*
> Qui de l'amour Dieu fit son coffre [1]
> Quand le porta outre la mer,
> Servir le devons et amer.
> Entour vend-on fromages, œfs,
> Près d'ilec siet *Saint-Pierre-aux-buefs.*
> . . . .

(1) Allusion à la légende de Saint-Christophe.

Et puis après la *Magdelaine*
Qui vers Dieu ne fut pas vilaine,
De ses larmes ses piez lava,
De ses péchiez Dieu la lava,
Aussi nous veuille il pardonner
Les nos, et sa grâce donner.
Après est *saint Symphorien*,
En une place séant bien
Au bout de la Peleterie,
Devant fait-on boulangerie ;
Et au bout de la rue aux Fèvres
Où il demeure pou d'orfèvres,
Qui facent calices, ne crois
Là sied le Moustier *Sainte-Croix*.
Après *Saint-Pierre-des-Arcis*,
Entre les drapiers est assiz
Et *saint Mahias* sied après
Qui des savetiers est bien près,
Plusieurs sont si paroissien
Que c'est un Moustier ancien.
. . . .
Près d'ilec siet une chapelle
Qui moult est digne, riche et bele,
C'est la *Chapelle nostre roy*
Ou de biauté a grand arroy
Et de richesse ; y a grant masse
De reliques en une chasse,
Aux quiex l'on doit porter honneur
Pour l'amour de Nostre Seigneur.

La plupart de ces églises ont aujourd'hui disparu ; c'étaient les plus anciens monuments de Paris, car l'église était souvent bâtie avant tout autre édifice.

On construit de nos jours une église pour un quartier, un quartier se construisait alors autour d'une église, jetée au milieu des champs dans la solitude.

Toutes dépendaient de Notre-Dame, la basilique mère, où se faisaient tous les actes importants de la vie féodale.

C'était dans l'armoire, sculptée à droite de l'autel, que l'on conservait les morceaux de bois offerts en réparation de dommage, les baguettes d'argent, quand la réparation venait de la part d'un prince, et les cuillers d'airain que les clercs déposaient en signe d'abandon de tous leurs biens à l'Eglise de Paris.

Ce fut aussi sur le parvis de la cathédrale que se dénoua cet étrange procès des Templiers, dont le dernier mot ne fut jamais dit, et qui demeura entouré de mystère.

Le révérendissime Guillaume de Baufet, évêque de Paris, assista au jugement des chefs de l'Ordre, et se trouvait dans sa ville épiscopale lorsque le bûcher fut allumé en 1314, pour le grand-maître Jacques du Bourg-Molay.

Le lendemain de l'exécution des Templiers à Paris, le chevalier Nicolas d'Aumont et sept autres Templiers, *déguisés en maçons*, vinrent recueillir les cendres du bûcher. Quinze jours après, le chevalier Rusquin de Floriau, qui avait dénoncé l'Ordre, fut assassiné sur la place d'Avignon. Le pape Clément V lui fit faire des obsèques magnifiques et le déclara *vénérable serviteur de Dieu;* mais on affirme que les Templiers enlevèrent son corps, et déposèrent dans son tombeau les ossements de Jacques de Molay, qu'on avait reconnus ou cru reconnaître à la grandeur de leurs proportions.

II

Quoi qu'il en soit de cette légende, elle a pour elle de n'être pas la seule. La légende est partie intégrante du siècle, on ne peut faire un pas sans la rencontrer; les combats sérieux appelés batailles, les combats gracieux appelés tournois, les pèlerinages, les cérémonies, les discussions théologiques et planant sur le tout, les légendes, voilà le moyen âge tout entier.

L'histoire des hommes est liée à l'histoire de leur temps, c'est l'air qu'ils ont respiré; séparer l'individu de son siècle, c'est le mettre sous une machine pneumatique où il meurt.

Or, dans un temps où l'Eglise était tout, où les hommes et les choses dépendaient plus ou moins d'elle et s'y rattachaient toujours de quelque manière, les légendes eurent pour sujet principal les mystères, les doctrines, les ministres de l'Eglise.

La vie des évêques de Paris, c'est la lutte avec le roi, et avec l'université, sur le pouvoir de l'un, sur les doctrines de l'autre; c'est aussi la lutte avec le peuple pour ses légendes.

Les légendes s'infiltrent dans la vie privée comme

dans la vie publique et religieuse de l'époque, à commencer par celle du *Juif Errant* qui tient une grande place dans les croyances populaires.

Il avait fait son trou dans le monde au siècle précédent, et sa renommée avait grandi en cinquante ans, et s'était répandue dans toute la France.

Joseph Cartaphilus, que les modernes ont débaptisé pour l'appeler Ashaverus, était portier du prétoire de Ponce-Pilate.

Quand Notre-Seigneur montait au Calvaire, il lui donna un coup de poing dans le dos.

— Va donc plus vite, Jésus, pourquoi t'arrêtes-tu ?

— Je vais, lui dit Jésus, le visage sévère, je vais et toi tu attendras que je sois venu.

Le Juif Errant en 1400, était un homme de sainte conversation, et de grande piété, qui parlait peu et avec réserve, se contentait d'une nourriture frugale et de vêtements modestes, pleurait souvent et ne souriait jamais. Il rajeunissait chaque fois qu'il atteignait sa centième année, et attendait toujours la venue du Seigneur et la fin du monde.

Il ne savait ce que Dieu voulait faire de lui, de le retenir si longtemps en cette misérable vie. Les habitants des campagnes le voyaient dans tous les mendiants étrangers, à longue barbe blanche, qui passaient d'un air grave et mélancolique sans lever les yeux.

L'infortuné portier du prétoire, passait un siècle plus tard, pour un grand gaillard qui ne paraissait pas avoir plus de cinquante ans, marchait pieds nus, portait des hausses amples, et une jupe qui tombait jusqu'à ses talons. Il assistait d'ailleurs au sermon dans une église — tout Juif qu'il fût — et se prosternait en pleurant et en soupirant.

Il tenait les discours les plus édifiants, pourvu qu'on lui adressât la parole, car il était naturellement silencieux; du reste il ne riait pas plus au XVIe siècle qu'au XIIIe.

Un saint prélat, disait sa première complainte, l'interrogea :

> Je suis, dit-il, Juif de ma naissance,
> Et l'un de ceux qui par leur arrogance
> Crucifièrent le Sauveur des humains,
> Lorsque Pilate en lava ses deux mains.

Telle était encore la légende du chevalier Owen, lequel, de son vivant, était allé en Purgatoire.

Owen communie, reçoit l'Extrême-Onction, fait célébrer ses obsèques et se prépare à descendre dans la fosse. Il se rend accompagné de moines à l'ouverture du trou, et s'y glisse en rampant sur les mains.

Au bout d'une centaine de pas, une clarté « comme il y en a en ce monde les jours d'hiver après vêpres, » lui permet de voir qu'il est dans une salle à colonnes, et à arches, et que douze grands hommes vêtus de robes blanches viennent à lui pour le réconforter.

« Cette salle sera tantôt pleine de diables, qui moult

te tourmenteront, garde bien d'avoir le nom de Dieu en ta remémorance. »

« Les diables arrivent et emmènent le chevalier dans un plain champ, moult long et moult plein de douleurs. Là étaient hommes et femmes de divers âges, qui se gisaient tout nus, très tous étendus à terre, ayant des clous ardents fichés parmi les mains et parmi les pieds ; et y avait un grand dragon tout ardent qui leur fichait les dents dans la chair. »

En poursuivant sa route, il voit une foule d'âmes plongées dans des cuves de métaux fondus, il voit toutes sortes d'horribles supplices, jusqu'à ce que deux archevêques lui ouvrent la porte de pays « de toutes semblances et délices de beauté, » d'où il revint frais et dispos parmi les humains.

Un serf breton, coupable d'une faute légère, rencontra un soir son cheval, mort et enterré depuis peu, qui le força de monter en croupe et le promena jusqu'au matin.

Un évêque, qui, en temps de guerre, avait quitté ses ouailles, avait été souffleté et meurtri de coups par saint Pierre lui-même.

Sous l'épiscopat d'Etienne de Borest, un chanoine de Notre-Dame, inhumé dans le chœur, revint plusieurs nuits de suite, jusqu'à ce qu'il eût trouvé un confesseur, parce qu'il avait un péché mortel qui l'empêchait de reposer.

A la même époque, dix-huit hommes et quinze

femmes s'étant mis à danser et à chanter dans le cimetière, tandis qu'on célébrait la messe de minuit à Noël, le prêtre qui disait la messe les excommunia, en sorte que les pauvres excommuniés continuèrent à danser et à chanter sans paix ni trêve, pendant une année entière, sans recevoir ni pluie ni rosée, sans ressentir ni faim, ni fatigue.

L'évêque laissait faire tant que les légendes populaires n'attaquaient en rien le dogme de l'Eglise. Dans le cas contraire, il était forcé de sévir. Indulgent pour les superstitions que créait la foi naïve des fidèles, il poursuivait celles qui touchaient à l'essence, à l'esprit, à la forme des sacrements.

Les sacrements ne pouvaient admettre aucun mélange superstitieux et idolâtre, sous peine de compromettre le principe même de la religion.

Au xive siècle, par exemple, les évêques furent dix fois consultés sur la question de savoir si l'eau chaude ou l'eau froide pouvaient indifféremment servir au baptême, si l'on pouvait baptiser avec de l'eau bourbeuse, amère, colorée, avec du vin ou tout autre liquide.

L'évêque référait au pape, qui, le plus souvent proscrivait tout autre chose que l'eau, quelle que fût d'ailleurs sa qualité.

On pensait qu'il ne fallait baptiser les garçons que quarante jours après leur naissance, les filles que quarante jours après les garçons. On frottait les lèvres de l'enfant nouveau-né avec une pièce d'or, afin de les rendre vermeilles. On lui trempait les pieds et les mains dans l'eau froide.

Il était nécessaire, en conduisant l'enfant à l'église, pour le baptême, au son d'instruments de musique, de sonner les cloches à toute volée, afin qu'il ne fût pas sourd.

A son retour de l'église, il était sage de lui faire boire du vin bénit. Pour le mariage, on devait le matin frapper avec des bâtons la plante des pieds des mariés; il était prudent de faire bénir cinq anneaux et de laisser tomber le premier.

Sur ces anneaux, on faisait couler le premier jet d'un tonneau de vin blanc, percé à cette intention.

Enfin, pour que le mariage fût heureux, il fallait ne rencontrer sur la route ni une femme grosse ou échevelée, ni un lièvre, ni un chien, ni un lézard, ni un borgne, ni un aveugle, il fallait surtout ne pas entendre le cri d'un oiseau.

Parmi les sacrements, l'extrême-onction était réputée funeste; celui qui la recevait avait à allumer treize cierges; mais ceux qui se trouvaient sur le passage du saint Viatique, précédé d'un porte-croix et annoncé par une clochette, se renfermaient précipitamment dans les maisons, pour n'être pas désignés à une mort prochaine. Ceux qui ne trouvaient pas d'abri, s'agenouillaient pieusement, et entraient ensuite dans une église, pour implorer le droit d'asile contre la mort.

Quand un homme était mort, on lui mettait dans

la main une pièce de monnaie qui serait mise avec lui dans le tombeau et on avait soin, dès qu'il rendait le dernier soupir, de ne laisser aucun vase plein d'eau dans sa maison, pour que son âme ne s'y baignât point.

Pour obtenir des grâces signalées, il était d'un bon esprit de faire dire sept messes des morts, de tenir sept cierges allumés, de distribuer sept aumônes après chaque messe, et de réciter auparavant sept *Pater* et sept *Ave*.

Le sacrifice de la messe n'était pas exempt de ces superstitions. Il y avait des guérisons à obtenir, des grâces à se procurer, selon qu'on se livrait à diverses pratiques bizarres, au moment où les confréries présentaient le pain bénit, environné de banderolles, au son des violons et des flûtes, tandis que les chevaliers de l'arquebuse faisaient des décharges de mousqueterie.

Pendant le *Sanctus,* si vous mettez deux fétus en croix, vous retrouverez indubitablement les objets perdus, si vous tenez la bouche ouverte, vous serez préservé de la morsure des chiens enragés.

On frottait de chrême un criminel, pour le forcer à avouer son crime, et il n'était pas rare de voir jeter dans les flammes des hosties consacrées pour arrêter un incendie.

On comprend sans peine que le prélat placé à la tête du diocèse, ne pouvait laisser subsister de pareilles superstitions, dont parfois la sorcellerie même faisait son profit. L'évêque eut donc à les combattre sans relâche, tout en laissant les dévotions particulières livrées à elles-mêmes, et sans défendre par exemple d'invoquer saint Ladre pour la lèpre, saint Mathurin pour la folie, sainte Pétronille pour la fièvre, saint Roch et saint Sébastien pour la peste.

III

L'évêque de Paris était tout-puissant à cette époque, et tout le clergé pareillement. Depuis peu de temps, il avait été déclaré conseiller-né du parlement, ce corps magnifique qui commença par prendre quelques petites attributions et à qui on finit par en donner beaucoup de grandes.

Philippe de Valois, premier roi de France qualifié *vrai catholique*, informé des plaintes mutuelles faites par les magistrats et par les évêques sur les rapports entre la juridiction séculière et la juridiction ecclésiastique, résolut de pacifier son royaume à cet égard, et convoqua à Paris les évêques, les grands seigneurs et les officiers de justice pour les entendre sur le différend. Le roi présida l'assemblée, entouré de ses conseillers.

Il fut échangé plusieurs discours, où Pierre de Cugnières, au nom du roi, l'archevêque de Sens au nom du clergé, se répondirent tour à tour.

— Rendez à César ce qui est à César, et à Dieu ce qui est à Dieu, disait le conseiller royal.

— Craignez Dieu, honorez le roi, ripostait l'archevêque.

Soixante-six griefs avaient été élevés contre le clergé, ils tombèrent sous la parole sévère du métropolitain de Sens, sous l'humble simplicité de l'évêque d'Autun.

— Ne vous fâchez pas, seigneur, si je parle, dit ce dernier, d'après la Genèse ; et il distingua les prérogatives dont l'Eglise usait par droit de justice, et celles qui donnaient lieu à des abus, et que l'on se montrait prêt à réformer.

Dans la dernière conférence, au château de Vincennes, le roi s'excusa d'avoir jamais eu la pensée de porter atteinte aux droits de l'Eglise, qu'il était au contraire disposé à augmenter.

Le peuple prit plus ouvertement encore le parti du clergé, et Pierre de Cugnières fut, par dérision, appelé Pierre du Coignet, du nom d'une petite statue de marmouset fort laide qu'on nommait *maître Pierre du Coignet,* et qu'on voyait sur le devant du chœur de Notre-Dame de Paris. C'était à son nez qu'on venait éteindre les cierges.

Le peuple, dit-on, donne sa faveur, jamais sa confiance : cette confiance, l'évêque seul en jouira pendant des siècles, et nul après lui ne la possèdera.

« Le sçavoir mourir nous affranchit de toute subjection et contrainte. » Telle a été la maxime de Foulques de Chanac, qui pouvait dire avec le philosophe :

« Qui a appris à mourir, il a désappris à servir. Il n'y a rien de mal en la vie pour celui qui a bien compris que la privation de la vie n'est pas mal. »

Paris était dévoré de la grande peste de 1350, que l'Asie nous envoyait. Et c'étaient même les présents les plus clairs que nous ait fait, pendant cinq siècles, cette honorable partie du monde, et qu'elle nous ferait encore, n'étaient les précautions que l'on prend pour les tenir à distance.

Deux reines avaient succombé, les plus illustres personnes étaient frappées. Foulques ordonnna la procession des reliques, et alla chaque jour lui-même administrer les victimes à la Maison-Dieu. La ville comptait cent mille habitants, et il en mourait plus de sept cents par jour. On les conduisait en monceaux au cimetière des Saints-Innocents. Les religieuses des hôpitaux, et en particulier de l'Hôtel-Dieu, sous la conduite du prélat, marchaient en croisade contre la mort. Cinq fois ces saintes filles périrent, cinq fois le couvent tout entier fut renouvelé, et l'évêque Foulques de Chanac, qui avait pendant plusieurs mois résisté au fléau, fut une de ses dernières victimes.

Il avait pour devise : « Servir Dieu, c'est régner : *Servire Deo, regnare est.* »

Le plus remarquable prélat qui soit monté, en ce siècle sur le trône de Paris, Pierre de la Forest, fut celui qui l'occupa le moins de temps.

Il était d'ailleurs dans sa destinée aventureuse de ne demeurer en nulle place et de ne pouvoir jouir dans la vie agitée qu'il mena, que de courts moments entre le repos et la mort.

Si la gloire, selon l'orateur romain, consiste à écrire des livres qui méritent d'être lus, et à faire des actions qui méritent d'être écrites, la gloire a été le partage de très-révérend Père en Dieu, messire Pierre de la Forest, avocat général au parlement de Paris, secrétaire des commandements, puis chancelier du duc de Normandie et évêque de Tournai, ensuite évêque de Paris, abbé de l'abbaye royale de Saint-Denis, chancelier de France et cardinal du titre des douze Apôtres. Pierre était en outre prévôt de la Varenne, dans la collégiale de Tours, doyen d'Ernée, archidiacre de Montfort dans le diocèse du Mans, chanoine de Paris et de Rouen, ce qui en faisait un des plus riches bénéficiaires de France.

De lui on peut dire qu'il a connu la plus haute fortune et la plus mauvaise, la possession des plus grandes charges et dignités du premier royaume du monde, suivie de revers inouïs. Il fut modéré dans le pouvoir, ardent dans la défaite, et de même que, parti du plus bas pour arriver au plus haut, il ne s'était pas laissé éblouir par le premier, il ne se laissa pas abattre par la seconde.

« *Sapere ad sobrietatem,* » disait-il.

Pierre de la Forest, un des avocats les plus célèbres de son temps, est distingué par le duc de Normandie, qui en fait son chancelier et lui obtient l'évêché de Tournai. Le roi de France l'enlève au duc de Normandie et le fait nommer à Paris.

Les temps sont difficiles ; la funeste guerre de Cent-

Ans est dans toute sa force, on est à la veille de Poitiers et d'Azincourt.

Philippe de Valois meurt en faisant de Pierre de la Forest son exécuteur testamentaire. Du roi Jean, il devait être le bon génie.

La trêve conclue entre la France et l'Angleterre étant expirée, La Forest part, muni de pleins pouvoirs, et la renouvelle à Calais. De Calais, il court à Avignon conférer avec le pape sur les moyens de mettre fin à la lutte entre les deux royaumes. Les exigences du roi d'Angleterre empêchent tout accommodement, la guerre se rallume; pour la soutenir, il faut de l'argent.

On convoque les Etats-Généraux; en tout temps les nations que les rois assemblent commencent par des vœux et finissent par des volontés. Le pays était surchargé d'impôts : tailles et taillons du peuple, dîme du clergé, obole du financier, deniers pour livres du commerçant, sans compter le reste.

C'est à Pierre de la Forest qu'incombe la tâche d'ouvrir à Rueil les Etats-Généraux. Il représente, avec autant de force que de dignité, l'obligation où se trouvent tous les Français de témoigner à cette occasion leur amour pour la patrie, et leur affection pour le souverain.

L'assemblée est gagnée, les murmures se taisent : on vote la capitation, huit deniers pour livre et le rétablissement de la gabelle.

Moins d'un an après, l'armée française est battue à

Poitiers, le roi Jean tombe aux mains de l'ennemi. L'évêque-chancelier convoque de nouveau les Etats, mais une faction, opposée aux serviteurs du roi prisonnier, pèse sur le Dauphin, pour le forcer à renvoyer les ministres de son père.

Traqué d'obsessions, menacé par l'émeute, Charles, qui fut plus tard Charles le Sage, cède à regret.

Pierre de la Forest dépose les sceaux, se démet de toutes ses places, et quitte Paris bafoué par la foule, mais c'est pour courir à Bordeaux, revêtu de la pourpre que lui envoie le Souverain-Pontife, délibérer avec les cardinaux Talleyrand de Périgord et Cappochi d'Urgel sur la délivrance du roi.

Les négociations n'aboutissent pas, le cardinal passe en Angleterre, y reste une année entière, et revient en France à la suite du roi délivré.

Ses charges, ses biens, ses honneurs lui sont alors rendus, mais il les abandonne volontairement, heureux d'avoir vu sa fidélité reconnue et récompensée. Il quitte même son diocèse, et vient auprès du pape qui, au lieu de le décharger, comme il le voulait, du soin des affaires, l'envoie comme légat en Sicile.

Il mourut au retour de cette mission, à cinquante-sept ans, de la peste. Tel a été Pierre de la Forest.

Après la mort de noble, vénérable et discrète personne, Jean de Meulan, le successeur immédiat du cardinal de la Forest, qui succédait lui-même au cardinal-évêque, Aubert, Etienne de Paris, et Aimeri de

Maignac furent nommés évêques par les chanoines et cardinaux par le pape.

Tous deux prouvèrent que les évêques montraient la même fermeté, à l'égard de l'Université, pour faire respecter ses priviléges, que pour la maintenir dans le devoir.

Les écoliers du collége de Saint-Nicolas-du-Louvre célébraient le 6 décembre la fête de leur patron, par des réjouissances aussi tumultueuses qu'il est en des écoliers, mais sans toutefois outrepasser les bornes de sagesse et d'honnêteté, quand le prévôt de Paris, Hugues Aubriot et les sergents du Châtelet pénétrèrent dans leur maison, et pour calmer un léger désordre causèrent une véritable échauffourée, exercèrent mille violences dans l'enceinte du collége, emprisonnèrent quelques écoliers, et ne firent pas scrupule d'en jeter un à la Seine. Celui-là était même un fort honnête jeune homme, dont l'Université fit solennellement les obsèques, quand on eut retrouvé son corps. L'évêque, comme proviseur et supérieur-né du collége, demanda au roi réparation de l'injure, et Hugues Aubriot dut faire au prélat des excuses publiques, que répétèrent à genoux quatre de ses lieutenants.

Sous l'épiscopat suivant, le même prévôt Hugues voulut continuer ses vexations contre l'Université, mais le cardinal-évêque prit à son tour l'offensive, et fit faire enquête sur la vie et les mœurs d'Aubriot. Il fut reconnu pour un misérable hérétique et ami des Juifs.

Le service qu'il avait rendu en faisant construire la Bastille Saint-Antoine ne put sauver le malheureux prévôt. Il fut condamné à recevoir des mains de l'évêque la mitre d'infamie, et à passer le reste de ses jours dans les prisons de l'évêché.

On voit que le premier pasteur du diocèse savait et pouvait, mieux que tout autre à l'occasion, faire respecter l'Université contre les entreprises du dehors. Ce que le recteur, seul, eût été impuissant à obtenir, le pouvoir ecclésiastique l'exécutait sans effort, pour le maintien de la justice et des droits de tous.

CHAPITRE XII

Paris et de ses évêques au xv⁰ siècle. — Du grand dîner que messire de Montagu donna pour son frère l'évêque, et de ce qui en advint. — Comment le sublime docteur Courtecuisse devint évêque, et comment le roi anglais en agit au siége de Paris. — Comme le roi d'Angleterre fut sacré à Notre-Dame. — De *Guillaume Chartier*. — Des sorciers et de l'air du temps.

1409-1532

I

Le moyen âge se meurt, et son agonie sera si sanglante, si lente, si douloureuse, qu'il semble que la France même va passer avec lui de vie à trépassement... Triste histoire que celle de Paris au xiv⁰ siècle. Au xv⁰, elle est lamentable. La France, fortement entamée à l'ouest par les Anglais, qui possèdent la Guienne et la Normandie, appauvrie, épuisée par la guerre de Cent Ans; la capitale assiégée, prise et reprise plus de dix fois, par dix pouvoirs ennemis, dans le cours d'un demi-siècle, connaît chaque fois les rigueurs qui suivent et accompagnent un assaut ; Orléans, assassiné devant l'hôtel Saint-Paul, Bourgogne, massacré sur le pont de Montereau, la guerre civile dans toute son horreur ; les Maillotins, les Cabochiens, les factions sans cesse renouvelées, qui se livrent aux derniers excès ; les étudiants qui prennent leurs degrés en potence plutôt qu'à l'Université ; les gens d'armes qui vivent sur le pauvre homme ; les charges et dignités emportées de force, comme les villes, ou grâce à des capitulations de parti, souvent à des capitulations de conscience ; un prince, dont le conseil privé devrait n'être qu'un conseil judiciaire ; et à la faveur de ces troubles, le roi d'Angleterre maître dans Paris, prenant glorieusement ce titre de roi de France, qu'il ne cessera de porter que sous Louis XIV ; les assassinats juridiques, approuvés par des docteurs, et l'Eglise de France obligée de s'assembler tout entière à la prière de l'évêque de Paris, pour démontrer qu'en bonne justice, on n'a pas le droit d'occire un souverain ; enfin le schisme de la chrétienté obéissant à deux papes, l'un à Rome, l'autre à Avignon ; tel est le spectacle que nous offre la première partie du XVe siècle.

Paris fut le centre de la lutte, et en souffrit plus que toute autre cité. Comme un champ fertile, balançant au soleil ses épis d'or, où deux armées viendraient à se livrer bataille, et qui après la lutte, meurtri, défoncé, verrait sa récolte changée en fumier, ainsi la capitale fut la véritable et dernière victime des combattants, qui échangèrent leurs coups sur son dos. Ces remparts, élevés par le dernier évêque de Paris, de la porte Saint-Antoine à la porte Saint-Honoré, — devenus aujourd'hui *les boulevards,* — se virent sans cesse battus en brèche. Celui-ci, assiégeant hier, sera assiégé le lendemain, et son vainqueur sera à son tour débouté, par un troisième, de la cité conquise la veille.

Jamais l'histoire de Paris ne fut telle, en aucun autre moment ; jamais l'avenir n'apparut sous des couleurs plus sombres, et les évêques de Paris n'eurent une tâche plus rude à remplir.

II

Le 7 octobre 1409 avait été jour de grande liesse dans la capitale. Messire Gérard de Montagu avait fait son entrée, selon toutes règles et coutumes ; on avait en cet honneur représenté des spectacles d'animaux, comme la procession du *Renard ;* dans plusieurs carrefours, on avait joué les mystères des confrères de la Passion. Ici les peines des damnés dans l'enfer, là les récompenses des élus dans le ciel.

Le soir venu, un silence profond régnait dans la ville. Le nouvel évêque, précédé de ses pages portant des torches, suivi d'une escouade d'hommes d'armes, avait quitté l'évêché vers sept heures, passé le *Grand-Pont,* et s'était dirigé du côté de la rue des Prouvaires.

Dans la cour, peuplée d'oiseaux rares, d'un vaste hôtel récemment construit, se pressaient les chevaux harnachés en cérémonie, les litières et les chars. C'est là que demeure monseigneur messire Jean de Montagu, vidasme de Laon, grand maistre d'hostel du roi, surintendant des finances, lequel, pendant seize à dix-sept ans, a presque gouverné le royaume de France. Jean de Montagu est le frère de Gérard, l'évêque de Paris.

Brillante et nombreuse compagnie était réunie ce soir-là, dans les salons du premier ministre de Charles VI. Il y avait Pierre de Lesclat, maître Gonge, l'évêque de Chartres, l'archevêque de Sens et toute la cour.

Depuis quelque temps, la ville était aux mains de Jean-sans-Peur, l'ennemi juré du surintendant; de sombres menaces bourdonnaient à ses oreilles.

Pour montrer qu'il n'en prenait nul souci, autant que pour célébrer l'avènement de son frère, Jean de Montagu donnait un superbe banquet. Cette fête surpassait en éclat, en opulence, tout ce qu'on avait vu jusqu'alors, même au palais du roi de France.

Ces magnificences amenèrent la conversation sur les lois somptuaires, édictées par Philippe le Bel, et déjà tombées en désuétude.

Un gentilhomme, vêtu à la dernière mode d'un pourpoint de cendal écarlate, dit qu'il était ridicule de fixer la longueur des souliers *poulaine*, ainsi qu'on l'avait fait, à deux pieds pour les grands seigneurs, un pied pour les riches, un demi-pied pour les gens du commun.

On convint que les clercs, « *qui sont en dignité et en personnage,* » devaient se contenter d'une robe, de seize tournois l'aune au maximum, et qu'il était juste de réserver aux seuls prélats l'usage du vair, du gris et de l'hermine ; mais on fut d'accord pour trouver que prélats ou barons devaient avoir, contrairement à l'ordonnance, plus de deux robes par an.

Quelqu'un s'avisa de faire observer que le luxe des évêques était alors beaucoup plus grand qu'il y avait cinq siècles, mais l'évêque de Paris répondit que le luxe de chacun « *en sa chascunière* » avait aussi beaucoup augmenté ; il cita d'ailleurs la lettre du pape à l'un des princes de l'Eglise, qui affectait une trop grande simplicité : « La sainte Eglise, comme vous le savez, disait le Souverain-Pontife, ressemble à la Jérusalem céleste. Toute modeste et humble qu'elle est selon l'Ecriture, elle a ses parures et ses ornements. Comme c'est un défaut de les rechercher avec trop de soin, c'en est aussi un de les rejeter avec trop de mépris. Il y a des règles et des bienséances à chaque état, que Dieu approuve, et qu'il faut garder pour s'accommoder à l'usage et à la faiblesse des hommes. Ainsi les ecclésiastiques, et principalement les évêques, doivent éviter toutes les singularités et vivre en sorte qu'on ne puisse les accuser d'orgueil, pour une trop grande magnificence, ni de superstition, pour une trop grande simplicité. »

L'assemblée approuva unanimement la citation de l'évêque de Montagu, qui fut ainsi reconnu pour un savant et judicieux prélat.

— *In medio virtus,* dit un docteur en l'Université.

— Ce qui veut dire, reprit un autre, que nous pouvons pratiquer la vertu de façon qu'elle en deviendra vicieuse, si nous l'embrassons d'un désir trop aspre et violent.

— Quant aux lois somptuaires, elles tournent le dos à leur but, reprit l'évêque, car dire ainsi qu'il n'y aura que les princes qui mangent du turbot, qui puissent porter du velours et de la tresse d'or, qu'est-ce autre chose que mettre en crédit ces choses-là et faire croître l'envie à chacun d'en user?

Un flatteur rappela au vidame de Montagu, le haut rang qu'il avait atteint, et ses filles bien hautement mariées en grands lignages, et ses frères grandement placés, et les nombreux acquêts qu'il avait faits, et que tout lui advenait à merveille.

— Il ne faut juger de notre heur qu'après notre mort, dit mélancoliquement le premier ministre.

On se leva, les convives se dispersèrent dans la galerie de tableaux, dans le salon des jeux, dans le cabinet de travail, dont les murs étaient ornés de pierres précieuses. On apporta les épices d'Orient, sur des assiettes d'or, dans le salon des fourrures;

des jongleurs furent introduits pour faire montre de leurs talents aux amateurs, dans une grande salle dite de la musique, parce qu'on y voyait tout autour des harpes, des orgues, des vielles, des psaltérions et des guitares.

Le couvre-feu sonna et l'on n'entendait plus au dehors que le pas éloigné des archers du guet, quand un bruit de voix confuses retentit tout à coup dans la cour de l'hôtel de Montagu.

On s'émeut, on s'inquiète, on s'informe, le bruit augmente dans la cour; les causeurs se taisent, on se parle à voix basse, on apprend enfin que plus de cinquante hommes d'armes du duc de Bourgogne, viennent, au nom du roi, arrêter le surintendant des finances.

La résistance serait inutile; l'évêque de Paris veut interposer son autorité, mais son frère le prévient et déclare aux gens de Bourgogne qu'il les va suivre.

Des commissaires furent nommés quelques jours après pour juger un prévenu condamné d'avance. Montagu, homme frêle et chétif, était âgé d'environ cinquante-neuf ans. Soumis à la torture des cordes et du brodequin, il avoua tous les crimes qu'on lui voulut imputer. Il se borna à invoquer sa qualité de clerc, et la juridiction de la cour de Parlement, seule régulière et souveraine. Condamné à être décapité, il fut exécuté au pilori des halles, dix jours après l'entrée solennelle de son frère.

En le menant au supplice : « on luy vestit une robe

my partie de blanc et de rouge, qui était, comme on disait, sa devise. » On craignait que le peuple ne fît une manifestation en sa faveur, et pour ce on disait : « Qu'il était traître et coupable de la maladie du roi et qu'il dérobait l'argent des tailles et aydes. Et estait moult plaint de tout le peuple. »

L'évêque Gérard de Montagu consacra toute sa vie à venger son frère; on avait fait porter à Montfaucon le corps de ce malheureux, et sa tête demeura dans les halles piquée au bout d'une lance. Gérard déclara que ces restes seraient enlevés, ou qu'il quitterait Paris. Jean sans Peur fut inflexible, et l'évêque se retira en Savoie.

Trois ans plus tard, les hasards de la guerre civile rendaient la ville aux Orléans. Gérard de Montagu, revenu dans sa capitale enleva en grande cérémonie le corps de son frère, fit réhabiliter sa mémoire, et ordonna de pompeuses funérailles.

Il ne s'en tint pas là. Le célèbre docteur Jean Petit avait osé publier, le lendemain de l'assassinat du duc d'Orléans, la *justification du duc de Bourgogne*. Il fit faire le procès de ce livre par des inquisiteurs, des évêques et des docteurs; et cette publication, où les principes tyrannicides étaient ouvertement prônés, fut condamnée à être jetée publiquement au feu en place de Grève et tous ceux qui en possédaient des exemplaires, obligés de les remettre à l'évêque dans le délai de six jours, sous peine d'excommunication.

C'était un sanglant outrage infligé à Jean sans Peur dans tout Paris; Gérard de Montagu voulut qu'il s'étendît à toute la France, à toute l'Europe. Le roi notifia à tous les évêques de France la sentence de l'évêque de Paris contre le livre incriminé, afin qu'ils pussent s'y conformer; il l'envoya à son Parlement de Paris pour y être enregistrée. Enfin le concile de Constance, sur la proposition du chancelier de l'Université, Jean Gerson, l'un des auteurs présumés de l'*Imitation de Jésus-Christ,* condamna la doctrine de Jean Petit, et donna pleinement raison au prélat.

On sait que depuis près de cinquante ans : « Un douloureux schisme, et envenimée plante contagieuse avait été fichiée par l'instigation de l'ennemy au giron de Sainte-Eglise. O quel flayel! o quel douloureux meschief! s'écrie Christine de Pisan, n'est en disposition cette pestilence de cesser, si Dieu de sa sainte miséricorde ne remédie. Si est grant péril, que mort soudaine s'en ensuive quelque jour en la religion crestienne; c'est assavoir un si mortel de Dieu vengeance que à cette heure faille tous crier : *Miserere mei*; afin que Dieu par sa sainte clémence y vueille piteusement pourvoir. »

Le pape Bénédict de Rome, qui était pour les Français l'antipape, avait excommunié, dix ans avant, le roi et le royaume, par une bulle que l'on apporta au Palais.

« Le vingt et unième jour de May, dit Juvénal des

Ursins, fut apportée la bulle dessus dicte, et fit une notable proposition un bien notable docteur en théologie nommé Courtecuisse, qui monstra les iniquités et incivilités de ladite bulle et nullité, par quoy publiquement fut déchirée, et fut dit et déclaré devoir être arse et ainsi fut fait. »

Ce même docteur Courtecuisse, que l'on nommait alors le *docteur sublime,* devenait quinze ans après évêque de Paris, mais le roi d'Angleterre qui campait dans les rues de la capitale, ne voulut pas reconnaître l'évêque, parce qu'il savait bien que l'évêque ne le reconnaîtrait pas. Avec la liberté grande du temps, le prélat ne se gêna pas pour censurer les actes odieux du prince Anglais, et excommunier tous les dimanches ceux de ses partisans qui se livraient à de très-inhumains excès, ainsi que les prêtres, qui pour complaire au duc de Bourgogne, son allié, mettaient aux images des Saints « au lieu de la croix droite, en la forme que Dieu fut crucifié, la croix en la forme comme saint André fut crucifié. »

Les armes de Bourgogne étaient une croix de Saint-André, et l'on avait remplacé à la messe, et dans l'administration des sacrements, la croix de Notre-Seigneur par la croix de Saint-André, emblème du vainqueur.

Ce fut bien pis encore, quand après la démission du docteur Courtecuisse, transféré à Genève sur sa demande, les évêques, Jean de la Roche-Taillée et

Jacques du Chatellier, les créatures de l'Anglais, montèrent sur le trône épiscopal de Paris. Jusqu'à ces deux évêques, le clergé parisien s'était montré digne de ses devanciers ; l'argent de l'Eglise, son influence morale et féodale avaient été employés à la défense du roi. Mais ces deux prélats cherchent à faire cesser la résistance et donnent l'exemple de l'adulation à la puissance étrangère.

Le chapitre de Notre-Dame seul résiste à ces suggestions. Son évêque meurt, il se réunit pour lui choisir un successeur, le duc de Bedfort vient en la salle des séances recommander son candidat, Jacques du Chatellier, on lui répond en nommant un prêtre connu pour sa haine vigoureuse du parti étranger ; mais le protégé du régent d'Angleterre est institué canoniquement à Rome, malgré les chanoines.

Le cardinal-évêque de Paris, Jean de la Roche-Taillée, avait ensépulturé, en 1422, très-noble et très-chrestien roy Charles VI, le *bien-aimé*, prince piteux, doux et bénin à son peuple. « Il fut porté de l'hôtel Saint-Paul jusques à Notre-Dame de Paris. En la compagnée étaient tous les gens d'église de Paris et les colléges de l'Université. C'était grande pitié d'ouyr les douloureuses complaintes du peuple. Ceux de l'escurie le portèrent ; par-dessus le corps y avait un dais noir, en forme de ciel, que portaient à chacun des quatre coins sur un bâton les échevins de la ville de Paris. Le duc de Bedfort en manteau noir avec un chaperon à courte cornette, l'accompagnait. En ladite église Notre-Dame, furent dites vigiles solennelles. Il y avait bien en luminaire douze mille livres de cire, tant en torches qu'en cierges. Autour de la chapelle, y avait du drap noir aux armes du roi et aussi tout autour de l'église; devant la porte deux grandes bannières aux armes du roi.

» Le lendemain, la dépouille royale fut conduite à Saint-Denis, où l'évêque de Paris officia avec l'évêque de Chartres pour diacre et l'abbé de Saint-Denis pour sous-diacre. »

Après que le caveau de Charles V se fut refermé sur le corps de son fils, des *Français-Anglais* crièrent : « *Vive le roi Henry de France et d'Angleterre.* » Le bruit lugubre de cette pierre qui retombait lourdement, semblait être le glas funèbre de la monarchie. Le deuil du roi de France conduit par un prince anglais à l'exclusion des héritiers légitimes, qui ne purent pas même lui rendre les derniers devoirs, n'est-il pas une des pages les plus tristes de notre histoire?

Cet enterrement, où pas un grand seigneur n'assista, fut pourtant le signal de la chute des anciens grands feudataires. En voyant où leurs divisions et leurs révoltes avaient conduit la patrie, l'opinion s'attacha plus fortement au pouvoir royal qu'ils tentaient sans cesse d'ébranler, et qu'ils avaient mis, dans leur grandiose insouciance, à deux doigts de sa perte.

Il est certain qu'il s'établit toujours de grandes liaisons entre les peuples qui se font de longues guerres. La guerre est une espèce de commerce qui lie ceux même qu'elle désunit. Le fait fut remarquable au xve siècle, et produisit cette variété que la chronique désigne négligemment sous le nom de *Français-Anglais*. On s'explique ainsi que le roi d'Angleterre n'ait pas eu de peine à remplir de ses affidés tous les postes, même les postes ecclésiastiques, et en particulier l'évêché de Paris.

La cérémonie de Saint-Denis eut pour corollaire le couronnement du roi d'Angleterre.

L'évêque était ce Du Chatellier que le duc de Bedfort avait proposé, soutenu et nommé, malgré le clergé diocésain ; c'était l'ami de Pierre Cauchon, l'évêque de Beauvais, un des bourreaux de Jeanne d'Arc.

Or, tandis que la Pucelle d'Orléans avait fait sacrer Charles VII à Reims, selon le magnifique cérémonial de France, le roi Henri VI fut sacré à Notre-Dame par le cardinal-anglais de Beaufort-Lancastre, et très-piteusement. Dans le festin royal, qui devait être célébré au palais, la populace de Paris, entrée dès le matin, occupait les meilleures places et les grands seigneurs, les gens de l'Université, du Parlement et de l'hôtel de ville, se placèrent comme ils purent, et se retirèrent fort mécontents. Le peuple ne le fut pas moins malgré la liberté qu'on lui avait laissée, parce que le nouveau roi quitta Paris sans avoir diminué les impôts, distribué des aumônes et toutes autres faveurs qui suivaient d'ordinaire les grands couronnements.

Le même évêque, qui avait vu à son apogée la puissance anglaise, eut à chanter le *Te Deum* d'actions de grâces, quand Charles VII rentra dans sa capitale.

A partir de cette époque, les évêques de Paris ne cessèrent d'avoir leur place au conseil royal, quoique parfois ils payèrent chèrement cet honneur.

L'un deux, Guillaume Chartier, « *le premier escholier* » dont le roi Charles VII avait protégé l'éducation, —

> Le bon feu roi, esmeu de bonne cole
> Tenait des clercs et boursiers à l'école,
> Et fut jadis son escholier premier
> Le bon évêque de Paris Chartier.

Guillaume Chartier, d'abord conseiller de Louis XI, fut, dit-on, empoisonné par ce prince pour avoir trempé dans la ligue du *Bien Public*.

Un de ses successeurs, François de Poncher, pendant la captivité du roi François Ier à Madrid, entra dans un complot destiné à déposséder de la régence la mère de ce prince, et lorsque François Ier, revenu en France, fit commencer une instruction contre lui, il n'échappa à la prison perpétuelle, que par la mort qui le surprit sur ces entrefaites dans le donjon de Vincennes.

Conseillant les princes comme Etienne de Poncher, protégeant les lettres comme Louis de Beaumont, se défendant comme Guillaume Chartier des entreprises de l'Université, qui sans cesse cherchait à s'affranchir, les évêques de Paris eurent encore à lutter contre une puissance aussi dangereuse que les hérésies : nous voulons parler de la sorcellerie, contemporaine des premiers siècles de moyen âge.

III

Il y a dans chaque siècle, même dans les siècles les plus éclairés, ce qu'on peut à juste titre appeler l'esprit du temps, sorte d'atmosphère qui passera, mais qui pendant sa durée, trompe tout le monde sur l'importance et sur la vérité même de la plupart des opinions dominantes.

Montaigne raconte que la plupart des esprits de son temps faisaient les ingénieux à obscurcir la gloire des belles et généreuses actions anciennes, leur donnant quelque interprétation vile, et leur trouvant des occasions et des causes vaines : « Grande subtilité ! Qu'on me donne l'action la plus excellente et pure, je m'en vais y fournir vraysemblablement cinquante vitieuses intentions. »

Cet *air du temps* agit en France plus que partout ailleurs. Nul n'ignore qu'il faut ménager le vent aux têtes françaises, car tous les vents les font tourner.

Il y a chez nous des *modes* en poésie, en philosophie, en littérature, en art, comme il y a des modes dans la coupe des cheveux et la forme des habits. Et ces modes là sont bien aussi despotiques que les autres. Il y a des modes dans la façon d'écrire comme dans la façon de s'exprimer ; qui n'écrit point selon la mode, n'écrit point selon la bonne façon.

Il est tantôt de mode de peindre des torses, de dessiner des parcs anglais, de croire à l'immortalité de l'âme et de césurer ses vers, comme parfois il est de mode de faire le contraire ; et en ces temps, ceux qui ne font ni torses, ni parcs anglais, ni vers scandés, sont appelés rétrogrades ou novateurs, deux épithètes également redoutables, car le genre humain est comme une ligne de front qui tirerait sur tous ceux qui font saillie soit en avant, soit en arrière.

Il y a aussi des modes en histoire ; on admire une époque un jour, pour la déprécier le lendemain, on exhume en pompe un héros qui ne s'y attendait guère pour le jeter plus tard à la voirie, on porte une idée au Capitole, mais pour la précipiter du haut de la Tarpéienne.

Ainsi en fut-il de la sorcellerie.

A en croire les écrivains du siècle dernier, tous les sorciers furent des martyrs. Ce fait a été répété à l'envi par quelques historiens de ce siècle-ci, par l'un d'eux entre autres qui a fait là-dessus un livre fort sérieux et qui le prouve, puisqu'il met Barbe-Bleue au nombre de ses sources historiques pour l'étude du moyen âge. Celui-ci a expliqué la formation de la sorcière à peu près comme le faiseur de systèmes, la formation du mont Saint-Bernard par le sable de l'Océan, qui s'y serait déposé peu à peu.

Nous n'entreprenons pas ici une justification de l'Inquisition qui n'en a pas besoin, mais une justification des évêques de Paris, qui, comme les autres, l'ont appliquée, et ont bien fait.

Et d'abord, il faut bien se rendre compte que, par sorcellerie, durant quatre ou cinq siècles, on entendit tout ce qui dépassait l'intellect vulgaire; il semblerait donc que les sorciers durent être aussi chers au peuple que les somnambules extra-lucides et les tireuses de cartes le sont à la classe correspondante de nos jours. Il n'en est rien. La pendaison, le bûcher allumé pour un sorcier, sont fêtes publiques.

Et pourtant, si ces temps furent plus religieux que le nôtre, le populaire usait d'une licence bien plus grande qu'aujourd'hui avec les membres du clergé, dont il blâmait la conduite. Cet enthousiasme de toutes les générations qui se sont succédé en Europe à cette époque, est un fait indéniable. Nul n'a songé à élever la voix, si ce n'est deux ou trois de ces pamphlétaires, comme il y en a en tous les temps, et dont l'opinion publique a fait justice. On peut dire que nobles bourgeois et vilains ont été du parti de l'inquisition contre les sorciers. On s'est avisé, seulement il y a un siècle, qu'il s'était commis sur la surface du globe des horreurs abominables, et MM. de l'Encyclopédie n'étant pas arrivés à temps pour mettre le holà, ont tenu du moins à signaler lesdites horreurs à la haine des générations futures.

Certes, il a pu se commettre quelques abus, mais ces abus ont été rares, et la justice contemporaine se peut-elle vanter de n'en avoir jamais commis?

On connaît l'histoire de cet honnête garçon à qui ses amis avaient persuadé que tout ce qu'il disait était un calembour; il ne pouvait plus ouvrir la bouche, que tout le monde n'éclatât de rire, et quand il demandait un verre d'eau, on le suppliait de mettre un terme à ses jeux de mots fatigants.

Il y eut ainsi des gens à qui l'on persuada ou plutôt qui se persuadèrent à eux-mêmes qu'ils étaient sorciers. Ce fut une folie non pas furieuse, mais dangereuse. Il est vrai qu'on ne brûle pas les fous, mais qui sait si aujourd'hui le jury n'envoie pas des fous à Cayenne?

Les fous étaient d'ailleurs l'exception. En elle-même, la sorcellerie, qui avait plus d'un rapport avec le paganisme, tentait de nous ramener à l'idolâtrie; on connaît les histoires diaboliques de cette période, les ducs et comtes de l'enfer, l'impiété des livres de conjuration, le miroir magique, la pistole volante, les coupes, les bagues, les armes enchantées, les onguents, les poudres, les breuvages et tout cet attirail qui n'était en somme que le bonnet pointu du prestidigitateur, et les poisons que le pharmacien ne délivre que sur ordonnance.

Mais ce qu'on ignore, c'est le danger immense que la

sorcellerie, en se répandant, faisait courir à la société, qu'elle conduisait à la barbarie ou à la corruption, cet Alpha et Oméga des sociétés humaines.

Il est avéré que le Sabbat, sous prétexte de sorcellerie et de magie, ouvrait un sombre et vague champ à la démoralisation la plus coupable. Il résulte des ouvrages de cette époque et des faits, que la sorcellerie a toujours eu pour objet la débauche la plus exécrable. A part un petit nombre de magiciens naïfs et de sorcières convaincues, c'était un abominable commerce d'impureté.

On peut donc justifier la terrible législation à l'égard des sorciers et prouver que la société était forcée de se défendre par le fer et par le feu, contre la gangrène de l'immoralité publique.

Il convient également de faire observer que la peine de mort était très-fréquemment appliquée pour toutes choses, en paix comme en guerre, et par tous partis indistinctement. Si les hérétiques, qui d'ailleurs étaient souventes fois des malfaiteurs, furent brûlés au moyen âge, quand le luthérianisme, le calvinisme et toutes les sectes que l'on appelait la *Réforme* firent leur apparition, elles montrèrent à leur tour une intolérance que l'on ne devait point attendre d'une religion qui inscrivait sur sa bannière, le *laissez faire et laissez passer*.

Le temps n'est pas loin peut-être, où pour les grands crimes, la seule punition consistera à envoyer l'assassin méditer dans une maison de santé sur la grandeur de son forfait.

Est-ce un bien, est-ce un mal? Le moyen âge n'avait-il pas tort? le XIXe siècle a-t-il raison?

Nous savons bien que le XIXe siècle l'affirme, mais chaque siècle a passé son temps à se proclamer le *nec plus ultra* des siècles et l'avenir casse bien des jugements du passé.

CHAPITRE XIII

Comment le moyen âge fut une période de civilisation. — Du cardinal du Bellay. — De la cour de l'évêché. — De Rabelais. — Comment l'évêque en usa pour la conversion du roi d'Angleterre. — Comment est né le gallicanisme. — De la maison de Gondy. — Le cardinal de Gondy.

1532-1622

I

Presque tous ceux qui ont écrit sur le moyen âge, ont procédé comme un tribunal qui voudrait appliquer à un Peau-Rouge le code Napoléon, au lieu de le juger avec ses propres lois. Mais on a dit à ce Peau-Rouge qu'en bonne justice, ses lois étaient mauvaises, tandis que le code Napoléon était à merveille.

Le Peau-Rouge répliquerait sans doute ; le moyen âge que l'on juge par contumace, et qui n'a pas d'avocat, a été impuissant à se défendre. Les contemporains, dans leur enthousiasme de l'habit noir, viennent l'essayer et le font endosser de force aux gens du XIIIe, du XVIe, du XVIIIe siècle, et selon que cet habit va plus ou moins mal à la taille de ces ancêtres, les contemporains les proclament plus ou moins savants, artistes, poètes, hommes d'Etat et surtout civilisés. Car ce que nous sommes par-dessus tout, c'est civilisés; et nous le sommes extrêmement, nous ne l'avons jamais été davantage, et jamais nous n'en serons assez fiers.

Les contemporains ont tort. Ils oublient que pour en venir à l'habit noir, il a fallu que les armures tombassent pièce à pièce et les broderies, fleurs à fleurs; que le casque qui était un rempart a dû céder la place au chapeau actuel, qui est une toiture, et que c'est la raison humaine qui a perdu toutes ses illusions et qui en porte elle-même le deuil afin qu'on la console.

On dirait que notre siècle porte tout le passé sur ses épaules, à voir comme il le supporte difficilement; aussi aborde-t-il l'étude des siècles antérieurs, avec un esprit peu bienveillant. C'est plutôt un accusateur qu'un juge.

Depuis la Renaissance, cet enfant échappé du collège qui fit un feu de joie avec Aristote et tailla en pièces Saint-Thomas, on s'était habitué à considérer le moyen âge comme une barbarie prolongée; et cela dura trois siècles.

Un poète vint pour insinuer que Notre-Dame de Paris n'était point une œuvre vulgaire; un historien le suivit qui affirma qu'entre le IXe et le XVIe siècle, il s'était trouvé des hommes bien vêtus et point dénués de génie. L'élan était donné et l'on convint que les architectes de l'époque eurent assez honnêtement de savoir, que les belles étoffes étaient plus belles qu'aujourd'hui et qu'il y avait eu des politiques avant Richelieu.

Mais de civilisation, point. Tous ceux qui ont approfondi l'histoire ont reconnu la fausseté des jugements portés sur ces temps ; pour les juger, il les faut comprendre, pour les comprendre, il faut vivre de leur vie, entrer dans leur peau, s'identifier avec eux, partager leurs passions, avec eux, haïr les juifs, s'exalter à la parole de Pierre l'Ermite, craindre les sortiléges du démon, se faire sacrer chevalier, être nommé député aux Etats-Généraux, suivre le cours d'Albert le Grand, et rendre la justice entre ses vassaux.

Une certaine littérature affirme par la presse, le roman, le théâtre, que notre vieille France ne se composait que d'opprimés et d'oppresseurs, nous en venons à mépriser nos traditions et à renier nos origines nationales. A en croire certains, les seigneurs auraient abusé de leur pouvoir pour s'attribuer le fruit de l'intelligence de leurs vassaux ; ils auraient eu soin, pour faire mesure exacte, de se partager le corps même de leurs paysans, dans la division des domaines. « Sous ces influences, dit M. le Play, le public se persuade de plus en plus qu'avant la révolution de

1789, la nation ne se composait guère que de victimes ou de bourreaux. »

Or, dès le onzième siècle, le servage a disparu des campagnes, les redevances et services personnels sont attachés à la jouissance de la terre, et acquittés sans répugnance. Le paysan sait qu'ils sont le prix de la terre qui nourrit sa famille, il sait aussi qu'il peut compter sur l'aide et la protection de son seigneur. Souvent les paysans établissent sans contrôle les taxes relatives aux dépenses locales, ils élisent leurs magistrats municipaux, qui parfois rendent eux-mêmes la justice.

Le service militaire, si dur aux habitants des campagnes, était à peu près nul ; il n'était pas rare de voir dans les guerres générales ou particulières, des milices bourgeoises ou rurales quitter le seigneur parce que le temps de service qu'ils lui devaient et qui ne s'élevait en moyenne qu'à une huitaine de jours, était expiré. Dans les contrats, on voit que les tenanciers du moyen âge donnaient au seigneur une redevance bien moindre pour leurs terres, que ne donnent aujourd'hui les fermiers aux propriétaires.

Dans les pays où existe encore l'ancien état féodal, en Russie, en Hongrie, en Pologne, on peut constater la solidarité des classes extrêmes, et l'attachement du faible au fort. On s'aperçoit enfin en l'étudiant, que le moyen âge a été une époque d'organisation sociale.

L'origine de ces biens était rapportée avec raison à

l'Eglise, incarnation vivante de ce principe, par moments méconnu, mais éternel, que le droit prime la force.

En l'Eglise, on trouvait le frein, le régulateur des choses humaines, la garantie du pouvoir royal dit de droit divin : le principe d'autorité fondé sur le respect.

Depuis qu'on a proclamé cette suprême injustice : l'égalité, la France a perdu le respect et l'Eglise, son rempart, est en butte aux attaques universelles.

On ne gouverne une chose qu'avec des moyens qui lui sont extérieurs. C'est toujours le mot d'Archimède :

— Donnez-moi un point d'appui, et je soulèverai le monde.

A plus forte raison pour un homme et pour un peuple, faut-il un point d'appui hors d'atteinte. Une monarchie, depuis Sésostris, n'a jamais subsisté sans droit divin, ni une république sans religion.

Depuis un siècle, nous voyons que le lien politique se relâche et que le lien moral ne se resserre pas, et les plus éternelles vérités ont besoin d'être prouvées et les plus grands principes soutenus, si bien que rien ne subsiste plus dans la patrie, car, une chose qu'on soutient est une chose qui tombe.

Il a suffi d'un siècle, pour détruire ce que quinze siècles avaient fait; selon le mot de Louis XVIII : le mal a des ailes, le bien a la goutte.

On se demande alors, si ce n'était pas une belle époque, celle où le clergé ramenait par la *trêve de*

Dieu une paix relative dans cette société militaire, par la seule force de la religion, où les seigneurs français disaient à l'empereur d'Allemagne, répondant à l'offre qu'on avait faite de l'empire à Robert, frère de saint Louis : « Nous croyons que notre seigneur le roi de France porté sur le trône par la noblesse héréditaire de son sang, est bien au-dessus d'un empereur, qui ne doit son élévation qu'à une élection qu'on lui pouvait refuser. Il suffit au comte Robert d'être le frère d'un tel roi. »

Combien paraissent petites ces disputes théologiques du moyen âge auprès des questions sociales d'aujourd'hui. « Il y a dans le naturel des hommes et des peuples, quelque chose de querelleur. Quand cet esprit de justice et de contestation s'exerce sur des minuties, pourquoi gémir? Ce sont là les siècles heureux. »

Le mal à craindre est celui qui attaque et qui dérange ce qu'il y a de fondamental dans l'ordre de la société.

On parle de la barbarie du moyen âge; il est bon de dire que nous jugeons barbares les mœurs des temps et des pays qui ne sont pas conformes à notre coutume actuelle, et c'est « une violente et traîtresse maîtresse d'école que la coutume, » qui établit en nous insensiblement le pied de son autorité.

Il est aujourd'hui connu, que les oubliettes servaient généralement de prison et que le pilori servait à faire amende honorable. La justice était cruelle, ç'a été le cas de tous les pays nouveaux, celui de l'Amérique, dans les Etats de l'Ouest, où l'on a dû établir la loi de *Lynch,* et où le revolver dans la poche de chacun était la base provisoire, mais assurée, des bonnes relations sociales.

Quant à la religion elle-même et aux évêques de Paris en particulier, nous avons vu leur rôle au moyen âge et comme ils l'ont tenu. D'un côté, les moines qui préparent dans l'isolement du cloître les matériaux de la science des siècles passés pour l'instruction des siècles présents ou des siècles futurs, qui montent dans les chaires universitaires où ils obtiennent la première place, parmi tant d'hommes du premier rang, qui vont défrichant la terre, changeant en prairies fertiles les marais insalubres qu'on leur abandonne, les landes, les forêts que nul autre ne veut cultiver ; nous avons vu que chaque monastère est non-seulement un asile, mais un hôpital, une école aussi et un musée, une bibliothèque. Et ce sont ces moines que des écrivains ineptes ont comparés aux fakirs de l'Inde, qui se mirent dans le bout de leur nez, et passent quarante ans de leur vie à méditer sur la syllabe *Boum.*

D'un autre côté, l'évêque et son clergé : tandis qu'il tient d'une main ferme les rênes de son diocèse, que le premier il affranchit ses serfs, abolit la fête des fous, institue la paix de Dieu, fonde l'Université et la retient dans l'obéissance en même temps qu'il la sait faire respecter, l'évêque est l'ami et le conseiller des rois de France, ambassadeur, premier ministre, chancelier, soit que l'évêché de Paris fût la naturelle récompense des plus grands clercs du royaume, soit qu'on n'y appelât que des hommes de grande valeur, prédestinés aux premiers emplois.

Certes, il y en eut parmi eux qui oublièrent leurs devoirs de Français, sinon de prélats, et nous n'avons pas caché leurs fautes, mais accuser l'Eglise et cette longue suite d'évêques des fautes de quelques-uns de ses membres, ne serait-ce pas dire que la France est une nation incendiaire parce que M. de Louvois a fait brûler le Palatinat? Il y eut parmi eux quelques personnes sans vertu, mais comme il y avait autrefois des gens d'esprit chez les Béotiens ; et l'œuvre de l'épiscopat parisien n'en est pas même affectée, pas plus que les monuments sur lesquels on écrit son nom avec un canif, ne sont altérés de l'entaille ainsi faite.

Voltaire dit que « les peuples ne s'instruisent que fort tard et ne s'occupent pendant des siècles que du moment présent, très-peu du passé et jamais de l'avenir. »

Du moins, durant l'époque que nous venons de traverser, le peuple de Paris, sous l'autorité épiscopale, ne vécut pas comme aujourd'hui entre le regret du passé, l'espérance de l'avenir, l'ennui du présent.

II

La renaissance, le pouvoir du pape, le protestantisme et l'imprimerie, tels sont, au milieu du XVIe siècle, les faits qui se partagent la situation, au moment, où le cardinal du Bellay s'asseoit dans la chaire épiscopale.

Jean du Bellay, cardinal par la grâce du pape, évêque de Paris par la grâce du roi et poète par la grâce de Dieu, succéda comme évêque au fameux de Poncher et au pauvre Villon comme poète. Il fut aussi fier de son tabouret au Parnasse français, que de son fauteuil lampassé à Notre-Dame. Il eut d'ailleurs sa place partout et même dans l'histoire. Egalement bien reçu à la cour de Rome, et aux cours d'Angleterre et de France, il fut l'ami de François Ier et joua le rôle de Mécène en robe rouge auprès de cet Auguste en pourpoint à crevets. Jean était frère de Guillaume, de Martin, de Réné du Bellay, — tous quatre eurent les plus hautes situations dans la diplomatie, l'Eglise, l'armée, la littérature ; on écrivait sur le tombeau de l'aîné : Guillaume, seigneur de Langey, vice-roi du Piémont :

<blockquote>
Ci-gît Langey qui de plume et d'épée
A surpassé Cicéron et Pompée.
</blockquote>

Jean du Bellay occupa à lui seul plus de postes, fut revêtu de plus de dignités qu'il n'en faudrait pour illlustrer vingt personnages, si les dignités suffisaient à donner la gloire. Il fut dix ou onze fois ambassadeur extraordinaire dans les circonstances les plus critiques, gouverneur de provinces, général d'armée, président du conseil, évêque de cinq diocèses ensemble, ingénieur comme Vauban, politique comme Richelieu, historien comme de Thou, savant comme Budé, joyeux comme Rabelais; peu s'en fallut qu'il ne devînt pape. Il se mêla de tout et à tous, fut intimement lié avec les hommes les plus remarquables du siècle, connut de toutes choses les plus épineuses et les traita toutes à merveille. Il voyait juste et vite.

Sa fidélité au Saint-Siége fut inviolable, sa protection aux Jésuites naissants, sans bornes.

Il lui manqua pourtant ce certain souffle qui fait les grands hommes, un esprit d'initiative, un plan immuable qui aurait dominé sa vie. Il se conduisit en tous les événements qui se produisirent en tout le mieux qu'il était possible, mais il ne sut pas prévoir les événements, et au besoin les provoquer ou les prévenir.

Le mensonge, dit un écrivain contemporain, a enfanté la réforme, la réforme a enfanté la philosophie, la philosophie a enfanté la révolution, la révolution a engendré l'anarchie. Il y aurait peut-être eu pour le cardinal du Bellay une place à prendre dans la défense de l'unité religieuse. Il ne la vit pas. Lui, l'arbitre de la chrétienté, resta tiède en présence du concile de Trente.

C'était au moment de son séjour à Rome, raconte Rabelais, l'ami et le confident de l'évêque de Paris; le cardinal de Trente arriva dans la Ville-Eternelle « en gros train et plus somptueux que celui du pape. Il était escorté de plus de cent Allemands vestus de robes rouges avec une bande jaune et ayant brodée sur la manche droite une gerbe de blé liée, à l'entour de laquelle était écrit : *Unitas*. »

Le cardinal de Trente disait au cardinal du Bellay :

« Le Saint-Père, les cardinaux, évesques et prélats de l'Eglise, reculent au Concile, et n'en veulent ouïr parler ; ils adoptent l'avis des séculiers, mais je vois le temps près et prochain, que les prélats d'Eglise seront contraints le demander, et les séculiers n'y voudront entendre. »

Il est vrai que l'on avait agité la question de savoir si les cardinaux devaient être compris dans la réforme.

« Messieurs les très-illustres cardinaux, disait-on, n'ont pas besoin d'être réformés.

» Je crois au contraire, répondait un évêque, que Messieurs les très-illustres cardinaux ont besoin d'une très-illustre réforme. »

Jean du Bellay ne se préoccupa pas assez des progrès de la réforme en France ; il fut distrait par des événements sans importance, et s'abandonna dans les intervalles de ses ambassades, au charme de sa cour littéraire de l'évêché. Dans les temps de trouble, comme au XVIe siècle, où, selon l'expression de Montaigne,

« il semble que la machine se bouleverse et que le jour du jugement nous prend au collet, » c'est un heur véritable qu'un intolérant. La force commande la faiblesse, et quand un homme se fait chêne, beaucoup aussitôt deviennent lierre. Or, l'évêque fut imbu de tolérance placide. Le scepticisme de ses amis littéraires, influa sur lui. Le scepticisme, cette maladie qui précède et accompagne le renouvellement ou la mort des peuples, comme la goutte se fait sentir chez les vieillards au moment des changements de temps, atteignit même les prélats et les grands hommes.

Il est vrai que du Bellay avait recueilli dans son amitié et dans son palais tous les hommes de valeur du temps, ivraie et bon grain compris.

Rabelais d'abord, à qui il inspira l'idée d'écrire *Pantagruel,* cette farce de génie, Rabelais dont il fit son secrétaire, qu'il nomma curé de Meudon, et dont il recevait de fréquents appels de fonds.

« Certainement, Monseigneur, — écrivait à l'évêque ce curé si peu ecclésiastique, qui souffrit plus pour l'amour du grec que pour l'amour de Dieu — auquel on aurait dû donner un bénéfice simple, mais si simple qu'il ne fallût que croire en Dieu pour le desservir — certainement si vous ne avez de moi pitié, je ne sache que doive faire. Il n'est possible de vivre plus frugalement que je fais, et ne me sauriez si peu donner de tant de biens que Dieu vous a mis en main. »

Le cardinal envoyait à son secrétaire de l'argent et ses discours. Rabelais mangeait l'argent et louait la prose.

« *Quanta in sententiis argutia, in disserendo subtilitas, majestas in respondendo, acrimonia in confutando, libertas in dicendo.* »

Dans les avis, quelle finesse! dans la dialectique, quelle subtilité! quelle majesté dans la réponse! quelle verdeur dans la réfutation! quelle liberté dans tout le discours!

Et ces éloges n'étaient pas suspects, car le savant homme Rabelais s'y connaissait, et du Bellay avec sa grande manière de traiter les affaires et sa belle latinité, était très-sincèrement proclamé par son reconnaissant curé « l'homme le plus docte et le plus libéral de tous ceux que couvre le ciel. »

A côté de Rabelais qui disait plaisamment :

« Mieux est de ris que de larmes écrire,
Pour ce que ris est le propre de l'homme. »

On voyait le grave Budé, et Saint-Gelais, et Ronsard, Marot, Macrin, Sabel, Herbéray, toute la pléiade, jusqu'à François Ier qui venait faire des rébus.

On parlait de la politique de l'empereur, du schisme d'Henri VIII, du prochain Concile, de la poésie d'Homère, de celle de Virgile et de celle de maistre Villon; Villon qui toucha à tout, fit vibrer toutes les cordes, feuilleta tous les livres et ne connut jamais que le sien, qu'il n'écrivit jamais....

A l'entrevue du pape Clément VII et du roi François Ier à Marseille, c'était le cardinal qui avait porté la parole, on avait agité la question de l'Angleterre, et le roi avait conseillé au pape de mettre tout en œuvre pour étouffer les semences d'un schisme qui commençait à germer dans cet Etat, où Henri VIII était aveuglé d'une passion fatale. On résolut d'envoyer à Londres l'évêque de Paris, qui déjà avait été ambassadeur de France auprès du souverain Anglais.

Jean du Bellay passa donc en Angleterre, et y engagea Henri VIII à un accommodement raisonnable. Celui-ci promit au prélat de ne point rompre avec la cour de Rome, pourvu qu'elle lui donnât le temps de se défendre par procureur. Sans perdre de temps, l'évêque de Paris repassa le détroit et se rendit à Rome pendant l'hiver, bravant les intempéries et les incommodités de la saison. Il obtint de Clément VII, le délai que réclamait le roi d'Angleterre, à qui il dépêcha sur-le-champ un courrier pour avoir la procuration qu'il lui avait promise. Mais ce courrier n'ayant pu être de retour à Rome au jour fixé par le Souverain-Pontife, Clément VII, à la sollicitation des agents de Charles-Quint, qui faisaient servir la religion à leur politique, fulmina contre Henri VIII une excommunication majeure et jeta l'interdit sur ses Etats, malgré les protestations de l'évêque de Paris qui assurait que le courrier ne tarderait point à arriver. Il arriva en effet, deux jours après, avec les procurations et l'on se repentit de ne l'avoir point attendu.

La mort de François Ier, survenue en 1547, changea la position du cardinal. Au sortir de Saint-Denis, où il avait pompeusement célébré les obsèques du roi son ami, il se trouva face à face avec le cardinal de Lorraine, le confident du roi Henri II. Du Bellay fut laissé dans un abandon pire qu'une disgrâce. Le passé qui fuit devant le présent. Il vit tout crouler autour de lui. Cette cour de France, où toutes les têtes se courbaient à son approche, le vit passer indifférente, cette salle du conseil où il dominait, lui fut fermée, ce cabinet du roi, où il entrait à toute heure, il lui fallut attendre devant le seuil. Il vit son palais épiscopal, centre de toutes les négociations, de toutes les affaires, déserté et vide.

> De tous ces amis dont, hélas!
> L'accointe plus ne le recrée.

Ces revers de la fortune lui parurent insupportables; il donna sa démission de l'évêché de Paris, et s'en alla à Rome, la patrie des grandeurs déchues.

On se console de la perte de l'amour et de la richesse, on souffre de la perte de la gloire, on meurt de la perte de la puissance. Descendre vivant d'un piédestal, c'est un peu descendre vivant dans le tombeau.

C'est à peu près, vers cette époque, que l'église de Paris entre dans une nouvelle phase. Le clergé en contribuant de tout son pouvoir à l'affermissement du pouvoir royal, à la fondation de l'Unité française, par conséquent à la centralisation, devait être la première victime de son œuvre. En créant un pouvoir, il s'était donné un maître. Le roi, non content des droits temporels que le pape lui avait concédés sur l'Eglise, tenta de soustraire l'Eglise à la juridiction du pape même, pour la placer sous sa propre domination, et telle fut l'origine du Gallicanisme. A cette même époque, la Providence qui avait envoyé à Guillaume d'Auvergne les disciples de saint Dominique pour lui servir de contrepoids à l'envahissante puissance de l'Université, suscita à Jean du Bellay les frères d'Ignace de Loyola, pour l'aider à résister aux prétentions du roi de France, en soutenant de toutes ses forces le pouvoir pontifical.

Le neveu du grand cardinal, Eustache du Bellay, esprit pieux et éloquent, mais faux et vaniteux, ne sut pas continuer les traditions de son oncle. Il ne cessa de se montrer l'ennemi de la Compagnie de Jésus, lui fit de petites misères, la querella jusqu'au sein du concile de Trente, tout en attaquant l'autorité de Rome, que les jésuites défendaient, et sans s'apercevoir qu'il faisait bonnement le jeu des adversaires de l'Eglise.

Au contraire, le cardinal Pierre de Gondi fut aussi soigneux des intérêts de la patrie, que de ceux de la religion. Il commença sur le trône épiscopal cette dynastie des Gondi qui l'occupa durant un siècle, pour laquelle le diocèse fut érigé en archevêché en 1622, et qui se termina par l'abdication du bouillant cardinal de Retz. Le premier des Gondi vit mourir Henri II d'un coup de lance, confessa Charles IX et Henri III, ménagea l'abdication d'Henri IV et donna le baptême à Louis XIII. Jamais on ne vit meilleurs Français que ces Italiens fraîchement débarqués, plus grands seigneurs que ces gentilshommes improvisés. Il y avait du génie de Machiavel, et de la fierté espagnole dans cette greffe française d'une souche florentine, on eût dit d'un volcan fraîchement refroidi dans de l'eau bénite, importé tout vif à la cour du Louvre. Doués de toutes les séductions, de toutes les élégances, susceptibles des plus hautes vertus et des plus grands vices, pieux à la manière des saints de Ribera, artistes comme le Titien, aussi braves que le chevalier Bayard, esprits passionnés, extrêmes, très-portés à l'exagération en tous sens, tels furent à peu près les Gondi à l'hôtel du Parvis Notre-Dame.

De plus, le cardinal de Gondi avait été élevé à la cour, — la cour des Valois, — c'est dire qu'il avait appris l'intrigue avec la théologie. Pourtant il n'y eut pas d'homme plus sage que lui et de meilleur conseil. Il recevait la confession de Charles IX et celle de la terrible Catherine, mais le roi ne se confessa pas la veille de la Saint-Barthélemy.

Ambassadeur auprès des papes Pie V, Grégoire XIII

et Sixte-Quint, auprès du duc de Savoie, et de plusieurs autres, il trouva le moyen d'administrer son diocèse aussi bien qu'oncques on ne le fit.

Lui et Biron furent les meilleurs amis d'Henri IV. Pierre de Gondi, après la mort d'Henri III, refusa constamment de signer l'acte qui excluait de la succession légitime au trône tous les princes du sang royal, il résista aux obsessions, aux violences, il laissa saisir ses revenus.

Vainement, durant la ligue, les Espagnols cherchèrent à l'attirer dans leur parti; au milieu de l'effervescence populaire, le cardinal sut se défendre de toutes les coteries, et contraint par les Seize à quitter sa ville épiscopale, il s'y vit rappelé par le prévôt et les échevins. Il provoqua les conférences entre les légats du Saint-Siége et le maréchal de Biron au nom d'Henri IV.

Le roi de Navarre met-il le siége devant Paris, le cardinal va le trouver à son quartier-général, et entame des négociations.

« Capitulation sous dix jours, » dit Henri IV, qui ne veut rien entendre.

Il ne peut prendre sur lui de promettre, il court trouver le duc de Mayenne à Meaux.

« Capitulation, jamais! » dit Mayenne.

On vit alors ce fait étrange d'un évêque de Paris, prince de l'Eglise romaine et confident des derniers rois, demeurer le seul partisan d'un prince hérétique, renié par la France et la cour pontificale.

Gondi va à Rome, comme ambassadeur du roi de Navarre, le pape le consigne à la porte des Etats de l'Eglise, abusé par les Espagnols et ignorant son rôle pacificateur.

« Votre conduite, lui fait dire le Saint-Père, loin d'être celle d'un bon cardinal, n'est pas même celle d'un bon chrétien. »

Il parvint enfin à s'expliquer, et prépara l'envoi d'un légat chargé de recevoir l'abjuration. Il eut la joie de mourir après avoir vu son œuvre accomplie.

HISTOIRE
DES
ÉVÊQUES ET ARCHEVÊQUES
DE PARIS

SECONDE PARTIE

SECONDE PARTIE

CHAPITRE I

Les archevêques dans les temps modernes. — Période politique et diplomatique. — Le concordat de François Ier. — Son influence, ses causes. — Les Bulles. — Autrefois et aujourd'hui.

1622

I

Il est trois manières d'écrire l'histoire, selon la place que l'on occupe dans les temps, vis-à-vis de son sujet. Chaque siècle est un puissant despote qui n'entend point volontiers ses vérités. Aussi ne raconte-t-on pas son époque; mais on enregistre les faits, on met en écrit les actes, les guerres, les traités, les lois, les mœurs, les tentatives de tout genre; ce sont les récits bruts, secs, nets, des événements et des hommes; d'où les *Chroniques* et les *Annales*.

Plus tard, quand la pièce est jouée et que les acteurs

sont morts, paraissent côte à côte les oraisons funèbres et les satires, les pamphlets et les éloges, c'est la deuxième période : celle des *Mémoires*. On y dit tout le bien et tout le mal des gens et des choses; souvent le bien et le mal ont chacun une égale dose d'exagération ; les sentiments longtemps contenus se font jour, les haines se donnent libre carrière. Cette histoire écrite par des personnages, tout imprégnés des passions de leur temps, qui pour la plupart ont été parties, dans les procès dont ils se veulent faire juges aux yeux de la postérité, est nécessairement violente, incomplète, injuste, et éphémère.

Mais à mesure que l'on s'éloigne d'une époque, que les années se succèdent, que le présent devient le passé, de nouvelles générations paraissent, qui comprennent les sentiments des siècles anciens, mais ne les partagent plus. Les nouveaux venus peuvent juger leurs devanciers, l'âme tranquille et le front serein, sans indifférence mais avec impartialité. C'est l'histoire de la troisième période et, à proprement dire, la seule histoire digne de ce nom. Elle se transporte dans le temps et dans le lieu qui fait l'objet de son récit, elle fait revivre le passé dans ses conditions morales et matérielles, politiques et religieuses, puis elle laisse retomber ce cadavre, un instant ranimé, en fait l'autopsie, donne à chacun sa part de grandeur et de bassesse et prononce souverainement.

Les premiers voient l'histoire de bas en haut, les

seconds la voient à niveau, les derniers de haut en bas.

L'historien devient ainsi semblable à un homme qui écrirait ses propres mémoires après sa mort.

C'est ce que nous avons tenté de faire pour cette histoire des prélats qui ont gouverné l'église de Paris.

II

Nous avons vu successivement la partie évangélique, la constituante, la féodale, nous abordons maintenant la partie que l'on peut qualifier de politique et de diplomatique. L'évêque Denys est venu sur les bords de la Seine, pour y annoncer l'Evangile, il y est mort martyr; ses successeurs ont continué son œuvre, la conversion de l'Ile-de-France à la religion chrétienne s'est opérée par leurs soins; deux cents ans plus tard, ils travaillent à la constitution de cette église de France, qui, durant douze siècles, présidera à la formation de notre pays, comme la papauté, lien moral entre toutes les parties du monde chrétien, préside à la civilisation de l'Europe moderne.

L'évêque travaille à l'abolition du servage, qui lui-même était un progrès sur l'esclavage antique. On lui doit la *trève de Dieu,* la conservation des monuments, le défrichement des terres, la création des universités.

Ce fut la partie féodale de cette histoire, celle de la plus grande puissance du prélat : l'évêque est élu par le chapitre ; le clergé, pris dans toutes les classes de la société, laisse une large part au mérite.

La noblesse et le peuple qui, séparés, ne sont, la première qu'un nom, le second, qu'un chiffre, réunis par le clergé, devenaient une puissance. Une société n'est véritablement une société que lorsqu'elle sait où elle va, et qu'elle marche à ce but avec confiance sous la direction du pouvoir social ; tel était le grand mérite de la société du moyen âge organisée pour la conquête et dirigée par la foi. Au sommet de la hiérarchie féodale était l'évêque, comme ministre de Dieu, le « gentilhomme d'en haut, suzerain de toutes choses, qui ne relève de personne. »

A tout prendre, les spectres, les gnomes, les goulles, les psylles, les vampires, les squelettes, les ogres, les aspiodes, les sorcières, Puck, et le sabbat étaient de moindres inconvénients dans une société que le communisme, l'athéisme, la révolution en permanence et l'insurrection à l'état latent.

Il y avait d'ailleurs sous l'influence du clergé, entre les trois ordres de la nation, une de ces unions intimes qui sont au fond la vraie constitution des Etats monarchiques et religieux. C'était cette union qui permettait d'attendre de la dynastie et du peuple un de ces grands spectacles comme la France en présenta pendant la vieillesse de Louis XIV.

Mais si les rois ont fait la France, ce sont les évêques qui ont fait les rois. Durant trois siècles, les évêques de Paris et leur chapitre fournissent plus de quinze chanceliers de France. Dans la partie qui s'étend du ıx^e siècle jusqu'au concordat, point de népotisme, point de favoritisme. A une époque où la noblesse de race jouit d'un pouvoir qu'elle ne recouvra jamais, où les grands fiefs, les missions importantes, les charges de l'Etat semblaient lui devoir être exclusivement réservés, les noms plébéiens sont aussi nombreux sur le siége épiscopal de la capitale, que ceux des familles d'ancienne chevalerie. C'est que les chanoines n'étaient guidés que par le bien de l'Eglise dans les choix qu'ils étaient appelés à faire; point ne se souciaient-ils de placer un cadet, de récompenser le fils ou le frère d'un ami du prince, mais seulement de discerner l'aptitude, le savoir et autres qualités importantes en pareil cas.

Et les rois reconnaissaient le mérite de ces prélats, que pourtant ils n'avaient point nommés, quand ils confiaient la garde des Sceaux de France à des gens d'aussi peu de naissance que les évêques Poncher et Renaud, ou les chanoines Briçonnet, Baudet et Coquerel.

L'indépendance du prélat était absolue, son dévouement aux choses du royaume était sans bornes. Combien n'est-il pas curieux de remarquer qu'au moyen âge, où la papauté disposait d'un pouvoir plus considérable qu'aucun autre, nulle dispute ne vint troubler l'accord des pouvoirs spirituel de Rome et temporel de Paris.

Louis IX craint-il quelque irrégularité dans les nominations, il édicte la *Pragmatique Sanction*, et l'Eglise romaine le met cependant au rang des saints.

Il n'a en vue que la liberté de l'Eglise, et non point son asservissement au profit du trône.

En ce temps-là, le clergé français est le seul de l'Europe qui paraisse dans le monde avec cette juste mesure qu'exige à la fois son état et la société. En Espagne, le clergé est hors du monde; en Italie, il est le monde lui-même; en Allemagne, il est trop avant dans le monde; en France, il se montre dans le monde sans y porter rien de farouche ni de familier, n'écartant ni ne rapprochant ce qui devait être près ou loin, sans censure et sans complaisance.

En ce qui touchait les rapports du spirituel et du temporel : indépendance absolue du roi, qui ne nommait point l'évêque et n'avait qu'un droit de *veto* dans des cas extrêmes, soumission absolue au pape, chef visible de la religion ; celui-ci, pas plus alors qu'à aucune autre époque, ne s'occupait du domaine temporel, mais il était le gardien de la morale et des droits de l'Eglise, et ne permettait aucun empiétement. On devait trop à l'Eglise pour songer si tôt à l'asservir, on avait trop souvent besoin de ses lumières, de sa sagesse, de son esprit de haute politique et de grande modération. C'était l'état le plus puissant de l'évêque, et en même temps le plus fécond pour le royaume.

III

Un fait très-fâcheux fut l'abolition de la Pragmatique de saint Louis, remplacée par le concordat de François Ier.

Certes, la religion n'est point ennemie du progrès. On ne sait ce que deviendrait le monde, si chaque âge, révérait, respectait, consacrait à titre d'ancienneté, toute œuvre des âges passés, n'osait toucher à rien, défaire ni mouvoir quoi que ce soit. Ils ne songent point, ceux qui veulent maintenir toutes choses intactes, qu'à Dieu seul appartient de créer, qu'on ne fait point sans défaire, et que ne jamais détruire, c'est ne jamais renouveler.

Le jour de la création, ceux-là eussent crié, selon le mot d'un contemporain :

« Mon Dieu, conservons le chaos ! »

Aussi, est-il vrai de dire, que si l'on doit regretter le concordat du XVIe siècle, ce n'est point parce qu'il a changé et modifié dans ses fondements l'état de l'Eglise française, c'est parce qu'il fut à la fois préjudiciable au trône pontifical, à la chaire épiscopale, au pouvoir du roi.

François Ier, fort propre à décorer des annales de chevalerie, était fort impropre à se tirer des mauvais pas dans lesquels son inconsidération habituelle l'engageait; aussi est-il resté à peu près dans tous.

On a vu quel était précédemment le mode de nomination des évêques. Au moyen âge, l'élu canoniquement était sacré et institué par le métropolitain et par les suffragants, après la préconisation du pape, quelle que fût leur position envers le prince et entre eux-mêmes. Le service des églises n'était point interrompu, aucune contestation étrangère ne les en privait.

Un concordat étant un acte très-important, relatif à la religion et à l'Etat, décidant de droits de tiers, doit renfermer tout ce qu'exige le ménagement de pareils intérêts. Or, il est évident que le roi s'est préoccupé dans la rédaction des articles de 1515, de l'intérêt de sa couronne, mais point de l'intérêt de l'Eglise.

La nomination par le pape pouvait avoir sa raison d'être, on aurait compris que le successeur de Pierre eût l'initiative de choisir dans les clergés des diverses églises, celui qu'il convenait de mettre à la tête ; la nomination par le roi, aujourd'hui consacrée par le temps, est dérisoire. D'ailleurs, les chanoines et le clergé jouissaient du privilége immémorial de choisir leur chef, cet ordre de choses qui avait pour lui la raison et l'antiquité, ne soulevait aucune objection ; si le choix était irrégulier, c'était au pape qu'il appartenait de l'examiner et de l'annuler.

Le concordat fut donc un premier empiétement de l'autorité temporelle sur la spirituelle, un désir de l'ambition royale auquel la cour de Rome, pour le bien de la religion, ne crut pas devoir s'opposer.

Antérieurement au concordat, on ne se doutait point que la discipline essentielle de l'Eglise dût être réglée par un simple acte diplomatique : l'enregistrement au parlement de Paris.

Depuis François 1ᵉʳ, la nomination des évêques appartient donc au prince, il choisit à sa volonté dans le délai de six mois; l'évêque nommé fait profession de foi à la nonciature; le pape le préconise dans un consistoire et lui envoie les bulles.

C'est ce qu'on appelle l'institution canonique.

Les bulles sont formées de six lettres, que le pape adresse dans l'ordre suivant, pour faire connaître la nomination, et ordonner de recevoir comme pasteur :

Les deux premières à l'élu pour lui faire connaître : par la *première*, son institution et l'acceptation de sa démission, s'il s'agit d'un changement de siége ;

Par la *seconde*, l'absolution qu'il lui donne de toutes les censures que l'élu pourrait avoir encourues, et qui s'opposeraient à l'accomplissement des devoirs attachés à la charge dont il vient d'être revêtu.

C'est dans ces lettres que le pape s'adressant à l'élu, lui dit : « *Te a rege* ou *ab imperatore nominatum*. »

La *troisième* est adressée au métropolitain et aux évêques comprovinciaux, s'il s'agit d'un évêque, ou bien aux évêques suffragants, s'il s'agit d'un métropolitain. Le pape notifie la nomination et recommande l'obéissance suivant les degrés de la hiérarchie, et l'affection que la charité, les égards mutuels et le bien exigent.

La *quatrième* lettre est adressée au chapitre de la cathédrale et enjoint l'obéissance.

La *cinquième* est adressée au clergé de la ville et du diocèse. La teneur en est la même que dans la précédente.

La *sixième* est adressée au peuple de la ville et du diocèse ; elle est de la même teneur.

Pendant près de deux siècles, cette question des bulles domine les rapports du pape et du roi. Quand le roi manque à sa parole, quand il fait invasion dans le domaine religieux, ou qu'il s'attribue indûment les revenus de l'Eglise, le pape n'a qu'une ressource, c'est de refuser les bulles. L'évêque, nommé par le roi, reconnu par le parlement, n'est point institué chef du diocèse, il le gouverne sans droit religieux, il en perçoit pourtant les revenus temporels, les prêtres et le clergé ne peuvent le reconnaître sans encourir l'excommunication, ils ne peuvent le rejeter sans violer les lois du royaume. Il en résulte que le peuple, privé de pasteur, souffre dans sa religion de fautes qu'il n'a point commises.

Un exemple le prouve entre cent autres. Pierre de Marca, le successeur du cardinal de Retz sur le siége de Paris, avait été nommé en 1642, évêque de Conserans. Il avait publié l'année précédente un ouvrage où l'on remarquait certaines opinions contraires à celles de l'Eglise. Le pape exige une rétractation, Marca refuse, et le gouvernement le soutient. Cet état de choses dura jusqu'en 1648, et pendant six ans, le diocèse eut un pasteur nommé, qui pourtant n'était point institué, point sacré par conséquent, et point évêque.

Dans le nouvel ordre de choses, le pape devenait à l'égard des évêques nommés par le prince, comme les évêques nommés par le prince étaient à l'égard des curés nommés par les seigneurs laïcs; mais combien plus grands étaient les désavantages pour un diocèse tout entier!

On a fait valoir en faveur du concordat, la faculté qu'il donne aux rois, dans la nomination aux principaux bénéfices, de récompenser les serviteurs de l'Etat. Ce n'est point à la religion à payer les services rendus dans l'ordre politique, et l'on peut dire, avec vérité, que ce traité a manqué de justice envers l'Eglise, en la dépouillant de sa juridiction antique, chérie par elle, sans son concours ni consentement.

IV

Nous avons vu l'Eglise de Paris grandir sans cesse sous les deux premières races de nos rois, tandis que les peuples se convertissent, que les basiliques s'élèvent, que la foi règne en souveraine pour le bien de tous. Nous avons admiré ce magnifique siége épiscopal, à l'apogée de sa force et de sa puissance, durant tout le moyen âge; nous allons maintenant assister à son déclin, en cette partie de l'histoire qui s'étend depuis l'érection de l'archevêché jusqu'à la révolution française.

L'évêque, qui a travaillé à l'élévation du roi, à l'affranchissement du peuple, sera la première victime de l'un et de l'autre. L'autorité du clergé paraîtra lourde à la nation; on secouera ce qu'on appelle le joug de la foi; mais comme il y a toujours un maître, il y aura toujours une autorité. Ce ne sera plus celle des Pères de l'Eglise, ni des jurisconsultes, moins encore celle des Conciles, mais celle des gendarmes, qui pour la vigueur en vaut bien une autre.

Les titres d'honneurs remplaceront pour le prélat les droits réels. Il ne sera plus évêque sous la dépendance du métropolitain de Sens, mais archevêque sous celle du roi; il ne sera plus vicomte de Paris et seigneur de fiefs, mais bien duc de Saint-Cloud sans duché, et pair de France quand des courtisans heureux commencent à obtenir le titre.

Il a le sort des grands seigneurs à qui l'on prodigue les titres de ducs et de princes à mesure qu'on leur enlève les baronnies et les comtés effectifs. On démolit ses châteaux, mais on lui donne le droit d'entrer au château du Louvre avec une impériale de velours rouge sur son carrosse.

Quand l'archevêque de Harlay posait la couronne à

Reims sur la tête de Louis XIV, le temps n'était plus où la vieille féodalité avec ses grands vassaux assistait au sacre. Il n'y avait plus ni ducs d'Aquitaine, ni ducs de Normandie, ni comtes de Toulouse, tous ces fiers barons égaux de la couronne étaient représentés par des seigneurs sans provinces, dont les titres n'étaient plus qu'un symbolisme de l'organisation féodale.

L'archevêque de Paris ne fut pas épargné dans ce nivellement de tous devant Versailles. Il eut son rang et sa place dans cette domesticité brillante, également sans pouvoir sur le trône et sur le peuple. Les abbés laïcs abondèrent, ainsi que les prélats sans résidence, auxquels les seigneurs disaient plaisamment :

« Votre diocèse peut-il être mieux que sous la conduite de la Providence. »

En ce qui concerne l'Eglise de France, cet abaissement eut des causes profondes. Nous ne parlons pas de cette loi éternelle de l'humanité, de ce flux et reflux de la puissance qui tantôt s'avance sur vous, vous couvre tout entier et vous accable en quelque sorte, tantôt se retire et vous abandonne. Mais au milieu de ce travail incessant de la société française, du peuple qui se forme et qui se compte pour cette grande entreprise contre l'*autorité* qui sera la révolution française, du trône qui paraît s'affirmer par l'asservissement des deux ordres du clergé et de la noblesse, tandis qu'il ne fait que détruire ses plus fermes soutiens, au milieu de tout cela, l'Eglise de France ne pouvait rester stationnaire.

Le concordat n'était qu'un premier pas dans la voie funeste où le pouvoir absolu du roi l'avait engagé vis-à-vis du clergé. Maître de nommer seul les évêques, il voulut seul les dominer, et cette prétention inavouée du cabinet de Versailles engendra une sorte d'erreur qu'on appela l'Eglise Gallicane.

Ingérence du roi dans les affaires spirituelles, prétention à de certaines portions de revenus et de bénéfices, volonté de participer à la nomination des cardinaux par « *la promotion des couronnes* » assemblées des évêques présidées par l'archevêque de Paris, qui n'était trop souvent qu'un lieutenant de Sa Majesté : tels sont les faits principaux qui dominent cette histoire.

Pour l'archevêque de Paris, les motifs qui amenèrent la perte de son influence, augmentèrent les difficultés de sa situation. Ce fut à tel point que, parmi les prélats nommés à ce siége, plusieurs, dans ces deux derniers siècles, refusèrent par trois fois de l'accepter. Paris était trop grand, trop plein d'éléments divers, les ennemis y étaient trop nombreux, les amis, trop puissants, pour n'être pas difficile à gouverner. Paris était d'ailleurs trop dans Versailles, et ce n'était pas une mince carrière que celle de pasteur de la cour.

Qu'était-ce toutefois que les embarras de cette époque en face de l'anarchie de la nôtre? Combien peu de chose nous semblent aujourd'hui les entêtements de Port-Royal, le droit de régale, la signature du formulaire, la grâce efficace par elle-même et les appelants de la bulle *Unigenitus?*

En ce moment et depuis bientôt cent ans, tous les fondements de la société, toutes les croyances de l'humanité sont remises à la fournaise et la génération actuelle attend, anxieuse et haletante, pour voir ce qui en sortira.

Depuis un siècle, chacun s'est appliqué à détruire et nul ne songe à édifier.

La lutte est plus ardente que jamais entre le droit et la force, entre le devoir et l'intérêt, entre la révolution et l'autorité, entre le spiritualisme et le matérialisme, entre la vérité et l'erreur, entre le bien et le mal....

Tout se tient pourtant dans l'esprit de l'homme, et la religion est le fondement des sociétés humaines. Comme l'écrivait au commencement de ce siècle un grand patriote d'Outre-Rhin : « Pour que l'amour de la patrie se répande, il faut ranimer l'esprit religieux de la nation. Si on nourrit et stimule les principes qui ennoblissent la vie, si on cultive avec soin ces instincts trop négligés et sur lesquels se fondent la force et la dignité humaines, nous pourrons espérer de voir grandir une génération plus forte au physique et au moral, et de voir aussi s'ouvrir devant nous un meilleur avenir. »

Puisque ce siècle est un siècle de papier, il faut que

les braves combattent avec le papier comme autrefois avec l'épée. Puisqu'on essaie de représenter Paris et Rome comme deux courants qui entraînent la civilisation, l'un vers l'avenir, l'autre vers le passé, nous avons voulu les montrer réunies et marchant ensemble sous la bannière du Christ à la conquête de la vérité.

Le clergé avait fait la monarchie contre l'anarchie, il avait fait le peuple contre la noblesse.

La monarchie, une fois constituée, se défia du clergé et s'appliqua à l'absorber, c'est-à-dire à le détruire, et le trône, privé de l'autel, se brisa comme verre.

Le peuple, une fois libre, se retourna contre le clergé, le traita en ennemi, et la nation privée de l'Eglise, se vit exploitée tour à tour par le despotisme d'en haut, ce qui est le césarisme, par la tyrannie d'en bas, ce qui est la révolution.

Heureusement la religion est immortelle, elle continue à travers les siècles, le rôle divin qui lui est assigné, sans se soucier ni des persécutions, ni du martyre, ni des injures des hommes, ni de l'indifférence des temps.....

CHAPITRE II

JEAN-FRANÇOIS DE GONDI.

Érection de l'évêché en archevêché. — L'ordre du Saint-Esprit. — L'archevêque commandeur. — Les Eglises de Paris au dix-septième siècle. — Le clergé de Paris pendant la Fronde. — Les Ordres religieux sous l'épiscopat de Gondi.

1622-1654

Ce fut en 1622 que l'évêché de Paris fut érigé en archevêché, sur les instances de Louis XIII, par une bulle donnée à Sainte-Marie-Majeure le 13 des calendes de novembre. Charles V avait déjà, en 1376, sollicité du pape l'érection de Paris en siége archiépiscopal, ou tout au moins son exemption de la juridiction des archevêques de Sens, et pour ses prélats, l'honneur du *pallium* qu'avaient quelques autres siéges épiscopaux. Le Saint-Père, en mémoire de son oncle, le pape Clément VI, qui avait été archevêque de Sens, et en souvenir du canonicat qu'il avait lui-même possédé dans cette cathédrale, ne voulut point porter atteinte aux droits des métropolitains de Sens, mais il accorda volontiers le *pallium*, dont les évêques de Paris d'ailleurs ne firent pas usage avant le xviie siècle.

La bulle de 1622 assigna pour suffragants au siége de Paris les églises épiscopales de Chartres, de Méaux et d'Orléans, auxquelles fut adjoint par la suite le siége de Blois.

Des lettres patentes du roi confirmèrent l'érection, et le parlement enregistra ces bulles, avec la singulière prétention, qu'à l'avenir « aux érections d'éveschés ou d'archeveschés en ce royaume au lieu des mots *de proprio motu*, il sera mis qu'elles sont obtenues à la réquisition du roi. »

François de Gondi, au profit duquel avait été faite l'érection, fut sacré dans son église métropolitaine par le cardinal de Sourdis, archevêque de Bordeaux, assisté de François de Harlay, archevêque de Rouen, et de Léonor d'Estampes de Valençay, évêque de Chartres. Il reçut en même temps le *pallium* des mains de l'évêque de Chartres, son premier suffragant.

Gondi était le troisième de sa race qui occupait le siége de la capitale, il succédait à son frère Henri de Gondi, cardinal de Retz, qui lui-même avait tenu le poste de leur oncle le cardinal Pierre de Gondi. Son successeur sera le fameux cardinal de Retz, son neveu, lequel eut si grande ambition et si haute visée, que le nom des Gondi ne s'en releva pas.

Celui-ci était fils du duc de Retz et de Charlotte de

Clermont-Tonnerre « personnes autant illustres en leurs vertus et rares qualités, qu'en leurs grandes charges et antiquités de leur noblesse » dit son oraison funèbre.

Pour dire le vrai, cette question de l'origine des Gondi est assez obscure et tout porte à croire qu'ils s'élevèrent en un clin d'œil par la faveur du souverain, comme on en vit en ce temps plus d'un exemple.

Le cardinal de Retz disait qu'il était le seul en France qui pût fournir ses trente quartiers, mais l'historien de Thou les dit issus d'un banquier, et Brantôme, d'un meunier.

Le panégyriste du premier archevêque de Paris dit que l'on « trouverait la maison de Gondi aussi ancienne en Italie que la république de Florence, qu'elle y a autrefois commandé souverainement, qu'il y a treize cents ans qu'elle est puissante dans l'Eglise et dans les Etats, sur la terre et sur la mer; en un mot qu'il y a peu de maisons dans l'Europe qui ne soient dans l'alliance de celle-ci, sans en excepter la maison souveraine. »

D'autre part, Tallemant qui a beaucoup pratiqué Gondi dans sa jeunesse, raconte que le chevalier de Gondi à Florence se mit à rire, un jour qu'il lui demanda si les Gondi de France étaient effectivement de sa famille.

On rapporte que la mère d'Albert, qui fit la fortune des Gondi en France, avait donné une recette à Catherine de Médicis pour avoir des enfants, et que la reine l'aima tant, qu'étant parvenue à la régence, en moins de quinze ans, les enfants de cette femme, qui n'avaient pas ensemble à la mort du roi deux mille livres de rentes, se trouvèrent : l'aîné, maréchal de France et gentilhomme de la Chambre avec des gouvernements, le second évêque de Paris et cardinal, et le troisième maître de la garde-robe, chevalier de l'Ordre, et membre du conseil privé comme ses aînés.

Le fait est qu'en 1622, il eût été difficile de trouver un autre prélat, ayant cinq neveux ducs et pairs honorés des plus grandes charges et des plus importants gouvernements du royaume.

L'archevêque de Paris fut lui-même revêtu des plus hautes dignités; grand-maître de la chapelle, conseiller aux conseils d'Etat et privé, il reçut le cordon de commandeur du Saint-Esprit, dans la promotion solennelle de 1633.

La cérémonie, décrite par d'Hozier, eut lieu dans la chapelle de Fontainebleau. Après lecture faite des preuves de noblesse dans la salle de la *Belle cheminée,* et le jugement prononcé sur ces preuves, les ducs prirent rang suivant leurs duchés, et les gentilshommes suivant la date de leur promotion.

Le cortége se mit en marche et traversa les appartements et la cour d'honneur dans l'ordre suivant. En avant marchaient les trompettes, puis les tambours suivis des fifres et des haut bois. Quatre hérauts d'armes venaient ensuite, marchant deux à deux, et portant des bâtons fleurdelisés ; le roy d'armes de France les suivait, seul, ayant en main un sceptre surmonté d'une fleur de lys d'or.

L'huissier du Saint-Esprit s'avançait alors avec le héraut de l'Ordre, porteur d'une masse d'armes ; les maîtres des cérémonies, trésorier et secrétaire, vêtus de grands manteaux de velours noir, bordés d'or et d'argent, précédaient le garde des sceaux, la barrette en tête.

Les chevaliers, deux à deux, en habit court avec la toque, et les commandeurs, le manteau sur les épaules, suivaient les dignitaires chacun en son rang. Parmi les derniers, comme les plus élevés en dignité, étaient Gondi, l'archevêque de Paris, et les archevêques de Narbonne et de Bordeaux.

La marche était fermée par le roy ; la queue du manteau royal était portée par le marquis de Gèvres. Derrière Sa Majesté venait M. le cardinal duc de Richelieu, seul, un aumônier portant sa queue.

Au milieu de la chapelle, étaient les armes du roi, composées de deux écussons joints et accolés, le premier d'azur à trois fleurs de lys d'or qui est celui des armes de France ; le second de gueules aux doubles chaînes d'or posées en orle, pal, fasce et lane qui est celui des armes de Navarre. Les supports étaient deux anges revêtus d'une cotte d'armes blasonnée à droite aux armes de France, à gauche, aux armes de Navarre.

Les armes des chevaliers étaient placées au-dessus de leur tête et contre les murs.

La messe commença immédiatement, et selon l'usage, à l'issue de l'Evangile, un prélat donna le livre à baiser au roi. Comme Sa Majesté devait communier, un des clercs de la chapelle prenant la boîte des hosties, la porta au premier aumônier, qui les renversa sur le voile à l'offertoire. Le premier aumônier en prit une, la porta à sa bouche en présence de Sa Majesté et de deux prêtres qui divisèrent le reste en deux parts ; puis on présenta toutes les hosties au roi qui en toucha une du doigt ; cette hostie fut donnée au célébrant qui la consacra, et ce fut avec cette hostie que le roi communia.

Après la messe, les chevaliers s'avancèrent, se mirent à genoux devant le prie-dieu royal, récitèrent leur serment et reçurent le collier de l'Ordre : Les prélats vinrent ensuite et s'inclinant un peu mais sans se mettre à genoux, ils prononcèrent le serment suivant :

« Nous jurons Dieu, et nous promettons, Sire, que
» nous vous serons loyaux et fidèles toute notre vie, vous
» reconnaîtrons, honorerons et servirons comme sou-
» verain de l'Ordre des commandeurs du Saint-Esprit,
» duquel il vous plaît présentement nous honorer ; nous
» garderons et observerons les lois, statuts et ordon-
» nances dudit Ordre, sans y contrevenir, en porterons
» les marques et en dirons tous les jours le service,
» autant qu'hommes ecclésiastiques de notre qualité,

» peuvent et doivent faire. Que nous comparaîtrons
» personnellement aux jours et solennités, s'il n'y a
» empêchement légitime qui nous en garde, dont nous
» donnerons avis à Votre Majesté, et ne reculerons
» jamais, chose qui soit traitée ni conclue au chapitre
» d'iceluy; que nous ferons, conseillerons et procurerons
» tout ce qui nous semblera en notre conscience appar-
» tenir à la manutention, grandeur et augmentation
» dudit Ordre, prierons toujours Dieu, tant pour le salut
» de Votre Majesté que des commandeurs et supports
» d'iceluy vivants et trépassés; ainsi Dieu nous soit en
» ayde et ses saints Evangiles! »

Après son serment, l'archevêque de Paris ôta son camail et le roi lui en mit un, où la grand-croix de l'Ordre était attachée, et ce faisant, il dit :

« L'Ordre vous revêt et couvre du manteau de son aimable compagnie et union fraternelle, à l'exaltation de notre foi et religion catholique; au nom du Père, du Fils et du Saint-Esprit. »

Sa Majesté passa ensuite le cordon bleu au cou du prélat, en disant :

« Recevez de notre main le collier de notre Ordre du bénoit Saint-Esprit, auquel nous, comme souverain grand-maître, vous recevons, et ayez en perpétuelle souvenance la mort et passion de Notre-Seigneur et rédempteur Jésus-Christ. En signe de quoi, nous vous ordonnons de porter à jamais en vos habits extérieurs la croix d'iceluy et la croix d'or au col avec un ruban de couleur bleu céleste, et Dieu vous fasse la grâce de ne contrevenir jamais aux vœux et serments que vous venez de faire, lesquels ayez perpétuellement en votre cœur. »

A quoi le nouveau commandeur répondit :

« Sire, Dieu nous en donne la grâce, et plutôt la mort que jamais y faillir ; remercions très-humblement Votre Majesté de l'honneur et bien, qu'il vous a plu nous faire. »

Les commandeurs du Saint-Esprit, par ordonnances royales, étaient exempts de tous emprunts, subsides, garde de ville, impositions, fortifications et réparations etc., de tout rachat, vente, lots et autres droits seigneuriaux pour les terres qu'ils vendaient ou acquéraient par héritage ou autrement.

Ils avaient le droit au *committimus,* c'est-à-dire, le droit d'être jugés où bon leur semblait, sans aucune garantie et défense, et pour toutes causes réelles et personnelles, tant en demandant qu'en défendant.

La ville de Paris et le parlement avaient enregistré ces lettres et ordonnances, mais sous la réserve que les contributions aux fortifications seraient maintenues.

Presque tous les archevêques de Paris reçurent le cordon bleu dans la suite, et cette distinction fut considérée comme partie intégrante des droits du pasteur de la première ville de France.

II

A cette époque, le diocèse de Paris avait de dix-huit à vingt lieues de l'Est à l'Ouest et douze à quatorze du Nord au Sud. Il comprenait quatre cent cinquante paroisses, se divisait en trois archidiaconés : ceux de Paris, Josas et Brie, et sept doyennés ruraux. Le grand archidiaconé, celui de Paris, comprenait les doyennés de Gonesse et de Montfermeil, l'archidiaconé de Josas avait les doyennés de Châteaufort et de Longjumeau, l'archidiaconé de Brie avait ceux de Lagny et de Moissy-l'Evêque ; enfin le doyenné de Champeaux était enclavé dans le diocèse de Sens.

Les trois archidiaconés n'ont, pendant tout le moyen âge, subi aucune variation. Ils correspondaient à des régions naturelles : au Nord de la Seine, le grand archidiaconé entre la Marne et l'Oise, au Sud, les archidiaconés de Josas et de Brie séparés par la Marne, l'un à l'Ouest, l'autre à l'Est.

La juridiction de l'archevêché était l'*officialité,* composée d'un official, d'un vice-gérant, d'un promoteur, d'un vice-promoteur et d'un greffier ; elle s'étendait sur tout le diocèse. L'archevêque avait une autre justice appelée la *temporalité,* exercée par un juge qui connaissait les appellations, des jugements et sentences rendues en matières civiles par les officiers de justice des terres dépendantes du temporel de l'archevêché.

Le revenu de l'archevêque provenant des fiefs qui lui restaient, des dîmes, droits féodaux, et titres qu'il possédait, s'élevait à 200,000 livres.

L'église était gouvernée, de concert avec le prélat, par ce chapitre métropolitain, le plus illustre du monde, puisque parmi les chanoines de Notre-Dame on a compté six papes, quarante cardinaux et plus de deux cents évêques.

Le chapitre était composé de huit dignités : la chantrerie, la chancellerie, la pénitencerie, les archidiaconés à la nomination de l'archevêque, la sous-chantrerie et le doyenné à la nomination des chanoines.

La ville de Paris était, pour le gouvernement ecclésiastique, soumise à deux archiprêtres, celui de la Madeleine qui avait le Nord, celui de Saint-Séverin qui avait le Sud de la Seine. On y comptait soixante-cinq paroisses, et cette division par paroisses est beaucoup plus ancienne que la division par quartiers.

Au sortir du moyen âge, chacune de ces églises, enrichies par la piété des rois, des seigneurs et des peuples, avait ses traditions et ses souvenirs.

Tout à côté de la cathédrale était *Saint-Jean le Rond*, baptistère primitif de Paris, bâti sur les bords de la Seine, et près duquel avait été jadis la *Maison Sainte Geneviève*; non loin de là était *Saint-Christophe*, où les chanoines allaient le Jeudi-Saint laver les pieds des pauvres, et dont le monastère était précédemment chargé des ornements et du linge de Notre-Dame.

Dans les *Chapelles épiscopales,* on faisait les sacres d'évêques ; à *Saint-Germain l'Auxerrois,* venaient demander le baptême, ceux du nord de la Seine qui ne pouvaient traverser la rivière ; Saint-Germain, l'*église royale*, que les rois, en bâtissant le Louvre, avaient dépouillé de sa censive, et où par un singulier contraste, on voyait les tombes de trois chanceliers de France, à côté de celles des fous de nos rois du xive et xve siècle, qui avaient l'insigne privilége d'être enterrés de droit dans cette église.

C'étaient les chanoines qui nommaient aux bénéfices sur tout le territoire de Saint-Germain, lequel comprenait tous les faubourgs, à commencer par le grand Châtelet inclusivement, et suivant la grande chaussée de Saint-Denys pour ne se terminer que vers Saint-Cloud.

Près Saint-Germain étaient les Halles, où le roi exerçait ses droits le dimanche, et l'évêque, durant la semaine ; la croix du *Tiroir,* où l'on tendait les étoffes, *Saint-Nicaise* où l'on exposait les corps des frères aveugles, et la chapelle des orfèvres, *Saint-Eloi,* qui peut-être existerait encore s'ils n'avaient eu l'ambitieuse pensée d'y mettre une cloche, à dessein de convoquer le peuple ; c'était une flagrante violation des droits du chapitre, que celui-ci ne voulut pas souffrir, et avec raison.

Parmi les églises qui dépendaient de l'Auxerrois, on citait *Sainte-Opportune* : une côte de la Sainte, renfermée dans un croissant d'or, y était précieusement conservée, pour être appliquée sur la gorge des malades; on citait aussi *saint Leufroy*, où l'on voyait une pierre taillée en forme de mître, le modèle des mesures et des poids de Paris; de là l'usage de renvoyer à la mître saint Leufroy, quand il survenait des contestations sur les poids et mesures.

A *Saint-Landri,* on avait administré le baptême en temps de guerre et caché les objets précieux pour les soustraire aux barbares; aux *Saints-Innocents,* on voyait le *réclusoir* où avait fini ses jours Renée de Vendomois, coupable de meurtre et d'adultère, graciée par le roi, à la condition de s'enfermer dans cette prison murée, sanctifiée par le séjour d'*Alix la Bourgotte,* la religieuse de Sainte-Catherine.

Dans le cimetière de cette église, était cette petite tour octogone où la confrérie des crieurs de nuit installait autrefois un des siens et où, dans les temps primitifs, on allumait chaque soir une lanterne, pour éclairer, la nuit, les trépassés.

Cimetière en grande vogue d'ailleurs, que *les Innocents,* autour duquel on avait, avec l'argent du maréchal de Boucicaut, construit de beaux charniers, où la confrérie de la Trinité faisait procession tous les lundis.

A *Saint-Honoré,* l'évêque avait la nomination des prébendes du côté droit, les chanoines, celle des prébendes du côté gauche; à *Saint-Nicolas,* l'école, déjà oubliée, avait eu son heure de célébrité, quand les colléges n'étaient pas encore multipliés sur la rive gauche. Parmi les pensionnaires auxquels le proviseur était tenu de donner trois sols par jour, pour la pitance, on nommait le Breton Saint-Yves « *advocatus et non latro.* »

Saint-Eustache était contemporain de l'archevêché, les chapelains de l'ancien moutier avaient droit de justice basse, dans trois rues, hors les murs, au delà de la *Porte du comte d'Arras,* et portaient, sous les Valois, un chapeau de roses à la tête. De Saint-Eustache dépendait Saint-Joseph, où plus tard seront inhumés Molière et La Fontaine.

Plus loin, au milieu des jardins et des hôtels seigneuriaux, était la chapelle Gaillon, qui prit le nom de Saint-Roch à l'occasion d'un hôpital pour les gens affligés d'écrouelles qu'un Espagnol bâtit à côté.

Quand on adopta le rit romain, et que l'évêque était accompagné à l'autel de prêtres concélébrants, appelés *Cardinaux,* le curé de *Saint-Gervais* fut le premier choisi pour cet office. A certains jours, Saint-Gervais devait aux chanoines de Notre-Dame, l'offrande d'un troupeau de moutons, et aux enfants de chœur de la cathédrale, le don de paniers de cerises.

Saint-Jean en Grève dépendait de Saint-Gervais, comme Saint-Gervais dépendait de Notre-Dame. Son hommage consistait à prendre à sa charge plusieurs des redevances de la paroisse principale, et à venir le jour des morts en procession au cimetière Saint-Gervais.

Près l'hôpital des *bonnes femmes de la chapelle Haudri*, était *Saint-Séverin*, célèbre par le culte qu'on y avait longtemps rendu à Saint-Martin. Des fers de chevaux, en grand nombre, étaient cloués à sa porte, et c'était un usage général, pour préserver d'accident un palefroi, de le marquer avec la clef de la chapelle Saint-Martin.

Sous le portail de la même église, on voyait la place des deux lions de pierre, entre lesquels était le siége de justice de l'archiprêtre de Saint-Séverin.

Ici près sont les *Chartreux*; leur église fût très-fréquentée en temps d'orage, car les reliques de sainte Mathie et de saint Savinien, placées au haut de la flèche, préservaient du tonnerre; et ce sont là les plus précieuses reliques du couvent, celles que l'on nomme chaque année les premières, quand on en lit à la Toussaint le catalogue solennel.

Près de Gentilly sur le territoire de *Saint-Marcel*, et le long de la Bièvre, est l'ancienne maison de plaisance des évêques de Paris, délaissée pour Saint-Cloud et plus tard pour Conflans.

L'église dédiée au Benoist Sire Dieu, devenue par corruption *Saint-Benoît*, avait pour démembrement Notre-Dame des Champs, bâtie sur la *Tombisoire*; c'était là, disaient les romans du xiie siècle, qu'un géant du nom d'*Isoré* tué par saint Guillaume, avait été inhumé.

Sainte-Madeleine était la paroisse de la Confrérie des Marchands, la *Grande Confrérie*, dont firent partie, la reine Blanche, Louis XI, et la plupart des grands seigneurs de sa cour. *Saint-Etienne* avait le privilége de voir le chancelier donner le bonnet aux maîtres-ès-arts de l'Université. Son *réclusoir* était si renommé, qu'il y avait toujours, à la mort de chaque récluse, plusieurs pieuses personnes qui briguaient sa succession.

Saint-Germain des Prés jouit du droit immémorial d'avoir des aubes parées comme celles des cathédrales, c'est-à-dire garnies au collet, dans le bas et aux poignets, d'étoffes précieuses de tout genre.

Saint-Come et *Saint-Sulpice* qui se disputaient la juridiction sur le Luxembourg, dans un procès qui dura trente ans, *Saint-Paul* fondé par les tondeurs et fouleurs de drap, sont les principaux démembrements de Saint-Germain.

Nous ne finirions pas, si nous tentions de rappeler les usages particuliers de chaque église, les souvenirs qui s'y rattachent, les prétentions de juridiction et de dépendance qu'elles avaient les unes sur les autres. Et pourtant, au milieu de ces églises, basiliques, collégiales, chapelles, chapellenies, entre cet inextricable dédale de coutumes, de services, de redevances régnait un ordre étonnant, une logique profonde, une union parfaite, que l'esprit habitué à la régularité simple et froide de l'administration moderne, a peine à concevoir !

III

Il y avait plus de vingt-sept ans que François de Gondi occupait le siége de Paris (1649), quand éclatèrent ces troubles provoqués par une question d'impôt, renouvelés par une question d'intrigue, que le peuple et l'histoire ont appelés la Fronde.

Les impôts étaient écrasants, il s'était formé une classe « *les donneurs d'avis* » dont l'unique occupation consistait à en créer de nouveaux. On empruntait sur leur produit présumé, et le meilleur surintendant était celui qui avait le plus de crédit parmi les traitants.

Le parlement longtemps ménagé, attaqué à la fin, résista, la guerre fut déclarée au ministre, la Fronde naquit....

Une moitié de Paris composait et imprimait des pamphlets que l'autre achetait.

On vendait des gravures représentant les députés du Parlement, allant à Saint-Germain, Guillot en avant, Pierrot au milieu, Robar à droite et la Grand Margot à gauche....

On faisait circuler des triolets dans le goût de celui-ci sur Mazarin :

> Infâme, impertinent, ingrat,
> Tygre, testu, tyran et traître,
> Fourbe, faquin, fantasque, fat,
> Infâme, impertinent, ingrat,
> Ribaut, Rodomont, renégat
> Meschant enfin par toute lettre,
> Infâme, impertinent, ingrat,
> Tygre, testu, tyran et traître...

Chaque parti, chaque seigneur eut dans sa maison des pamphlétaires à ses gages. La *satyre des satyres*, le *Nœud de l'affaire*, le *Courtisan désintéressé*, le *Royal au Mazarin*, le *Tu autem*, l'*Exorciste de la Reine*, l'*Anatomie de la politique du coadjuteur*, l'*Apolypse de l'Etat*, la *Calotte de Mazarin renversée*, la *Vérité prononçant ses oracles sans flatterie*, le *Sceptre de France en quenouille*, etc., etc., chaque jour en voyait paraître plusieurs, et on en compta 4000 en trois ans.

Cependant la famine régnait à Paris, le blé était rare, les meuniers exigeaient huit et dix livres tournois pour la mouture d'un sac de blé; des milliers de pauvres étaient morts de faim. On avait accueilli avec enthousiasme l'idée du sieur Alassin, bourgeois de Paris, qui avait pris des lettres patentes pour la vente du *grand pain bourgeois*, lequel aurait été distribué au poids, en échange du blé, « pour la commodité et soulagement, tant des simples bourgeois que des maisons de condition. »

L'archevêque, que la grande situation de son siége

avait entraîné à faire beaucoup de dépenses, qui avait eu musique et grand équipage, en retrancha beaucoup et rompit sa musique. Comme ceux de sa maison, il avait le goût de la représentation, et s'était laissé entraîner si loin dans cette voie, que ses revenus n'y avaient point suffi.

En présence de la misère de son peuple, il réduisit sa vie, paya ses dettes et se trouva encore à la tête de cent mille livres de rente, dont il fit aumône pour la plus grande part.

Il organisa en même temps les secours et chercha les moyens de secourir la misère.

« Suivant les temps et les lieux, disait le rapport qui lui fut adressé à ce sujet, on peut se servir utilement d'une manière de potage, ainsi qu'on l'a pratiqué à Paris et dans les faubourgs, il y a quelques années; la dépense de chaque portion que l'on donnait chaque jour à chaque pauvre, ne revenait pas à plus d'un sol ou environ. »

A la suite de ce rapport, M. de Paris fit établir dans toutes les paroisses, des marmites pour distribuer la soupe aux pauvres, il en fut donné à plus de 12,000; les prêtres, et particulièrement les jésuites, se multipliaient, se privaient de tout, et vendaient même des ornements et des vases d'autel.

L'archevêque dirigeait l'œuvre de secours et de consolation; on lit dans le règlement qu'il publia à cette occasion, et dans le mandement adressé aux prêtres de la capitale :

« Pour les ecclésiastiques, tout est superflu, hors le dernier nécessaire. » Nous ne croyons pas que le prélat fût indigne des éloges qu'on faisait de lui après sa mort, quand on en disait : « Pouvait-il mieux témoigner son amour envers ses peuples, que de sortir de son carrosse aussitôt qu'il rencontrait quelques pauvres, blessés ou gisant de faiblesse, dans le creux d'un fossé ou à l'ombre d'une haie, pour aller les consoler et les confesser lui-même, les embrassant comme ses frères, les exhortant comme ses enfants et les excitant à des larmes de contrition par l'abondance des siennes. »

En peu de mois, le nombre des pauvres secourus fut porté de 12 à 15,000 ; et les besoins augmentaient à chaque instant. Il sera facile de se faire une idée de la misère publique, quand on saura que la chair des chevaux tués au combat du faubourg Saint-Antoine se vendait dix sous la livre.

C'est peut-être là un côté trop obscur de la guerre de la Fronde, et que les historiens ont médiocrement fouillé.

Durant trois ans, en effet, le pouvoir religieux fut seul à chercher les moyens de soulager le peuple, et à s'occuper de l'assistance des pauvres. Ces préoccupations ne faisaient pas négliger à Gondi d'appeler sur sa ville les bénédictions du Ciel.

Il ordonna des processions solennelles, et le jour même où Féret, son vicaire général, entrait dans la

Grande-Chambre pour prendre les ordres du parlement sur la procession, les enquêtes venaient demander qu'on s'occupât de parfaire les 50,000 écus pour l'assassinat de Mazarin.

« Nous sommes aujourd'hui en dévotion de fête double, disait ironiquement un conseiller, nous ordonnons des processions et nous travaillons à faire assassiner un cardinal. »

Gondi se souvint toujours des temps mauvais qu'il dut traverser, et où il eut le bon esprit de jouer son rôle d'évêque, quand son neveu le coadjuteur jouait le rôle d'un Catilina au petit pied.

Son seul luxe était Noisy et Saint-Cloud, deux maisons de plaisance qu'il entretenait ; quant à son train de vie, il se traitait si mal, qu'il n'eût osé donner à dîner à personne sans être averti.

François de Gondi mourut à soixante-dix ans, en 1654. Il avait rédigé lui-même cette épitaphe : « Ci-gît le cœur de J. F. de Gondi, premier archevêque de Paris, qui ayant gouverné trente-deux années très-indignement un monde de peuples, le prie instamment de le vouloir fouler aux pieds à l'entrée de ce saint et sacré lieu, et de se souvenir en ses prières de ses nécessités et souffrances, pour obtenir, de l'infinie miséricorde de Dieu, la paix et le repos éternel de son âme. »

On fit son oraison funèbre, comme de raison, mais ce morceau est si plat et si insignifiant qu'il ne s'y trouve aucune pensée, aucun détail, de nature à nous faire connaître l'homme, à nous faire apprécier l'évêque.

On en peut juger :

« Si le panégyrique, disait-on, est ordinairement appelé l'écueil des plus grands orateurs, il faut nécessairement que l'oraison funèbre en soit le naufrage, pour ce que s'il est difficile à l'homme de louer l'homme pendant sa vie, il est sans doute beaucoup plus dangereux de le louer immédiatement après sa mort. Car, comme on ne loue communément que les personnes élevées en dignité, leur crédit autorise assez le panégyriste quoi qu'il dise; mais aussitôt après la mort, ceux qui paraissaient les plus échauffés à leur gloire, sont tout de glace. »

Et plus loin :

« Bien qu'il n'ait pu visiter son diocèse, à cause de sa santé, il n'a pas laissé de garder presque toujours sa résidence à Paris.... Paris, quand tu voudras faire comparaison de ton bonheur avec tant de diocèses si longtemps désolés par la mort ou par l'absence de leurs pasteurs, tu ne pourras conclure autre chose, sinon que tu es le peuple le plus favorisé de Dieu. »

L'œuvre du troisième Gondi fut de deux sortes : création de couvents, administration du diocèse. Il fit des ordonnances sur le catéchisme, l'absolution, le refus des sacrements, les fiançailles et le mariage. Un usage détestable commençait à s'introduire : c'était celui de déclarer en présence d'un prêtre et de témoins, malgré les oppositions, malgré les formalités usitées en pareil cas, que l'on engageait sa foi et que l'on se prenait en mariage.

Il y remédia, en prononçant l'excommunication majeure contre quiconque oserait contracter, même en présence de son propre curé et de témoins, sans aucune des cérémonies que l'Eglise observe pour la célébration du mariage.

Il s'appliqua aussi de tout son pouvoir à la fondation des couvents, des maisons d'éducation, des établissements hospitaliers de tout genre. Sous son épiscopat, les Visitandines vinrent s'établir au faubourg Saint-Jacques sous la conduite de Françoise de Chantal, les Annonciades Bleues vinrent de Nancy à la demande de la marquise de Verneuil. Il approuva l'établissement des Feuillantines, installa les Petits-Pères au faubourg Montmartre, autorisa la translation à Paris des religieuses de Port-Royal.

Plus tard, on le voit favoriser les Pères de la doctrine chrétienne, institués par César de Bus, les prêtres de la Mission qui s'agrandissent, les Barnabites, les religieuses de Sainte-Catherine de Sienne. Il contribue à la création du monastère des Feuillants, de celui des Clarisses, des prêtres du Calvaire et des capucins du Marais. Enfin, il confie à saint Vincent de Paul la direction des Sœurs grises servantes des pauvres ou *Filles de la Charité*.

IV

On ne saurait prétendre que Gondi ait été un grand homme, mais il convient de dire, que principalement dans la seconde partie de son pontificat, ce fut un excellent archevêque.

Les circonstances ne lui étaient point favorables, et il ne sut pas profiter de l'occasion qu'un autre y eût rencontrée. Gondi était bien fait, il avait de l'esprit, il disait bien et aimait à parler. Mais c'était dans le particulier, car en public il était toujours muet comme un poisson.

On le disait peu instruit, et on lui a reproché de n'avoir point su le latin; ce sont là fables pures. Le fond de son caractère était un désir immense d'avoir de l'importance et une profonde timidité qui l'empêchait d'en prendre jamais....

Son neveu, le cardinal, essaie un jour de l'envoyer au parlement et de le mettre en avant; il le va trouver un matin, le presse, le pousse, le décide à se lever, et s'en va lui disant qu'il compte sur lui et qu'il y va de l'intérêt du roi.

Après le départ de Retz, l'archevêque réfléchit, se trouble et se remet au lit, d'où tous les rois et reines du monde ne l'auraient pas fait sortir de quinze jours.

Par-dessus tout il était jaloux de son neveu, il le blâmait, l'enviait et le redoutait....

Un jour, en descendant de carrosse, il voulut s'appuyer sur Ménage, et se laissa tomber...

— Ah! dit-il, de quoi m'avisé-je de vouloir m'appuyer sur un homme qui est mon coadjuteur!

Le coadjuteur, de son côté, ne faisait pas grand état de son oncle et n'en parle dans ses Mémoires que comme d'un homme de peu de sens et n'ayant pas droit le peu qu'il avait....

François de Gondi se trouva venir à Notre-Dame à peu près au même moment où Richelieu venait au Louvre, il ne parvint qu'avec peine à garder son siége, dont le ministre voulut plus d'une fois le forcer à se démettre; il se faisait petit et inoffensif. De Richelieu, il passa à Mazarin qui n'était pas moins dominateur, et de plus, il eut chez lui son neveu qui était des plus envahissants.

Entre le cardinal de Richelieu, le cardinal Mazarin, le cardinal de Retz, l'archevêque de Paris fut comme comprimé et annihilé. Il parut d'autant plus petit que les événements étaient plus importants, et fut écrasé par sa position, faute de pouvoir ou de savoir la dominer.

L'histoire n'en parle pas ou n'en parle qu'avec dédain. Mais le diocèse et la religion lui doivent savoir gré de n'avoir point cédé à la maladie d'intrigue dont les meilleurs ont été atteints durant la Fronde. Dans les dernières années de sa vie, on racontait de lui des traits qui ne laissent pas que d'être surprenants et édifiants, témoin celui-ci :

Un pauvre diable qu'on allait pendre à Saint-Cloud, voulut avoir la bénédiction de l'archevêque, seigneur du lieu. Par hasard, il y était alors, on le mène à Gondi, il se jette à ses genoux et lui demande la vie :

— Je ne puis, dit l'archevêque, mais je te donne ma bénédiction.

Le malheureux est enlevé dans les airs, mais la potence se rompt et le peuple le sauve !

CHAPITRE III

LE CARDINAL DE RETZ

L'abbé de Buzay. — Retz dans la société de son temps. — Son rôle dans la Fronde. — Le cardinal au Conclave. — La vieillesse d'un conspirateur. — Retz et ses mémoires.

1654-1662.

I

« Cet homme que l'on voit partout dans le récit de nos malheurs, si fidèle aux particuliers, si redoutable à l'Etat, d'un caractère si haut qu'on ne pouvait ni l'estimer ni le craindre, ni l'aimer ni le haïr à demi; ferme génie que nous avons vu, en ébranlant l'univers, s'attirer une dignité qu'à la fin il voulut quitter comme trop chèrement achetée, et comme peu capable de contenter ses désirs, tant il connut son erreur et le vide des grandeurs humaines. Mais pensant qu'il devait acquérir, ce qu'il devait un jour mépriser, il remua tout par de secrets et puissants ressorts, et après que tous les partis furent abattus, il sembla encore se soutenir seul et seul encore menacer le favori ambitieux de ses tristes et intrépides regards. »

Ce jugement de Bossuet sur le cardinal de Retz, est l'éloge le plus signalé qui puisse être fait de l'archevêque de Paris ; non point par les louanges que le plus grand orateur du siècle adresse à son plus grand séditieux, ni par le cas qu'il en paraît faire, mais parce que ce ne dut pas être un homme ordinaire, celui qui avec des vices si nombreux, eut des qualités assez éclatantes pour séduire Bossuet lui-même, et pour aveugler le sévère évêque de Meaux, à ce point, qu'il n'en puisse parler sans une certaine tendresse et comme avec une admiration cachée.

Retz eut d'ailleurs au plus haut degré le don de charmer tous ceux qui le connurent. Il exerça ce don sur son précepteur « Monsieur Vincent de Paul » qui disait de lui qu'il n'avait pas beaucoup de piété, mais qu'il n'était pas trop éloigné du royaume de Dieu; il l'exerça même sur la reine, qui ne put se retenir de lui crier en le quittant après avoir causé une heure avec lui : « Allez, vous êtes un vrai démon. »

Pour lui, l'intrigue le gouverna plus qu'il ne gouverna par l'intrigue, comme le spiritisme qui fait tourner les têtes et point les tables. Né avec beaucoup de sens, il prouva qu'on ne déraisonne jamais mieux que lorsqu'on a beaucoup de raison à perdre, de même qu'on ne se ruine jamais mieux que lorsqu'on a beaucoup de fortune.

Paul de Gondi avait deux frères, tous deux ses aînés, le duc de Retz et le marquis des Iles d'Hyères. Il était, quant à lui, simple chevalier de Malte, et à peu près de naissance, car c'était pendant un chapitre qu'il était venu au monde, et on l'avait fait immédiatement chevalier, ce qui lui promettait d'être grand'croix de bonne heure. Son second frère mourut d'une chute de cheval, et le chevalier fut destiné à l'Eglise. Le voilà donc abbé de Buzay, et l'homme le moins ecclésiastique peut-être qu'il y eut dans l'univers, se couvrit de la calotte qui ne lui seyait pas mieux qu'une huilière sur la tête d'une reine, comme on disait au seizième siècle.

Ce fut vers 1636, en pleine puissance du cardinal de Richelieu, que Gondi vint à Paris. L'abbé de Buzay, devenu l'abbé de Retz, parce qu'il trouvait que ce nom de Buzay approchait un peu trop de *buse*, ne rêve que duels, fêtes et galanteries. Il veut faire parler de lui, se marier richement s'il est possible, et tout au moins, se débarrasser de sa soutane.

Chaque jour, on le voyait à cheval sortir de la porte de la Conférence, et caracoler autour des voitures peintes et dorées des femmes à la mode, dans les quatre allées du Cours-la-Reine, près du bois touffu des Champs-Elysées. « *Honnête homme* » dans toute la force du terme, donnant de temps en temps collation aux dames avec les violons ; il était de toutes les parties au jardin de Renard, de tous les ballets du marquis de Sourdéac, avec Melle de Mortemart, la duchesse de Roquelaure et la princesse de Conti.

Il ne manquait pas un des samedis de Melle de Scudéry, on le voyait à la Place Royale chez la duchesse de Chaulnes, à l'île Saint-Louis chez les présidents Lambert et Bretonvilliers, dans le quartier de la Sorbonne chez le comte de Tréville, et à l'hôtel de la rue des Saints-Pères occupé par *M. le Premier*, le duc de Saint-Simon.

Présenté partout, ce petit homme noir portait dans tous les salons au milieu de tous les plaisirs du monde, sa spirituelle laideur, sa conversation endiablée, son humeur altière et ses goûts fastueux. Il se bat avec Bassompierre, avec le marquis de Praslin, il fait la cour à sa cousine la duchesse de Lesdiguières, à Mme de Gueménée, à la duchesse de Montbazon, il se fait aimer de Melle de Vendôme et veut enlever Melle de Retz....

Il porte dans ses affaires d'amour et dans ses affaires d'honneur, la fierté qu'il conserva toute sa vie tant dans les choses privées que dans les politiques. Dès le collége, il ne pouvait souffrir de rivaux et avait fréquemment querelle. Dans sa jeunesse, il rendait souvent visite au duc de Guise. Celui-ci le portait si haut que, pour imiter les princes du sang, il se faisait donner la chemise par les plus relevés qui se trouvaient à son lever. On la présenta une fois à l'abbé de Retz, qui la laissa tomber dans les cendres et s'en alla...

Plus tard, quand il était déjà coadjuteur de Paris, il ne craignit pas de s'attaquer même au duc d'Orléans. Le frère du roi était venu à Notre-Dame à vêpres le jour de Pâques. Un des officiers de ses gardes, ayant trouvé avant qu'il y fût arrivé le drap de pied de Retz à sa place ordinaire, qui était immédiatement au dessous de la chaire de l'archevêque, l'ôta et y mit celui de Monsieur. Retz, averti par le théologal de la conséquence qu'il y avait à séparer pour quelque cause que ce pût être le coadjuteur de l'archevêque, attendit Monsieur à la porte de l'église et lui représenta que les droits du prélat et les usages étaient contraires à ce qu'on venait de faire. Monsieur le reçut fort bien, commanda que l'on ôtât son drap de pied et fit remettre celui du coadjuteur; ce dernier reçut l'encens avant Son Altesse, et l'affaire en serait restée là, si les courtisans du prince n'avaient cherché à lui persuader qu'il s'était laissé manquer de respect.

Le duc d'Orléans fut alors aussi furieux qu'il avait été conciliant. Retz fut mandé par la reine et par le cardinal qui ne purent obtenir de lui qu'il fît réparation au prince. On ne sait ce qu'il en serait advenu si le duc d'Enghien n'avait pris fait et cause pour le coadjuteur, ce qui lui valut d'avoir le dernier mot en cette affaire.

C'est le même homme à qui Mazarin, demandant s'il savait bien à qui il parlait, lui répond devant toute la cour :

— Je sais que c'est le cardinal Mazarin qui parle au coadjuteur de Paris, mais on croirait que c'est le cardinal de Lorraine qui parle au suffragant de Metz.

Un pareil caractère n'était pas pour vivre en paix avec une autorité comme Richelieu.

Après avoir échoué dans ses projets de mariage avec une héritière « qui avait du défaut à la taille, mais beaucoup couvert par la vue de 80,000 livres de rente » le fringant abbé pensa « pouvoir réussir dans les sermons; » on lui conseillait de commencer par de petits couvents où il s'accoutumerait peu à peu. Il fit tout le contraire. Il prêcha l'Ascension et la Pentecôte aux Carmélites en présence de toute la cour.

— Il ne faut pas juger des choses par l'événement, dit à cela Richelieu, c'est un téméraire.

Le cardinal avait déjà dit de lui, en lisant sa « *Conjuration de Fiesque.* »

— Voilà un dangereux esprit.

Il acheva de se brouiller avec le premier ministre en voulant l'emporter de haute lutte à la Sorbonne sur l'abbé de la Mothe-Houdancourt, auquel le ministre faisait l'honneur de le reconnaître pour son parent. Il battit son concurrent, et Richelieu, depuis cela, l'appelait toujours *ce petit audacieux* et disait qu'il avait une mine patibulaire.

Après cette contestation, ses parents trouvèrent prudent qu'il fît un voyage en Italie.

Il se fixa à Rome où il vivait bien logé, tenant bonne table et disputant dans les écoles de Sapience. Il faisait le modeste et cette modestie de sa personne était relevée par une très-grande dépense, par de belles livrées, par un équipage fort leste, et par une suite de sept ou huit gentilshommes, dont il y en avait quatre chevaliers de Malte.

Les loisirs de la Ville Eternelle lui permirent de se livrer à ses lectures de prédilection. Les livres ont fait plus d'hommes que les hommes n'ont écrit de livres. Sans Salluste et sans Plutarque, Retz n'aurait jamais couvé peut-être les vanités du conspirateur. On juge quelle peut être l'influence d'un livre sur un homme qui savait par cœur tout ce qu'il avait jamais appris, et qui lui-même composait en latin et en français des ouvrages qu'il pouvait réciter par cœur.

Catilina, les Gracques, Rienzi, Lorenzino de Medicis et surtout César, voilà les modèles que se propose le futur archevêque; de César, il n'imita guère que les dettes; et le César des premières aventures, voluptueux, endetté, traître à son pays...

II

L'abbé revient quelque temps après à Paris; son esprit est plein de projets, il dit avoir médité d'assassiner le cardinal de Richelieu, et nous voulons lui faire l'honneur, quoi qu'il en ait dit, de ne le pas croire sur parole ; il se demande s'il est une action plus grande au monde que la conduite d'un parti, il est persuadé « qu'il faut plus de grandes qualités pour former un bon chef de parti que pour faire un empereur de l'univers. » A tout prendre, il ne dédaignerait pas plus un titre que l'autre, et insinue que c'est « chose rare et souhaitable tout ensemble, de se trouver dans une occasion, où l'on soit obligé par le motif du bien public et de sa gloire particulière, de se mettre une couronne sur la tête. »

Il voit la carrière « ouverte aux grandes choses dont la spéculation l'a beaucoup touché dans son enfance, *son imagination lui fournit toutes les idées du possible,* son esprit ne les désavoue pas, » et il se reproche bénévolement à lui-même la contrainte où il est de les entreprendre.

Sur ces entrefaites, le premier ministre mourut, et quoique le roi n'en fût peut-être pas fâché, il voulut conserver toutes les apparences, et affecta de recevoir assez mal tous ceux qui avaient été mal avec Richelieu. Retz fut le seul privilégié.

Lorsque Mgr l'archevêque de Paris le présenta au roi, il le traîta, non-seulement honnêtement, mais avec une distinction qui surprit et étonna tout le monde. Il lui parla de ses études, de ses sermons, et lui commanda de faire sa cour toutes les semaines. Les raisons de ce bon traitement étaient deux aventures arrivées à l'abbé au sortir du collége. Dans l'une il s'était conduit très-vertueusement avec une pauvre fille qu'on lui avait à peu près jeté à la tête. Dans l'autre, il avait montré beaucoup de courage et de grandeur d'âme dans une rencontre avec un capitaine de chevau-légers du roi, qui avait lui-même raconté le trait à Sa Majesté.

A la mort de Louis XIII, Gondi fut nommé coadjuteur de son oncle par la reine régente, et se mit à réfléchir sur la conduite qu'il devait tenir. Il distribua 12,000 écus aux pauvres honteux, parce qu'il les jugeait gens plus considérables que tous autres, dans les émotions populaires ; il connut Nanon et Babet, il fut prodigue de poignées de main, et assista aux conférences de Saint-Lazare.

Il se fit un masque, destiné à tromper tout le monde, et résolut à part lui « de faire le mal par dessein, ce qui est sans comparaison le plus criminel devant Dieu, mais ce qui est sans doute le plus sage devant le monde, parce qu'en le faisant ainsi, on y met toujours des préalables qui en couvrent une partie. »

Tel était Gondy, coadjuteur de l'archevêché de Paris, avec future exspectative.

Voyant que Mazarin et Condé n'étaient pas des chefs de gouvernement qui pussent laisser à d'autres une grande importance à côté d'eux, il entreprit de les renverser l'un par l'autre, de faire sa route entre eux deux, et d'élever sur leurs ruines le duc d'Orléans sous le nom duquel il eût gouverné. Il s'appliqua à se rendre maître de toutes les questions qui passionnèrent ses contemporains et ne se passionna lui-même pour aucune. Tous les principes lui furent indifférents et vrais ou faux suivant l'heure; il s'en servit comme d'instruments dont il faut savoir jouer opportunément pour dominer les hommes.

Il avait rêvé de dominer les femmes par l'amour, quand il échangeait des questions sur l'*Astrée* avec la princesse de Guéménée, où celui qui ne répondait pas payait pour chaque faute une paire de gants de frangipane; il tentait maintenant de dominer les hommes par l'argent; cette manie de domination le tourmenta toute sa vie, et par un retour commun des choses humaines, où l'on ne se peut refuser à voir la main de la Providence, cet archevêque à qui appartenait la domination spirituelle du premier diocèse de France, s'est épuisé en efforts, s'est diminué devant l'Eglise, s'est avili devant l'histoire, pour en venir à ne plus dominer que la royale abbaye de Saint-Denis.

III

Gondi avait donc été préconisé en 1644 sous le titre d'archevêque de Corinthe *in partibus*, et sacré par l'archevêque de Paris, son oncle, assisté des évêques de Meaux et d'Orléans, en présence des cardinaux Grimaldi et Mazarin, de trente évêques et d'un grand nombre d'autres prélats et seigneurs. Deux ans après, il avait été fait vicaire-général au spirituel et au temporel, avec pleine et entière juridiction; l'année même de la Fronde, il avait obtenu voix consultative et délibérative au parlement de Paris.

Alors commmença cette épopée mi-partie grotesque, mi-partie dangereuse de la Fronde, où les grands hommes n'ont pas manqué aux petits événements, où les princesses tiraient le canon derrière les barricades des parlements. Les acteurs furent à peu près les seuls à se prendre au sérieux, et des écrivains, amis d'une douce plaisanterie, ont seuls pu voir dans cette *guerre* un souvenir de la Ligue ou un présage de la révolution.

La rupture se prépare depuis plusieurs années; Mazarin est impatient de voir le coadjuteur de Paris chercher, par tous moyens, une popularité malsaine; et quand Retz dit à la reine devant lui que la chaleur des esprits est telle, qu'il n'y a plus que la douceur qui puisse les ramener, le cardinal ne se gêne pas pour lui répondre par un apologue italien, qui porte, qu'au temps où les bêtes parlaient, le loup assura avec serment un troupeau de brebis, qu'il le protégerait contre tous ses camarades, pourvu que l'une d'elles allât tous les matins lécher une blessure qu'il avait reçue d'un chien.

On sait le rôle que joua le coadjuteur pendant quatre années; les barricades étaient l'âme de la Fronde, il voulut être l'âme des barricades, il y réussit.

Curieuse sédition d'ailleurs, où le maréchal d'Hocquincourt écrit à madame de Montbazon : « Péronne est à la belle des belles ; » où madame de Rhodes tire de dessous son oreiller des liasses de chiffres et de lettres, devant contenir les plans les plus admirables ; où madame de Guéménée prise à la gorge par le coadjuteur, lui jette un chandelier à la tête.

S'agit-il de s'allier avec Turenne contre le parlement, Retz en confère avec madame de Bouillon :

— Me le promettez-vous ? lui dit celle-ci.

— Je m'y engage et je vous le veux signer de mon sang.

— Vous l'en signerez tout à l'heure, s'écrie-t-elle.

Elle lui lie le pouce avec de la soie, lui tire du sang avec une aiguille et le fait signer un billet de cette teneur :

« Je promets à madame la duchesse de Bouillon, de demeurer uni avec Monsieur son mari contre le parlement, en cas que M. de Turenne s'approche de Paris et se déclare pour la ville. »

L'affaire du tabouret de la maison de Rohan et le renversement des tabourets qui n'étaient pas fondés sur des brevets, les cordons de chapeaux en forme de Fronde, débités par un marchand affidé, à une quantité de gens qui n'y entendaient aucune finesse, à l'instar des bissacs brodés que portaient les *Gueux* des Pays-Bas : tel est le type des événements importants qui préoccupent les esprits, avec la *Cavalerie des Portes cochères* et *la première aux Corinthiens*.

Le papier est signe distinctif des partisans de la cour, la paille n'est plus paille, c'est fleur d'anti-Mazarin. Au milieu des agitations quotidiennes, Retz doit jouer trente personnages différents; il menace, caresse, commande, supplie, il est heureux, il est dans son élément, il harangue la populace, il peut penser chaque soir qu'il a sauvé l'Etat; ce qui n'empêche pas le premier président de lui dire un jour qu'il entre au parlement, après une expédition de ce genre :

« Il vient de faire des huiles, qui ne sont pas sans salpêtre. »

Ses succès populaires et son ascendant dans les conférences ne l'empêchent pas d'apercevoir la fausseté de sa position qui augmente chaque jour. Il se prend à songer que le pouvoir dans les peuples est fâcheux, en ce point qu'il vous rend responsable même de ce qu'ils font malgré vous. Son pouvoir même est moins grand qu'il ne se veut bien l'imaginer, et il perd la tête entre un peuple qui crie la guerre, un parlement qui veut la paix et les Espagnols qui pouvaient vouloir l'une et l'autre à leurs dépens.

Tant qu'on n'avait à compter qu'avec des présidents de Chambre comme Aubry, qui demandaient modestement un brevet de duc, on en faisait justice par des triolets, mais à mesure que la lassitude apparaît, que la situation empire, le fougueux prélat ne sait trop comment sortir avec avantage des embarras qu'il s'est aussi légèrement créés.

L'archevêque et ses collaborateurs étaient les aristocrates de la guerre civile, ils conspiraient dans des palais, procédaient par arrêts du parlement, et n'attaquaient ni le principe du gouvernement, ni les institutions du pays, ni la religion, ni la morale. Tout se passait en conversations et les moyens de Retz paraissent aujourd'hui des procédés archéologiques.

Ces pseudo-conspirateurs avaient appris la conspiration dans les *Manuels,* ils voulaient que tout se passât académiquement, et, contre le roi, personne n'avouait en être.

Aussi les premiers ils s'alarmèrent de la longueur de la résistance; il y a des personnes, se dit Gondi, d'autant plus dangereuses pour conseiller les grandes choses, qu'elles les ont beaucoup plus dans l'esprit que dans le cœur. Les gens de ce caractère n'exécutent rien, et par cette raison ils conseillent tout; Gondi était tout autant que les autres de ce caractère-là.

Semblables à des gens qui partis du Pont-Royal pour faire le tour du monde, s'arrêteraient à Saint-Cloud, ces grands seigneurs et ces parlementaires, pleins d'audace au début, s'effrayèrent à la pensée de se brouiller trop sérieusement avec la cour, et tout sembla se terminer proprement par une réconciliation.

La régente rentra au Louvre et Louis XIV, majeur depuis quelques jours, remit à l'archevêque de Gondi l'acte authentique de sa désignation au cardinalat. Le chapeau qui paraissait être le but de ses menées, ne suffit pas à le satisfaire. Il s'imagina pouvoir servir le roi tout en attaquant le ministre, et continua son opposition à Mazarin.

On fit tout le possible pour ramener l'irascible Gondi, les négociations échouaient, les négociateurs s'usaient les uns après les autres, la reine s'y employa en personne, et voulut avoir avec lui une entrevue secrète.

Retz se rendit à minuit sous un déguisement au cloître Saint-Honoré. Le travesti était pour lui une affaire d'habitude. Tantôt il mettait le costume de gentilhomme du temps, tantôt il s'affublait de manteaux d'écarlate et de grègues de même couleur, avec de grandes moustaches noires à l'espagnole, appliquées adroitement sur ses joues; tantôt il s'habillait à la cavalière, portant de grandes buffles avec des caudebecs retroussés à la mauvaise et de petites brettes traînantes soutenues de ces magnifiques baudriers de quinze ou vingt pistoles, qui lui couvraient presque tout le corps.

Ce soir-là, Gabouri, porte-manteau de la reine, vint le prendre au rendez-vous, et le mena par un escalier dérobé, au petit oratoire où Sa Majesté était seule enfermée. La conversation tomba sur Mazarin.

— Ce pauvre monsieur le cardinal! disait la reine, qui vous aime tant et est si bien disposé pour vous!

Gondi se montrait intraitable à l'égard du ministre, il protestait de son dévouement personnel au roi.

— Que ferez-vous donc pour moi, dit la reine, pour moi qui suis prête à tout faire pour vous?

— Croyez-bien, Madame, que je ne suis pas venu pour recevoir des grâces, mais pour essayer de les mériter ; j'obligerai monsieur le prince à sortir de Paris sous huit jours.

— Touchez là, vous êtes dès maintenant le second de mes amis.

Gondi fut reconduit aussi *incognito* qu'il était venu, par une foule de détours, jusqu'à la porte des cuisines.

Il tint parole, mais s'il voulait bien trahir Condé, il refusait d'abjurer sa haine contre Mazarin. Etre le second lui semblait trop peu.... la lutte ne pouvait se prolonger bien longtemps, et Louis XIV se chargea de trancher le différend en ordonnant d'arrêter le cardinal de Retz au Louvre.

Celui-ci en avait d'ailleurs été prévenu, et de mille façons. La veille, en descendant de la chaire de Notre-Dame, où il prêchait l'Avent, il y vit affiché ce placard :

> Vous prêcherez malgré les uns, cardinal,
> En dépit des autres ; mais si vous prêchez
> L'avénement du Seigneur, ce n'est pas celui du seigneur
> Jule....

Le lendemain, on conduisait le coadjuteur à Vincennes, et le peuple se montrait à son égard aussi sceptique qu'envers ses adversaires, en répétant cette strophe d'une poésie en vogue :

> L'un est Mazarin, l'autre est Prince,
> Et l'autre est cardinal de Retz.
> Chacun selon ses intérêts,
> Discute, imprime, excuse, pince,
> Tous parlent de paix ; au diable pour l'avoir,
> Si pas un d'eux fait son devoir.

Pendant sa captivité, on lui fait offrir de renoncer à son titre de coadjuteur ; il répond qu'il veut mourir dans son péché, que la coadjutoreric de Paris est son péché et qu'il y mourra.

Il y avait deux ans que le cardinal était privé de la liberté et employait ses loisirs à écrire la vie de Croizat, l'exempt qui le gardait, quand François de Gondi, son oncle, mourut. Le chapitre de Notre-Dame, immédiatement averti, s'assembla dès cinq heures du matin, une heure après la mort de l'archevêque, et les mesures furent si bien prises, que le doyen qui avait été jusque-là assez contraire au cardinal, lui fut tout à fait favorable en cette occasion.

— Il ne faut pas douter, dit-il, que le cardinal de Retz ne soit notre véritable archevêque, quoiqu'il n'ait pas prêté le serment de fidélité, formalité séculière à laquelle l'Eglise ne s'arrête pas.

La chose fut mise en délibération et le chapitre arrêta tout d'une voix que le sieur de Labour, procureur du cardinal, qui était à la porte, serait introduit, et mis en possession avec toutes les formalités et solennités requises, ce qui fut fait. — La procuration était l'œuvre d'un principal de collége qui avait contrefait par son ordre la signature du cardinal.

La cour, officiellement prévenue, commença par se fâcher, mais tout était fini et le chapitre passa outre.

Quant à Gondi, il fut averti de la mort de son oncle, par le son de certaines cloches de Notre-Dame et par la répétition d'une sonnerie à l'horloge de Vincennes. Le lendemain, le prêtre en disant la messe devant lui, éleva la voix plus haut qu'à l'ordinaire dans les canons, en disant : *Joannes, Franciscus, Paulus, antistes noster,* le nom de Paul, le distinguant ainsi de son oncle, dans les prières faites pour l'archevêque.

Pour affirmer son autorité, le nouveau diocésain s'empressa de faire des mandements, que l'on publia malgré le roi, qui persistait à ne le pas reconnaître. On se servit, pour afficher les ordonnances pastorales, de gens affidés, qui, marchant le soir dans les rues, portaient sur le derrière de leurs épaules des feuilles imprimées toutes enduites de colle, qu'ils appliquaient en se retournant, et comme en passant, aux portes des églises, aux coins des rues et dans les places publiques. Ils continuaient ensuite leur chemin, sans que les passants eussent pu découvrir ce qu'ils faisaient.

IV

On n'ignore pas quelle fut la vie de Retz, depuis que le maréchal de la Meilleraye le transféra de Vincennes à Nantes.

Retz s'ennuie, s'évade nuitamment, moyennant une corde, du haut d'un bastion, veut brûler les quarante relais qui le séparent de Paris, se démet heureusement l'épaule, et se réfugie dans le duché de Retz.

La noblesse de ce fief, jadis aux Chabot, aux Chauvigni et aux Laval, aujourd'hui à la maison de Gondi, l'entoure et le protége. Il passe en Espagne sur une barque de pêcheur, traverse l'Espagne en litière, se rend en Italie sur une galère, et arrive à Piombino, où il prend hautement le titre d'archevêque de Paris.

C'est en vain que le roi défend aux Français à Rome de communiquer avec lui, et aux cardinaux du parti français de faire arrêter leurs carrosses suivant l'usage, le pape fait savoir que ceux qui manqueraient à l'égard du cardinal de Retz aux lois de la bienséance, seraient mis au Château-Saint-Ange. Le cardinal-archevêque avait d'ailleurs en lui-même de quoi se faire respecter.

Vingt gentilshommes le suivaient partout, il avait trois carrosses à six chevaux et un grand nombre d'estafiers, qui, joints aux gentilshommes et à leurs valets, formaient plus de cent personnes.

Tout ce monde, par une affectation de simplicité,

où perçait le caractère du maître, portait des habits gris sans galon, ce qui les faisait nommer *la nuée grise*.

Retz exerça bientôt une influence considérable dans la Ville Eternelle, et l'on ne peut voir sans étonnement un prélat banni, n'ayant de soutien que lui-même contre le gouvernement de son pays, décider l'élection d'un pape et maîtriser un conclave.

Il était entré au conclave avec trois conclavistes, quoique les cardinaux n'en aient que deux à la réserve des malades ou des princes, mais il dit qu'étant de maison ducale française, il avait les mêmes droits que les princes romains.

L'élection des papes se fait par le *scrutin* et l'*accessit*.

Le scrutin est une feuille de papier, ouverte en quelques-unes de ses parties, et cachée en d'autres. Ces mots : « *Ego cardinalis*, etc., » sont invisibles, et ne peuvent être lus qu'en rompant un cachet, puis on voit clairement ceux-ci : *Eligo in summum pontificem Dominum N...*; enfin, on met également sous la sauvegarde d'un cachet une sentence de l'Ecriture.

Si, ce qui arrive généralement, aucun cardinal n'a réuni le nombre de voix suffisant, qui est des deux tiers plus une, on passe à l'*accessit*. On répète la même sentence de l'Ecriture que contient le scrutin, et au dessus, d'une manière visible : « *Accedo Domino, N...,* au lieu de *Eligo*, ou bien : *Accedo nemini*, » si l'on s'en tient à son premier vote.

Ce fut pendant les formalités de l'accessit, qui, pour un

aussi grand sujet, et dans une matière si sainte, durent souvent plusieurs semaines, que le génie de Retz put trouver à s'exercer, et parvint à faire prévaloir les intérêts du parti français.

Il eut, en outre, l'occasion de déployer en faveur de sa patrie cette fierté qui jusqu'alors n'avait servi qu'à sa perte. Car l'ambassadeur d'Espagne ayant donné à son maître la qualité de « fils aîné de l'Eglise » sans que personne s'y opposât, Gondi se leva, et déclara « que cette qualité étant réservée à Sa Majesté Très-Chrétienne, il était trop bon français, et trop serviteur du roi, pour souffrir qu'on entreprît de la donner à un autre, que si les cardinaux attachés à ses intérêts, manquaient à leur devoir, il ne voulait pas manquer au sien, que la rigueur avec laquelle on le traitait, n'étoufferait jamais en son cœur les sentiments qu'il avait toujours eus pour l'honneur et l'intérêt de son prince, et qu'il suppliait le Sacré-Collége de lui donner acte de son opposition. »

Cette déclaration de principes, ne l'empêchait pas de nommer et de révoquer les dignitaires de l'archevêché de Paris, pour prouver son droit, et déplaire à Mazarin. Bientôt inutile à Rome, il se rend en Allemagne et de là en Angleterre, où il s'occupe du rétablissement des Stuarts, et négocie le mariage du roi d'Angleterre avec Melle d'Orléans.

Mais ce théâtre ne lui convenait pas, et tandis qu'il promenait à travers les cours d'Europe, son désœuvrement affairé, il avait la nostalgie de Paris et ne pouvait s'empêcher de regretter la chaire de Notre-Dame, où toutefois il ne remontera plus. Louis XIV avait dit bien haut après la mort de Mazarin, que, tant qu'il vivrait, le cardinal de Retz ne rentrerait pas en son archevêché de Paris.

Il n'était plus question des impatiences, ni des aigres-douces observations d'Anne d'Autriche, des disputes de M. le Prince, des insolences narquoises et des colères simulées de Mazarin, il y avait près de quinze ans, que Gondi avait quitté la France; les grands hommes de Plutarque, Brutus et Scœvola, les projets de réforme et les cordons de chapeau, tout l'attirail du parfait conspirateur, tout s'évanouit devant la volonté courroucée de Louis XIV.

Retz se démit de son archevêché, eut en bénéfices 120,000 livres de rente avec l'abbaye de Saint-Denis, ainsi que la souveraineté de Commercy qui lui venait de sa mère, et où il fut laissé libre de vivre. Comme ces arbres longtemps battus par les vents, il resta courbé sur l'abîme, il abjura sa jeunesse sans la regretter.

Plusieurs missions lui furent confiées, et souvent encore il fut chargé des affaires de France à Rome. Nous le voyons écrire au secrétaire d'Etat, M. de Pomponne :

« C'est la faute du roi, si nous n'avons pas voyagé avec plus de diligence, car sa réputation est si grande, qu'il est impossible à ceux qui ont le moins du monde son caractère, de se défendre des honnêtetés que les princes leur font à l'envi, pour témoigner à Sa Majesté le respect qu'ils ont pour elle. »

A Commercy, Retz s'occupa de payer ses quatre millions de dettes. Il y écrivit ses *Mémoires*, et le trop plein de cette activité qui le dévorait, se porta jusque sur les problèmes astronomiques, dans lesquels il ne tint pas à lui qu'il ne jetât le trouble :

« Les astronomes, se dit-il, voient que le soleil, les étoiles et la terre changent de situation à l'égard l'un de l'autre et ils en concluent, les uns, que le soleil traverse la matière environnante; les autres, que c'est la terre qui la fend. Sur le tout, de quoi s'agit-il pour faire tant de bruit? quand on voit un bâton qui a été coupé avec une scie, serait-il aisé de décider par l'aspect seul des deux morceaux du bâton, si c'est la scie qui a passé sur le bâton, ou si c'est le bâton qui a passé sur la scie. »

A Saint-Denis, il recevait la visite de Bossuet ou de Condé ; Mme de Sévigné s'était constituée la surintendante de ses menus plaisirs; Corneille lui lisait *Polyeucte*, Molière, les *Femmes savantes*, Boileau, son *Lutrin* et sa *Poétique*. Cet homme, qui avait pratiqué les plus grands hommes de l'Europe et traité les plus grandes affaires; qui, depuis vingt-cinq ans, avait pris part à tous les événements, marié des rois, fait des papes, soulevé des villes, dont la vie était le roman le plus curieux qui se pût écrire, qui l'écrivit en se jouant et fit un chef-d'œuvre, cet homme-là n'était point un petit personnage.

M. de Talleyrand dans un discours au roi, disait :
— Sire, je suis vieux !

Et le roi lui répondait :
— Non, M. de Talleyrand, l'ambition ne vieillit pas.

Si l'ambition ne vieillit pas, elle se transforme; Retz qui avait voulu éblouir ses concitoyens par son prestige, les dominer par son habileté, se contente désormais de les charmer par son savoir et par son esprit. Ce n'est plus cet abbé de Retz à qui l'on pouvait dire : Démontrez à vos ennemis que vous pouvez quelquefois avoir le sens commun, cela les fâchera sans vous faire tort; ce n'est plus ce coadjuteur toujours prêt à fendre la lune en petits morceaux, et rêvant des drames et des situations qui tuent cinq tyrans à la minute, ce n'est plus ce cardinal de Retz qui a si souvent changé la direction de sa gratitude, mais un prince de l'Eglise, calme comme le veut sa dignité, étincelant comme il convient à son esprit, et auquel on entend dire volontiers qu'il y a souvent de la folie à conjurer, mais qu'il n'y a rien de pareil pour faire les gens sages par la suite.

Paul de Gondi, cardinal de Retz, mourut chez sa nièce de Lesdiguières, le 24 août 1679, doucement et dans son lit comme la plupart des hommes de la Fronde, comme presque tous les conspirateurs.

D'autres en ont fait plus que lui, qui sont morts ministres.

V

Quand les *Mémoires* de Retz parurent en 1717, leur succès fut prodigieux ; on les rencontra partout ; ce fut comme une explosion et le régent en conféra avec d'Argenson, le lieutenant de police. « Oh ! le terrible homme, s'écria Brossette, son livre me rend ligueur, frondeur et séditieux par contagion. »

L'œuvre est de premier jet comme l'homme, et il s'est peint avec un air de grandeur, une impétuosité de génie et une inégalité qui sont l'image de sa conduite. Cet homme d'action, capable de plus de choses qu'il n'en a faites, découvre comme d'instinct la mesure des hommes et l'importance des faits. Il n'est pas clandestin, « il ne rage pas à huis clos comme Saint-Simon, qui sait fort bien que ses gros mots ne lui attireront pas de désagrément. » N'était la trop grande importance qu'il accorde à la Fronde et à son rôle, les jugements de Retz sont empreints de largeur, et d'une sévère impartialité ; ils ont été, sauf en ce qui concerne Mazarin, ratifiés par l'histoire. Ces récits d'ailleurs étaient presque de l'histoire, on le vit bien par l'accueil que leur fit une génération assez éloignée des temps qu'ils ont décrits, pour être étrangère aux passions qu'ils ont remuées.

Et non-seulement personne n'a mieux peint que lui les personnages de son temps, mais il a puisé dans ce temps même, cette libre allure, cette hardiesse dans le langage, ces rudes et primitives qualités, auxquelles vingt ans plus tard seront ajoutées la suprême distinction et l'élégante régularité, que Louis XIV mettra en honneur. Les *Mémoires* du cardinal de Retz lui ont survécu et plaident sa cause devant la postérité. Catilina passe, Salluste reste, dit A. Houssaye ; ce qui a survécu à l'empire romain, ce n'est pas Tibère qui règne, ni Thraséas qui complote, c'est Tacite qui surprend l'âme de l'empereur et du conspirateur, pour donner à leur secrète pensée l'éternité de sa parole souveraine.

Les observations abondent dans les *Mémoires,* Retz soigne particulièrement la théorie, et bon nombre de ses maximes ne seraient pas désavouées par la politique moderne... « Les peuples, dit-il, sont las devant que de s'apercevoir qu'ils le sont. » Et ailleurs : « Il n'y a rien où il faille plus de précautions, qu'en ce qui regarde les peuples, parce qu'il n'y a rien de plus déréglé ; il n'y a rien où il les faille plus cacher, parce qu'il n'y a rien de plus défiant. » Ou bien : « On a plus de peine dans les partis à vivre avec ceux qui en sont, qu'à agir contre ceux qui y sont opposés. »

« Le peuple, remarque-t-il encore, leva le voile qui doit toujours couvrir tout ce que l'on peut dire, tout ce que l'on peut croire du droit des peuples et de celui des rois, qui ne s'accordent jamais si bien ensemble que dans le silence. » Il a véritablement l'intuition du droit et des chartes contemporaines quand il dit :

« Les rois qui ont été sages et qui ont connu leurs véritables intérêts, ont rendu les parlements dépositaires de leurs ordonnances, particulièrement pour se décharger d'une partie de l'envie et de la haine que l'exécution des plus saintes et même des plus nécessaires produit quelquefois. Ils n'ont pas cru s'abaisser en s'y liant eux-mêmes : semblables à Dieu qui obéit toujours à ce qu'il commande une fois. Les ministres qui sont presque toujours assez aveuglés par leur fortune, pour ne se pas contenter de ce que ces ordonnances permettent, ne s'appliquent qu'à les renverser; et le cardinal de Richelieu plus qu'aucun autre y a travaillé avec autant d'imprudence que d'application. Il n'y a que Dieu qui puisse subsister par lui seul. Les monarchies les plus établies et les monarques les plus autorisés, ne se soutiennent que par l'assemblage des armes et des lois ; et cet assemblage est si nécessaire, que les unes ne se peuvent maintenir sans les autres. Les lois désarmées tombent dans le mépris; les armes qui ne sont pas modérées par les lois tombent bientôt dans l'anarchie. La république romaine avoit été anéantie par Jules-César ; la puissance dévolue par la force de ses armes à ses successeurs, subsista autant de temps qu'ils purent eux-mêmes conserver l'autorité des lois. Aussitôt qu'elles perdirent leur force, celle des Empereurs s'évanouit ; et elle s'évanouit par le moyen de ceux mêmes qui, s'étant rendus maîtres et de leur sceau et de leurs armes, par la faveur qu'ils avoient auprès d'eux, convertirent en leur propre substance celles de leurs maîtres, qu'ils sucèrent, pour ainsi parler, à l'abri de ces lois anéanties. L'empire romain mis à l'encan, et celui des Ottomans exposé tous les jours au cordeau, nous marquent par des caractères bien sanglants l'aveuglement de ceux qui ne font consister l'autorité que dans la force. »

Si l'œuvre est remarquable, l'homme ne l'est pas moins, et pourtant plus à plaindre qu'à admirer. Il était de ceux qui ont des vanités sans proportion avec leur mérite, et qui sont plus affamés de jouissance que de travail. On a plus d'un exemple des excès où peuvent se porter ces sortes d'intelligences, ambitieuses, avides et impuissantes. Où qu'on les place, quoi qu'on les fasse, à quelque fortune qu'on les lace, parce qu'ils voudront toujours s'élever trop au-dessus de leur position, ils paraîtront toujours au-dessous.

Chez le cardinal de Retz tout est génie ; seuls le soin et l'étude ont manqué ; il voulut sans cesse tenir le pavé, suscita les plus grands désordres sans avoir aucun dessein formé de s'en prévaloir, fut au résumé un homme de grands talents, qui lui servirent peu, mais ne fut pas un grand homme. Doué des plus étonnantes facultés, de la mémoire la plus vaste, de l'éloquence la plus entraînante, brave autant que Condé, habile comme Mazarin, fier comme Richelieu, il eut peu de jugement, et de sens, point du tout.

Dans une république, on parvient aux affaires par la volonté du peuple et des grands; dans une monarchie parlementaire, où le peuple et le roi sont censés gouverner de concert, on y parvient par la volonté du roi contre celle du peuple, et plus souvent par la volonté du peuple contre celle du roi. Mais dans un état comme était celui de France au dix-septième siècle, il fallait parvenir par le souverain ou le renverser; on ne pouvait songer à s'imposer à lui par la force. Retz oublia qu'il n'est rien de plus dangereux pour un sujet, que de se rendre redoutable à son roi, et prétendit devenir premier ministre malgré le conseil et malgré la régente; c'était folie.

La grande force des ministres absolus, tels que Richelieu ou Mazarin, était précisément leur dévouement, dont on avait lieu de se tenir pour assuré, et d'où provenait la confiance que les souverains mettaient en eux. Quant à Gondi, il ne songeait point à faire une révolution, mais il espérait devenir le ministre nécessaire, en mettant toutes choses si bas, qu'on eût été heureux de l'accepter comme un sauveur.

Par le fait, il n'y avait pour l'abbé de Retz, désigné archevêque de Paris, de chemin à l'élévation que celui du ministère, et de chemin au ministère que l'attachement à la cour. Mais il eût fallu pour cela montrer un dévouement entier aux intérêts de la régente, à ceux de son autorité et de celle qu'elle devait conserver au roi. Ce fut le grand art de Mazarin et ce sera toujours la marche la plus sûre auprès des souverains dont le pouvoir, affermi par sa nature, n'est combattu que par les circonstances. Tel était le plan d'ambition que pouvait suivre le coadjuteur ; il n'était pas infaillible, l'ambition n'a rien qui le soit, mais il était probable et surtout c'était le seul possible dans l'exécution. Le cardinal aurait dû voir que le résultat vraisemblable de la guerre civile qu'il allumait, était un accommodement, soit que Mazarin fût chassé, soit qu'il ne le fût pas, et présumer que la régente, dès qu'elle serait maîtresse, ou le roi dès qu'il serait majeur, ne pardonnerait pas à un archevêque de Paris d'avoir été le boute-feu de la sédition et d'avoir soulevé la capitale.

De ces menées, il ne tira d'autre fruit que des querelles avec Mazarin et le plaisir de braver impunément un ministre, qui savait dissimuler les injures, mais qui ne les oubliait pas ; il le vit bien quand il lui fallut donner la démission de sa place, et qu'il ne put même demeurer archevêque. Il dut n'être rien, pour avoir voulu être tout, et paraître devant Louis XIV, qui le traita comme un homme qui n'avait été rien de ce qu'il devait être.

Retz *honore le titre de chef de parti*, dit la Harpe, et il a tort. On peut admirer un chef de parti comme on admire tout ce qui est au-dessus du médiocre, on ne peut honorer que ce qui est juste. Cet homme, qui dans ses écrits a tant raisonné sur les principes de l'ambition, manqua entièrement au premier de tous, qui est d'avoir un objet; il se persuada être glorieux, pour un archevêque, de se faire chef de sédition, pour un homme d'Etat, de troubler tout le royaume uniquement afin de renvoyer un ministre.

En dernier résultat, il fut cause de quatre années de guerre civile, parce qu'il avait du goût pour la faction, et le reste de sa vie fut employé à l'expiation d'un pouvoir employé à faire du mal. Il n'y a là rien de grand ni dans les principes, ni dans les effets; il n'y a de louable que le repentir.

CHAPITRE IV

PIERRE DE MARCA

Un magistrat archevêque. — Un archevêque homme d'Etat. — Son épitaphe.

1662-1662.

Marca fut un homme d'Eglise doublé d'un homme d'Etat; archevêque et ministre, il n'a laissé que la réputation d'un grand écrivain. Comme président du parlement de Pau, il disputa avec les protestants; comme archevêque de Toulouse, il les prêcha. C'était un ancien élève des jésuites, et très-savant homme. Il a combattu les cinq propositions de Jansénius, il a délimité les frontières d'Espagne et de France, il a disserté sur la primatie de l'archevêque de Lyon. Traités théologiques, juridiques, historiques, il a ceci de remarquable que la plupart de ses ouvrages ont été écrits, soit par ordre souverain, comme sa *Concorde du Sacerdoce et de l'Empire,* soit par un hasard indépendant de sa volonté, comme son *Histoire de Béarn,* soit pour répondre à de violentes attaques, comme ses *Opuscules religieux*.

On ne croyait pas au XVIIe siècle, qu'il y a des hommes faits pour écrire comme des rossignols pour chanter. Les livres étaient le résultat et non la cause, le délassement et non l'occupation.

En ce qui concerne Marca, cet homme, qui avait débuté par le barreau, qui était conseiller d'Etat et président de parlement, entré dans les Ordres après la mort de sa femme, vécut dès lors d'une vie triple et simultanée, dans la politique, la religion, la littérature. En quelques années il grandit rapidement, et avança d'un pas égal dans ces trois voies séparées qu'il sut réunir. De la brochure il passe à l'in-folio, de l'évêché de Conserans à l'archevêché de Toulouse, du conseil d'Etat au ministère.

Il tenait comme *ministre d'Etat* une place intermédiaire entre les simples ministres et les secrétaires d'Etat.

Les *ministres ordinaires* étaient ceux à qui le roi confiait une branche quelconque de l'administration de son royaume, sans leur donner entrée au conseil d'Etat des affaires étrangères ; tels étaient les contrôleurs généraux des finances.

Les *ministres d'Etat* avaient entrée au conseil d'Etat ; en leur présence, le secrétaire d'Etat qui avait le département des affaires étrangères rendait compte au roi de celles qui se présentaient. Tous les ministres d'Etat étaient ministres du roi, mais les simples ministres du roi n'étaient ministres d'Etat que lorsqu'on les appelait au conseil.

Les *secrétaires d'Etat*, des commandements et finances de Sa Majesté, occupaient le plus haut rang dans le conseil ; le roi les appelait ses *amés et féaux*. Leurs offices donnaient la noblesse transmissible au premier degré et la qualité de chevalier à ceux qui n'avaient pas cette prérogative.

Marca fut nommé par Louis XIV à l'archevêché de Paris, mais il eut à peine le temps d'en prendre possession et mourut dans la même année.

« Il unit, dit son panégyriste, les droits du Souverain-Pontife avec les priviléges de l'Eglise de France, et sans blesser le respect dû au premier siége du monde, ni manquer au zèle qu'inspire un sage patriotisme, il décida où finit l'autorité de l'un et jusque où doit aller l'obéissance de l'autre. »

C'est là justement le côté faible de M. de Marca, et sur lequel nous n'avons pas voulu insister. En effet, l'archevêque avait émis les opinions les plus dangereuses et, voulant complaire au roi, avait soutenu sur l'autorité du pape des doctrines contraires à celles de l'Eglise. Il est vrai d'ajouter, qu'il fut empressé à revenir de ses erreurs et le premier à les abjurer.

Son nom donna lieu à cette épitaphe badine :

> Ci-git l'illustre de Marca,
> Que le plus grand des rois marqua
> Pour le prélat de son Eglise ;
> Mais la mort qui le remarqua,
> Et qui se plaît à la surprise,
> Tout aussitôt le démarqua.

La fermeté de ses derniers moments, la manière simple et tranquille dont il se retira de la vie, est une utile leçon pour tous ceux qui achètent par mille travaux le droit de revivre dans la postérité. Apprendre à mourir, le sage ne connaît que cette science. Toutes les autres passeront avec nous, celle-là survit seule à notre cendre.

CHAPITRE V

HARDOUIN DE PÉRÉFIXE DE BEAUMONT

Le précepteur de Louis XIV. — Un portrait du temps. — Hardouin à Port-Royal. — La vie de Henri IV.

1662-1671

I

> Sage autant que savant, il cultiva l'enfance
> Du monarque absolu, qui régna sur la France ;
> Il vivait à la cour, sans en respirer l'air,
> Et dans l'Eglise, tel qu'un bon pilote en mer.

Ces vers où la rime n'est pas riche, et dont la poésie n'est pas beaucoup plus riche que la rime, accompagnaient une estampe qui se débitait assez couramment chez les libraires de 1662; ils ne s'appliquent point trop mal à Péréfixe.

C'était un homme plein de cœur, mais d'un extérieur sec comme la pierre ponce. Il rappelait assez les figures gravées sur les tombeaux rectangulaires du moyen âge, où l'on représentait les « *sages et discrètes personnes* » qui avaient gouverné l'Eglise de Paris ; au XVIᵉ siècle on l'eût nommé un *homme de bien,* au XVIIᵉ, vrai type d'*honnête homme,* mais nullement courtisan, quoique parfait homme de cour.

Son père était maître d'hôtel du cardinal de Richelieu ; lui-même parut au Louvre comme maître de la chambre du premier ministre. Parfaitement reçu partout, sans avoir pourtant nulle part ses coudées entièrement franches, le service d'un maître ombrageux comme le cardinal, le rendit doublement circonspect ; il prit un masque de simplicité timide, pour recouvrir son âme qui était d'une fermeté à toute épreuve.

Au reste, c'était un de ces hommes de devoir qui ne sont susceptibles ni de qualités trop éminentes, ni de défauts trop éclatants.

Ce caractère lui servit merveilleusement dans l'éducation de Louis XIV, que Mazarin lui confia, quand le roi n'avait que six ans. Il joignit parfaitement la sévérité et la douceur, l'autorité et le respect, la complaisance et la fermeté, le commandement et l'obéissance qui conviennent au maître d'un homme qui doit être un jour le maître de tous.

« M. Hardouin de Péréfixe, dit le cardinal de Bausset, avait été précepteur de Louis XIV, et il ne manquait pas des qualités propres à donner à ce prince, une éducation convenable à son rang, et même une instruction très-supérieure à celle que l'on donne ordinairement aux princes. Mais il était plus difficile d'assujettir à l'étude et à l'application, un élève déjà roi depuis l'âge de cinq ans, qu'un jeune prince qui n'est encore que le premier sujet de son père. »

Les premières années de Louis XIV furent si orageuses, et sa cour si errante au milieu des camps et des armées, que ses instituteurs ne pouvaient guère donner à son éducation toute la suite qu'on aurait pu attendre.

Si la noblesse des manières, une application à tous les devoirs de la royauté, la mesure et la dignité dans le langage, si un goût pur et éclairé dans tout ce qui appartient à l'esprit, à l'imagination, si un respect invariable de l'honneur, un jugement sûr, calme et réfléchi, sont les indices d'une bonne éducation, certes, peu de rois ont été mieux élevés que ce prince.

« M. de Péréfixe a montré qu'il était digne d'élever un roi, en écrivant pour son élève, cette vie d'Henri IV que tout le monde a lue. »

Sans doute, cette vie d'Henri IV ne pouvait inspirer à Louis XIV le désir de le prendre pour modèle ; jamais deux princes ne se ressemblèrent moins, et si leur manière de gouverner se ressembla aussi peu que leur caractère, ce fut un bonheur pour la France.

Un prince qui avait un trône à conquérir, au milieu de toutes les guerres civiles et religieuses, avait besoin de la valeur brillante et hasardeuse d'Henri IV, de ses formes chevaleresques, de cette franchise aimable dans les discours et les manières, qu'il fit servir souvent à voiler avec beaucoup d'art et de bonheur une politique très-habile et très-profonde. Mais la dignité imposante de Louis XIV, et tous les prestiges dont il sut environner la majesté royale, convenaient à un monarque assez heureux pour n'avoir qu'à ramener à l'ordre et à l'habitude de l'obéissance, quelques esprits déréglés, aussi étrangers à cette perversité du cœur qui donne l'audace du crime, qu'à cette hardiesse de conceptions qui enfante les grandes révolutions.

Louis XIV était fort inappliqué, et son précepteur s'en plaignait vainement au cardinal Mazarin qui se félicitait de cette paresse :

« — Bon, lui répondait ce ministre, il n'en saura que trop ; quand il vient au Conseil, il me fait cent questions sur la chose dont il s'agit. »

Ceux qui reprochent à Péréfixe de n'avoir pas donné assez d'instruction à son élève, oublient trop que Louis XIV entrait en bottes au Parlement pour dire : *L'État c'est moi*, à l'âge où les enfants ordinaires entrent en rhétorique....

Pour le physique, le futur archevêque avait celui du temps de Louis XIII, où tous les hommes ressemblaient au cardinal de Richelieu.

Toupet naturel sur la tête, et les cheveux tombant sur les épaules à la mode du temps, avec la royale ; l'air calme et fin, la figure en pointe, une figure qui ne dit pas tout ce qu'elle pense, avec un je ne sais quoi de railleur qui circule sous la peau.

Hardouin de Péréfixe fut nommé à Paris par Louis XIV qui l'aimait et le voulait près de lui; il ne songea pas plus à refuser le poste, qu'il n'aurait pensé à le solliciter, il tâcha seulement à le bien remplir; tout l'homme est là.

La difficulté capitale pour l'archevêque de Paris était en ce temps Port-Royal, l'abbaye célèbre, liée à tous les souvenirs du grand siècle, où s'est réchauffé vingt ans ce jansénisme qui pendant un siècle désolera l'Eglise, où de si braves gens et si savants ont fait si mauvaise besogne. Sur la doctrine de la grâce et les propositions de Jansénius, l'archevêque publia un mandement, par lequel il ordonnait à tous, de souscrire purement et simplement le *Formulaire* de foi d'Alexandre VII; toutefois, dans ce même mandement, il déclarait qu'à l'égard du fait, non-seulement il n'exigeait pas une foi divine, mais qu'à moins d'être ignorant et malicieux, on ne pouvait dire que ni les Constitutions du pape, ni le Formulaire des évêques l'eussent jamais exigée, demandant seulement une foi humaine et ecclésiastique, qui obligeait à soumettre son jugement à celui de ses supérieurs.

M. de Montalembert, après deux mois de séjour en Angleterre, se vantait de connaître à fond le génie de ce peuple, ses mœurs, son esprit, son avenir, et au bout de cinq ans, avouait en posséder à peine les premières notions.

Ainsi de l'affaire de Port-Royal; elle paraît au premier abord d'une simplicité à défier l'analyse, et pourtant les hommes les plus remarquables ont mis près d'un demi-siècle à la résoudre, et ont été réduits, faute d'autres solutions, à fermer le monastère. Péréfixe avait assisté à la première oraison funèbre de Bossuet et devinant tout d'abord en lui un vrai diplomate dans un grand orateur, il lui avait, le premier, ouvert la carrière. Dans ses démêlés avec les religieuses de Port-Royal, pour la signature du Formulaire prescrit par les évêques de France, l'archevêque, fatigué de ne pouvoir vaincre l'opiniâtreté de ces religieuses, imagina d'employer l'intervention de Bossuet pour les ramener à leur devoir.

Un historien, ingénieux comme la plupart des historiens, a modulé sur le sort des filles de Port-Royal, des plaintes que Schubert de son vivant eût certainement mises en musique; et pourtant jamais rebelles ne furent traités avec plus de modération, et jamais supérieur ne fut aussi modéré que Péréfixe de Beaumont.

Les religieuses ont elles-mêmes publié le récit des visites pastorales que leur fit l'archevêque, et de ses conversations avec quelques sœurs. La politesse de l'homme de cour et la douceur de l'ecclésiastique s'y peignent tout entières : Qu'on en juge.

« Mgr l'archevêque fit publier son mandement sur

la signature du Formulaire. Il l'envoya signifier le jour même à notre mère abbesse par son secrétaire, qui lui donna en même temps avis de sa part, qu'il viendrait le lendemain commencer sa visite.

» Le lendemain, en arrivant à l'église, il fit l'ouverture de la visite, qu'il commença par la messe du Saint-Esprit, et ensuite visita le Saint-Sacrement et l'autel, selon la coutume. Puis, ayant fait retirer tout le monde, il vint à la grille du chœur, où il nous déclara en peu de paroles, le sujet de cette visite qu'il commençait, et nous dit : que le désir que Dieu lui avait donné, par sa sainte grâce, de contribuer de tout son pouvoir au salut des fidèles de son diocèse, le portait à entreprendre une visite dans cette maison, dont il nous témoigna avoir beaucoup d'estime, et ne vouloir pas croire qu'il fût vrai qu'on y manquât d'obéissance pour le Saint-Siége, comme on nous en soupçonnait ; n'y ayant point d'apparence que des personnes qui avaient tant de vertus, manquassent de celle qui est le fondement de toutes les autres....

» Après ce discours, Mgr l'archevêque commença le *scrutin*, qui est une sorte de confession, et où il donna tout le jour et les jours suivants.

» Ma sœur Marguerite-Gertrude a fait une petite relation de l'entretien qu'elle eut avec lui, dont voici la copie :

» En entrant au parloir, je demandai la bénédiction à Monseigneur; je ne sais s'il me la donna, mais il me dit : Levez-vous, ma sœur, prenez un siége. Je lui en fis quelque excuse, mais il me pressa d'en prendre un, puis il me dit :

„ — Ma sœur, avez-vous bien compris ce que je vous ai dit dans l'ouverture de notre visite? Je crois qu'après cela il ne vous doit rester aucun doute.... Dites-moi, ma sœur, votre sentiment.

„ — Monseigneur, j'ai fort bien compris ce qu'il vous a plu prendre la peine de nous dire, et j'ai bien retenu toutes les raisons que vous nous dites, mais cela ne fait pas que je puisse signer le Formulaire.

„ — Eh! pourquoi, ma sœur, ne le pouvez-vous pas signer? Quelle raison en avez-vous? il ne faut pas dire, par entêtement, je ne puis faire une chose, si on n'en a des raisons. Ah! dites-les moi!

„ — Cela ne serait pas juste, Monseigneur, de ne pas faire ce que vous souhaitez de nous sans aucune raison, et si ma conscience me le pouvait permettre.... (Mgr l'archevêque ne me donna pas le loisir d'achever : *Taisez-vous, me dit-il, écoutez-moi*, ce qu'il me répéta plus de dix fois dans le discours, me recommençant presque tout ce qu'il nous avait dit à l'ouverture de la visite).

„ — Ma conscience, ajouta-t-il, ma conscience, et qu'est-ce que votre conscience?... *Est-ce que votre conscience vous permet de ne pas obéir à votre archevêque?*

„ — Monseigneur....

„ — Taisez-vous, écoutez-moi : ne savez-vous pas bien que j'ai droit de vous commander et que vous êtes obligée de m'obéir?

„ — Oui, Monseigneur, et je souhaiterais de tout mon cœur qu'il vous eût plu de faire épreuve de notre obéissance, en toute autre chose; vous verriez combien promptement vous seriez obéi, et Dieu nous est témoin, combien il y a de temps que nous prions Dieu pour vous, la dévotion de la maison étant très-grande à prier Dieu pour l'Eglise et pour tous ses ministres....

„ — Je ne doute pas de votre piété, mais croyez-moi, elle n'est pas bonne, si elle n'est accompagnée de l'obéissance. Ma très-chère sœur, au nom de Dieu, pensez à vous et voyez combien vous mettez votre salut en danger, par un pur entêtement, et par attache à votre propre sens, de ne pas faire ce que je souhaite de vous. Vous voyez l'exemple de M. d'Ypres, dont vous honorez la mémoire. Après un si grand exemple, que pouvez-vous faire, sinon d'obéir à votre archevêque?

„ — Oui, pourvu que Dieu et ma conscience me le permettent....

„ — Et pourquoi votre conscience ne vous le permettrait-elle pas? Je vous le commande et je vous donne ma parole que vous ne faites aucune faute, et je vous en réponds devant Dieu. Je viens de dire la messe, et je ne vous demande rien que vous ne soyez très-obligée de faire. Ce n'est qu'une soumission que je vous demande, selon mon ordonnance. Voulez-vous une chose plus juste? le pape vous le demande, l'Eglise vous le demande, votre archevêque vous le demande, que me répondez-vous? »

Les interrogatoires duraient des heures entières, l'archevêque priait, commandait et se fâchait en pure perte. Les religieuses cherchaient des détours, se retranchaient sans cesse, tantôt derrière leur conscience, tantôt sur la charité, et Hardouin n'en put rien obtenir. Avant de quitter Port-Royal, le prélat les assembla, et leur dit :

« Mes très-chères Sœurs,

» Je finis cette visite avec autant de douleur que j'ai eu de joie en la commençant, dans l'espérance que j'avais conçue que vous m'accorderiez ce que je vous avais demandé, mais je n'ai pas été assez heureux pour l'obtenir, quoique j'y aie fait tout mon possible. J'aurais pu agir avec vous d'une autre manière que je n'ai fait, vous bien tourmenter, si j'avais voulu; mais je vous ai témoigné toute l'affection qu'il m'a été possible, espérant de vous gagner et que vous rendriez enfin à l'Eglise et à votre archevêque la soumission que vous lui devez, mais j'ai été frustré de mon espérance. J'ai trouvé des personnes préoccupées, prévenues, entêtées, attachées à leur propre sens, incapables d'écouter les avis qu'on leur donne, et de recevoir de nouvelles lumières. J'ai remarqué depuis le commencement jusqu'à la fin, un esprit de cabale et de ligue, d'opiniâtreté et d'aheurtement....

» .... Vous préférez les sentiments particuliers d'une petite poignée de gens à ceux du pape et de votre archevêque. Ces personnes vous ont prévenues et vous ont engagées à soutenir leur parti. Je ne veux pas juger de leurs intentions, mais peut-être aimeraient-ils mieux vous voir périr, que de vous voir rendre à ce que l'on désire de vous. Ils sont bien aises d'avoir pour eux une communauté comme celle-ci. C'est un grand corps, ce sont des filles fort vertueuses, cela a de l'éclat, ainsi ils font tout ce qu'ils peuvent pour vous retenir dans leurs opinions. Vous ne me persuaderez pas que vous n'avez pas lu leurs écrits, au moins quelques-unes, car je vois que les réponses que plusieurs d'entre vous m'ont faites, sont les mêmes choses qui sont dans leurs feuilles volantes et dans leurs paperasses. »

Ce que leur disait le pasteur, dans son langage d'une sainteté et d'une simplicité évangélique, les religieuses auraient dû se le dire, mais les insubordonnés devraient se dire ainsi une foule de choses qu'ils ne se disent jamais.

Il y a dans chaque siècle, même dans les plus éclairés, ce qu'on peut à juste titre appeler l'esprit du temps, sorte d'atmosphère qui passera, mais qui pendant sa durée, trompe tout le monde sur l'importance et sur la vérité même de la plupart des opinions dominantes. On le verra pour l'Eglise gallicane, on le voit sous Péréfixe pour la signature du Formulaire, et si l'on songe que l'opinion de ces religieuses a été partagée par des contemporains de première valeur, et qu'elles ont trouvé tant d'apologistes et de soutiens, on reste abîmé devant le spectacle des aberrations humaines.

A son grand regret, l'archevêque de Paris se vit forcé de sévir contre Port-Royal, et de prononcer des censures qui ne furent levées qu'en 1669.

Il y gagna d'être traité par l'Ecole d'Arnaud, d'homme de peu de sens, d'une petitesse d'esprit et d'une obstination invincible, ce qui prouve qu'on trouvera toujours les injures au fond de toutes les discussions.

II

Par un échange entre le roi et le prélat, Péréfixe céda à Louis XIV quelques droits de son évêché connus sous le nom de *Tierce semaine* : c'étaient les « coutumes du treillis, du *hallage* de toile, canevas, des lins et chanvre, du pied-fourché et du pied-rond, du *tonlieu*, des laines, quincailleries, chantelage des vins, des bleds et avoines, des huiles et graisses, péage du Petit-Pont, Charenton et autres sans en rien excepter que les droits sur les poissons frais, secs et salés pour être à l'avenir jointes et unies au domaine du roi qui promettait en retour à l'archevêque 8,000 livres de rente. »

C'était le dernier vestige du droit féodal; ce puissant évêque-vicomte n'était plus, cet opulent et fier seigneur, prélat du moyen âge, qui traitait d'égal à égal avec le roi, abdique ainsi les derniers droits de sa tierce souveraineté ancienne.

Gardien vigilant et administrateur de son église, Hardouin renouvela les ordonnances disciplinaires de ses prédécesseurs et en publia d'autres, dans lesquelles il décida d'une manière formelle « que les ecclésiastiques, tenus par droit ou coutume légitimement prescrite, à la résidence personnelle dans des bénéfices situés hors de Paris et de ses faubourgs, ne sont point censés résider, si leur domicile ordinaire est à Paris, et s'ils ne se rendent au siége de leur église que les dimanches et jours de fêtes. »

Sa rectitude de vie, Hardouin la porta jusque dans la mort :

« Je souhaite, dit-il, dans son testament, être inhumé dans le chœur de l'église de Paris près le lieu où l'ont été mes prédécesseurs, mais avec le moins de cérémonies qu'il se pourra, ayant toujours reconnu que la pompe en ces occasions n'était que vanité. »

M. de Péréfixe de Beaumont était l'un des quarante de l'Académie ; à ce titre, il avait droit à un éloge funèbre, ce fut à l'abbé Cassaignes, — ce pauvre abbé, tant raillé par Boileau — que ce soin incomba.

Le panégyriste, fidèle au goût de l'époque, compara l'archevêque dans son discours à Samuël, à Sénèque, à Saint-Charles Borromée, à tous les anciens et à presque autant de modernes. Ces audaces oratoires, qui seraient aujourd'hui les démences de l'enthousiasme, paraissaient alors fort naturelles et ne tiraient pas à conséquence.

C'est ainsi que Cassaignes pousse la comparaison jusqu'à ses plus extrêmes limites, quand il résume ainsi le caractère de Péréfixe :

« Comme théologien, il avait la connaissance des perfections de Dieu, comme académicien, il était capable d'en donner la connaissance aux autres ; comme théologien, il ressemblait au réservoir qui garde les eaux, comme académicien, il ressemblait au canal qui les distribue ; comme théologien, c'était une nuée qui renfermait en soi la matière des pluies, comme académicien, c'était une nuée qui répandait les pluies favorables pour rendre les âmes fécondes. »

Cet archevêque fut peu apprécié de ses contemporains. Homme naturellement serein, qui entendait finement, et disait souvent avec sel, quoiqu'il parlât peu, il n'avait pas les qualités brillantes. Il attachait plutôt qu'il ne séduisait.

« Dès qu'un homme désire une chose hors de l'ordre, dit l'*Imitation,* il devient immédiatement inquiet en lui-même. Le superbe n'a jamais de repos, l'humble d'esprit habite dans l'abondance de la paix. »

Ce fut le cas de Péréfixe ; homme simple et juste, sans aucune des hautes qualités qui font les Saints, il possédait beaucoup de celles qui conviennent à un bon archevêque. Tacite dit des Germains que, comme les flèches et les armes, ils n'étaient faits que pour le combat; Hardouin est comme les livres, fait pour être feuilleté.

Pourtant il n'a pas été mieux traité comme auteur de la *Vie de Henri IV* que comme précepteur de Louis XIV. A ce dernier, il aurait pu dire ce que dira plus tard au Dauphin, le duc de Montausier son gouverneur, après avoir achevé son éducation : « Sire, si vous êtes honnête homme, vous m'aimerez, si vous ne l'êtes point, vous me haïrez, et je m'en consolerai. »

Mais parce qu'il n'avait pas appris à son royal élève une dizaine de langues plus ou moins vivantes, on lui a reproché de n'en avoir fait qu'un ignorant; parce qu'il n'a pas su dire en écrivant l'histoire d'Henri IV, que Gabrielle d'Estrées était simplement la sœur de ce monarque, il s'est heurté à des poseurs de feuilles de vignes qui l'ont accusé de n'avoir pas jeté un voile assez épais sur les faiblesses de ce prince. Si le mot d'*incompris* avait existé de son vivant, Hardouin l'eût avec vérité appliqué à sa mémoire. Mais peu lui chault l'opinion de la postérité, puisqu'il a pour lui la renommée d'un bon pasteur, la conscience d'un vrai historien.

CHAPITRE VI

FRANÇOIS DE HARLAY DE CHAMPVALLON

Harlay en Sorbonne. — Un sermon à la cour. — Les religieuses de Charonne. — La cour de Rome et le cabinet de Versailles. — Le gallicanisme. — Dépêches du duc d'Estrées. — Mission du cardinal d'Estrées. — Rôle de Harlay. — Correspondance diplomatique. — Un prélat disgracié.

1671-1695.

I

On voyait souvent à la Sorbonne aux environs de 1645, un grand jeune homme blond, vêtu du costume ecclésiastique, mais avec beaucoup de recherche, très-modeste, mais avec beaucoup de désinvolture. Les docteurs en renom l'avaient pour auditeur passionné, la bibliothèque le comptait parmi ses hôtes les plus assidus. Pas une thèse ne se soutenait, sans qu'il y fût, pas un sermon ne se prêchait à Notre-Dame, sans qu'il y assistât. Il faisait lui-même des conférences dans son domicile et travaillait plus de dix heures par jour.

On l'appelait l'abbé de Jumièges ; c'était le fils d'Achille de Harlay, marquis de Bréval et seigneur de Champvallon, et l'on ne se lassait pas d'admirer comment un jeune homme de qualité tel que lui, ne s'épargnait aucune peine et ne se donnait non plus de relâche que ne l'eût fait un petit abbé de province, venu à Paris pour faire fortune.

Personne mieux que lui ne citait l'Ecriture ou les Pères de l'Eglise ; il récitait de mémoire les classiques grecs et romains, et n'était point sans quelque frottement d'archéologie.

On l'aimait au reste pour ses manières de grand seigneur, pour sa bonne mine et pour sa politesse qui était extrême....

Quelques vingt-cinq ans plus tard, la chapelle du palais de Versailles resplendissait de lumières. Les carrosses des ducs se pressaient dans la cour d'honneur. On remarquait dans le château, un va-et-vient plus considérable qu'à l'ordinaire. C'est qu'il y avait ce jour-là deux grandes attractions à la cour. On entendrait le matin à la messe du roi M. de Harlay, l'archevêque de Rouen, récemment promu à l'archevêché de Paris, et l'on aurait dans la journée une représentation du *Ballet des Innocents,* le seul qui se puisse danser en Carême, comme un chacun sait.

Les tribunes sont déjà pleines à la chapelle, et l'on

y voit la plupart des parents de M. de Paris, lesquels ont tenu à assister, sinon à son début à la cour, au moins à sa première instruction, depuis qu'il est entré en charge. Les Dreux-Brezé, les Croy, les Poitiers-Valentinois, les Bouillon-La Marck et bien d'autres alliés des Harlay, sont là depuis quelques minutes. Par les portes entr'ouvertes, on entend le murmure confus des courtisans, et les aubades de la musique Royale qui se donnent chaque jour, selon l'usage, sous les fenêtres de Sa Majesté, à l'heure de son réveil.

Mais la musique cesse dans le jardin, les mousquetaires en soubreveste et les chevau-légers se rangent silencieusement dans la petite salle des gardes, un bruit de pas se fait entendre des grands appartements sur le parterre de la Roseraye, les soixante musiciens de la chambre entonnent le nouveau chant de Lulli pour le roi....

Louis XIV entra en même temps, sans être annoncé autrement que par l'ouverture des deux battants de toutes les portes, et par l'entrée d'un gentilhomme ordinaire qui précédait Sa Majesté d'une ou deux minutes, et qui vint faire une inclination profonde dans la tribune, en se tournant vers l'autel, comme on fait pour annoncer aux personnes royales que leur table est servie.

Le roi était entré son chapeau sur la tête; c'était un petit tricorne richement galonné qu'il ôta pour saluer d'abord l'autel, puis une tribune à grillages dorés. Le grand-aumônier offrit au roi l'eau bénite, après quoi l'aumônier de quartier lui présenta son livre de prières, et le premier aumônier reçut le chapeau de Sa Majesté. Aux côtés du roi, conformément au cérémonial, le prie-dieu de son confesseur, le Père de la Chaise. Dans la tribune, les chapelains de l'oratoire et ceux de la grande chapelle, les princes et les princesses, et derrière eux, les grands officiers de la couronne. Toute la cour était là.... On s'attendait à des allusions, et on pensait que le nouveau prélat glisserait un remerciement, et laisserait percer son opinion sur les affaires religieuses....

Pendant l'évangile, M. de Harlay monte lentement en chaire et promène un regard satisfait sur cet auditoire tout d'or et d'argent, dans lequel les coiffures des femmes à la Fontange, à l'Hurluberlu, ou en Cadenettes, à la Paresseuse, se mêlent avec les perruques *in-folio,* à l'oiseau Royal, à Canons du grand volume.

Le nouvel archevêque de Paris qui occupe si dignement la chaire royale, est bien le même que l'élégant abbé de Harlay qui suivait si soigneusement jadis les cours de la sacrée faculté de théologie. Tous les regards se portent sur lui pendant qu'il retire avec simplicité ses gants de soie parfumée. C'est un des plus beaux hommes de son diocèse. Il a pris dans l'âge mûr quelque embonpoint qui lui sied à merveille, la figure s'est élargie, la bouche est très-petite, les yeux très-grands, bleus, doux et très-finiment naïfs. Il porte une perruque à cinq lauriers, c'est une œuvre de prix et que seul, Quentin, le coiffeur du roi, a pu faire si entièrement naturelle et bien ajustée. Il a soin, en montant en chaire, de relever imperceptiblement le devant de sa soutane et l'on peut voir un soulier de velours noir à talon rouge et une jambe très-bien prise dans un bas de soie violette. Sur son camail est le cordon bleu et la croix du Saint-Esprit.

Cependant M. de Paris appuie ses belles mains blanches sur le velours rouge, laisse tomber de sa bouche ce mot : Sire, et commence son discours d'une voix parfaitement admirable et toute mélodieuse....

Pendant le sermon, les conversations s'engagent de ci de là, à voix base....

— Ce Harlay, n'est-il pas le petit-fils de Jacques de Harlay, le galant de la reine Marguerite de Valois, qui a fini par épouser Catherine de la Marck-Bouillon?

— Certainement, et c'est de là que viennent leurs plus belles alliances.

— Ils ne peuvent guère remonter au delà de Charles VI, et c'est tout au plus s'ils ont pu faire leurs preuves.

— Il y a quatre branches, m'a dit d'Hozier, celle de Beaumont, de Cély, de Sancy et de Champvallon. Ceux-ci sont très-proches des Harlay du Parlement.

— C'est d'ailleurs un habile homme, dit M. le Grand-Maître, qui le connaît beaucoup. Il veut jouer un grand rôle et s'était fait pour cela le champion de Mazarin, comme M. de Retz s'était fait son ennemi dans le même but. On dit que feu M. le cardinal s'était brouillé avec lui dans les derniers temps....

— C'est qu'aussi M. de Harlay était bien trop exigeant. Il y a dix-huit ans, il n'était pas encore quelqu'un, et l'on ne parlait pas de lui comme maintenant ; eh bien ! il demandait une de ces quatre choses pour prix de ses services : une place au conseil, l'abbaye de Saint-Etienne de Caen, la grande aumônerie ou la promesse d'une présentation pour le Cardinalat.

— Il n'a, Dieu merci, point à se plaindre, on l'a fait archevêque de Rouen à vingt-six ans, et primat de Normandie ; il est depuis dix ans commandeur des ordres, et abbé de la *Grande Confrérie* ; c'est lui qui, au sacre, a été choisi pour couronner le roi et le voilà qui, à quarante-cinq ans, est archevêque de Paris et l'un des quarante de l'Académie....

— Il n'est point sans prudence d'ailleurs, car vous vous rappelez qu'à la grande assemblée du clergé de 1650, il a eu le bon esprit de refuser la présidence, où le voulaient porter les députés du second ordre, ceci à seule fin de ne se point compromettre....

— On ne peut nier, reprenait l'autre interlocuteur, qu'il n'ait montré le plus grand courage durant l'épidémie d'il y a trois ans, mais pour un archevêque, il est aussi peu homme d'église que possible et plus courtisan que pas un.

— Sans aucun doute, et ce ne sont pas les protections qui lui manquent; M. de Colbert le pousse de toutes ses forces, et je sais de bon lieu, que feu M. de Péréfixe l'a recommandé au roi, en mourant, avec la plus grande chaleur....

Cependant l'auditoire était captivé. M. de Paris se surpassait lui-même, le roi avait fait plusieurs signes de tête approbatifs, et il en était résulté un frou-frou d'admiration depuis le haut jusqu'en bas du sanctuaire. L'archevêque multipliait ses arguments, et les tirait indifféremment de Cicéron, de saint Thomas, de Sénèque ou de saint Chrysostôme....

— J'ai ouï dire à Patru, dit en face, dans la galerie, un évêque à cheveux blancs, qu'il n'admire qu'une chose en lui, c'est comme il peut retenir tout ce qu'il dit; car il n'y a ni pieds ni tête à son discours, et il récite tout cela avec un aplomb qui n'est pas imaginable.

— Ce n'est pas étonnant, il tient de famille... vous n'ignorez pas que l'on appelait l'archevêque son oncle, une bibliothèque renversée....

— Plaise au Ciel, reprit le premier, que le diocèse n'ait pas à souffrir du choix de Sa Majesté; dans mon dernier voyage à Rouen, je vis sur la porte de son palais cette inscription que M. de Harlay avait fait graver dans la pierre : *Legem non observabo, sed adimplebo*.

— Eh! eh! il ne pèche pourtant point par subtilité, et je vous réponds qu'il n'est pas d'homme plus pratique. On en fera ce que l'on voudra avec des faveurs. Quand il était jeune, M. de Mazarin demanda à acheter sa conscience; on lui répondit qu'il n'en avait pas, au moyen de quoi M. le cardinal ne demanda plus rien.

A ce moment, la messe était terminée, et la foule des grands seigneurs se précipitait respectueusement sur le passage du roi.

II

La cour! ç'a peut-être été la perte de la monarchie, mais sans nul doute, ce fut la cause de l'abaissement des archevêques de Paris. Le pasteur de la capitale subit l'influence des temps, il devint un courtisan comme un autre, il porta livrée. Le roi ne se contentait plus d'être le premier gentilhomme de France; il avait la noblesse à discrétion, il voulait avoir aussi l'Eglise. C'est pourquoi il y avait sur le siége de Paris un homme d'esprit aussi brillant, et d'âme aussi plate, que François de Harlay-Champvallon.

Celui-ci est de la cour. Il n'est pas de Paris, de Bretagne ou d'Aquitaine, comme nous sommes de notre pays, chacun de sa province, et tous Français, mais lui, il n'a point d'autre pays que la cour.

La cour est l'univers, sa coterie c'est le monde, hors de là, le néant. La nature se borne à l'Œil-de-Bœuf, la faveur, la disgrâce, le lever, le débotté, voilà les phénomènes.

Tout roule là-dessus ; la cause du mouvement des sphères, c'est le petit coucher.

Si notre vieille monarchie française de Philippe-Auguste, de Saint-Louis et de Henri IV devait devenir absolue, nul n'était plus que Louis XIV en état de la régir. Pas un homme ne fut, dans les temps modernes, qui porta plus haut sa tête royale, pas un qui sembla tenir de Dieu comme lui, un rayon de majesté souveraine ; mais cette puissance qui affluait en sa couronne de toutes les parties du royaume, se retirait de chacun de ses sujets, et de l'archevêque de Paris autant que des autres ; c'est ce qui explique à la postérité comment dans cette chaire de Notre-Dame, illustre entre toutes, a pu monter un prélat, dont Bossuet, qui pourtant a partagé ses erreurs, a pu dire avec vérité : qu'il ne savait que « flatter la cour, écouter les ministres et suivre à l'aveugle leurs volontés comme un valet. »

On le vit bien dans l'affaire du monastère de Charonne. La première supérieure de ce couvent de l'*Ordre de Saint-Augustin* étant venue à mourir, Louis XIV avait nommé de sa propre autorité une *bénédictine,* qui mourut elle-même avant d'avoir obtenu ses bulles, et qui fut remplacée, toujours par l'autorité du roi, et sur la recommandation de l'archevêque, par la sœur Marie-Angélique de Grandchamp, seule capable de rétablir le spirituel et le temporel, disait Harlay.

Cette religieuse était également de l'Ordre de Cîteaux, mais on prétendait l'imposer aux Augustines de

Charonne, sous le prétexte que les affaires du monastère étaient en un si mauvais état, qu'il importait d'y mettre ordre d'urgence.

En vain, les religieuses protestèrent ; en vain, le pape, par un bref, leur ordonna de procéder elles-mêmes à l'élection de leur supérieure, conformément aux statuts, l'archevêque et le Parlement passèrent outre, et tout finit par des lettres de cachet. Or, on lit dans un manuscrit du temps : « Mgr l'archevêque de Paris sait fort bien que la pauvreté du monastère venait de l'impuissance où étaient les dites religieuses d'exiger une somme dont il ne lui aurait pas été difficile de leur procurer le paiement. » L'accusation que contiennent ces paroles obscures est surabondamment éclaircie, par la correspondance de Colbert avec le procureur-général de Harlay. On avait pris tant de soin de faire disparaître les traces de cette iniquité, qu'elle était ignorée aujourd'hui, dans l'Ordre même auquel appartenaient ces pauvres religieuses.

Quant à M. de Paris, il avait été récompensé de la bassesse qu'il avait montrée dans cette circonstance, par l'entrée au grand Conseil, par la faveur du roi, par l'érection en duché-pairie de la seigneurie de Saint-Cloud. Les terres et seigneuries de Maisons, de Créteil, d'Ozouer-en-Brie et d'Armentières furent unies et incorporées à celle de Saint-Cloud, ainsi que la justice de la temporalité de l'archevêché, pour en jouir, disent les lettres patentes de 1674, « par notre très-cher et bien-aimé cousin le sieur François de Harlay, archevêque de Paris, et ses successeurs archevêques de Paris, perpétuellement et à toujours, en titre, dignité et sous le nom de duché et pairie de France, avec tous les honneurs, autorités, prééminences, franchises, libertés, priviléges et immunités, appartenant à ducs et pairs comme les autres pairs de France en jouissent, usent en justice, juridiction, séance en nos cours de Parlement, avec les autres pairs ecclésiastiques, suivant l'ordre et le temps de la présente érection; et voix délibérative, et généralement en tous autres actes et lieux quelconques, et sous le ressort immédiat de notre cour, de Parlement de Paris, en tous cas, fors et excepté les cas royaux, dont la connaissance appartiendra à nos officiers, ainsi qu'elle se faisait avant la présente érection. Voulons que ses vassaux et tenanciers le reconnaissent, et ses successeurs archevêques, et leur fassent les foi et hommages et autres reconnaissances en ladite qualité de ducs de Saint-Cloud, et pairs de France : et pour l'exercice de la justice, voulons que notre dit cousin et ses successeurs aient un siége de duché et pairie dans l'enclos de l'archevêché de Paris, au même lieu où le siége ordinaire de la temporalité avait accoutumé d'être tenu, où il y aura un bailli, un procureur fiscal, quatre procureurs et deux sergents, pour y exercer la justice, et connaître en première instance de toutes les causes civiles et criminelles, qui pourraient arriver dans l'enclos dudit archevêché, nonobstant l'édit du mois de février dernier auquel nous avons dérogé et dérogeons quant à ce, par ces présentes. »

Il ne manquait plus au nouveau duc, pour obtenir la pourpre cardinalice, que d'oublier encore une fois, et dans une matière plus grave que la première, les devoirs de sa mission, nous voulons parler de la déclaration de 1682.

Encore une fois, l'évêque et le chrétien cèdent le pas au sujet, Dieu et le pape ne viennent qu'à la suite, « *le roi avant tout,* » telle est sa devise.

L'affaire du monastère de Charonne n'était qu'un premier pas dans la voie où le pouvoir civil allait s'engager. Pour réduire la question à sa plus simple expression, au point de vue historique, la nomination de la supérieure de Charonne engendra la Régale, la Régale engendra la Déclaration de 1682, la Déclaration de 1682 inaugura un schisme connu sous le nom d'*Eglise Gallicane,* heureusement éteint aujourd'hui dans le clergé français, mais dont les ennemis de l'Eglise se serviront longtemps encore contre elle.

A Charonne, le roi prétendait avoir le droit, malgré les traditions d'un couvent, de donner à des religieuses une supérieure qu'elles n'eussent pas choisie et qui ne fût pas même de leur Ordre, et ce, contre la formelle volonté du souverain pontife.

Cette prétention se transforma et vint ressusciter la querelle du droit de Régale. Le roi, selon lui, aurait le pouvoir de nommer à tous les bénéfices simples du diocèse, pendant la vacance de l'évêché, de nommer, pendant la vacance, aux prébendes, chapelles, etc., à la collation de l'évêque, enfin, le droit de percevoir le revenu des évêchés et archevêchés tant que le titulaire n'aurait pas prêté le serment de fidélité.

Le pape s'opposa naturellement aux envahissements du roi, et les conseillers du prince, en tête desquels figure l'archevêque de Paris, lui persuadèrent de se passer du Saint-Père, en se faisant constituer par une réunion d'évêques aveugles ou prévaricateurs en état d'indépendance vis-à-vis de Rome, ce qui aurait, pensait-on, le double avantage d'effrayer le pape qui céderait sur la Régale pour qu'on abandonnât la Déclaration, et en tous cas, de donner une ombre de légalité aux usurpations du cabinet de Versailles, en les faisant sanctionner par ce qu'on voulait bien appeler « le clergé de France. »

L'opinion que nous émettons ici est fondée sur des documents irréfragables. Les manuscrits du temps, la correspondance intime des personnages de l'époque le prouvent surabondamment. Nous avons lu les originaux de toutes les dépêches adressées par les ambassadeurs de France à Rome au ministre des affaires étrangères, pendant vingt ans, de 1670 à 1690; nous avons compulsé les notes qui accompagnent ces rapports et principalement les minutes des lettres du roi aux chargés d'affaires de France, corrigées et complétées de la main même de MM. de Pomponne et Ch. Colbert qui faisaient les affaires étrangères, et nous croyons pouvoir affirmer que le roi et le grand Conseil se souciaient peu de la Déclaration, et beaucoup de la Régale; que la Déclaration n'était qu'une vengeance à la fois et une menace pour le Saint-Père; enfin, que les prélats en petit nombre, — ils ne formaient pas le tiers des évêques de France — qui se sont réunis à Paris sous la présidence de Harlay et de Le Tellier, ont été ou aveuglés par quelques docteurs, ou intimidés par la cour, ou achetés par le ministère, comme le fut malheureusement Mgr l'archevêque, duc de Saint-Cloud.

Que de maux naissent, dit la Bruyère, de ne pouvoir être seul! Jamais mieux on ne le vit qu'en cette triste occurrence. Tandis qu'il eût été digne du pasteur de la capitale de s'élever, plus haut que tous les autres, contre les prétentions injustes du souverain, contre cette ambition qui s'attaquait à l'Eglise même, Harlay alla au-devant des volontés de Sa Majesté, et offrant à Louis XIV, de lui-même et avec une sorte d'enthousiasme la liberté de l'Eglise universelle, ce bien qui n'était pas à lui, mais qu'il était chargé de défendre contre toutes les entreprises, il sembla lui dire :
« Faites-en ce que vous voudrez. »

En vérité, cet archevêque était bien le frère de ce procureur qui disait du pape :

« Il faut lui baiser les pieds et lui lier les mains. »

Dans les négociations qui se poursuivirent durant

des années, on vit du côté du pape : les égards pour le roi, le désir de la concorde, la fermeté, la sagesse et la longanimité; on vit du côté du roi : l'insolence cachée sous le respect apparent, les plaintes ridicules, la perpétuelle menace, la diplomatie invoquant les motifs tirés de l'intérêt de la religion, et montrant ce que pouvait le mécontentement de la France.

III

Le bréviaire publié par François de Harlay, les *Informations* que, contrairement aux canons, on le chargeait de faire, avaient aigri les relations; la cour de Rome montrait pourtant le désir de tout apaiser.

Le duc d'Estrées, ambassadeur de France à Rome écrivait au roi le 1ᵉʳ octobre 1680, rappelant un entretien avec le cardinal secrétaire d'Etat[1].

« Quant à ce qui est du bréviaire de l'archevêché, il me dit qu'il n'y avait que deux choses sur ce sujet dans la conduite de Mgr l'archevêque de Paris, auxquelles l'on pourrait trouver à redire, et qui étant du rit de l'Eglise, et réglées par les papes, Mgr l'archevêque n'y pouvait toucher sans blesser leur autorité. *(En chiffres.)* Il me fit entendre que, quand même Mgr l'archevêque de Paris aurait pu en cela manquer

---

(1) Les dépêches qui suivent sont extraites de la correspondance de Rome (archives des affaires étrangères); elles sont toutes entièrement inédites.

à ce qu'il devait au pape, il essaierait que cela ne produisît point de méchant effet. »

Le même écrivait au roi, le 6 février 1680 :

« J'ai parlé des difficultés sur les *Informations* de vie et mœurs, faites par devant Mgr l'archevêque de Paris, comme l'ordinaire du lieu où se trouve Votre Majesté. J'avais prié Mgr le cardinal Cibo d'en parler à Sa Sainteté, il m'a mandé aujourd'hui qu'il s'en était acquitté, mais que, bien qu'il eût fait tout ce qu'il lui eût été possible, il n'avait pu réussir. Quant au mémoire, Sa Sainteté avait témoigné de la surprise et du déplaisir de ce qu'il contient, et avait dit que c'était une nouveauté. »

Le 29 avril de la même année, le roi écrivait au duc d'Estrées : (La minute porte de fréquentes corrections de l'écriture de M. de Colbert[1].) *(Inédit.)*

« Mon cousin... j'ai reçu votre lettre, dont le plus important article est celui de l'entretien que vous avez eu avec le pape touchant mon *Droit de Régale*; il aurait été à souhaiter que vous en fussiez demeuré aux termes généraux que je vous avais prescrits par ma dépêche du 29 février, mais puisque vous en étiez venu si avant, je désire qu'après que celle-ci vous aura été rendue, vous demandiez audience à Sa Sainteté, le plus tôt qu'il se pourra, et que vous lui disiez que

---

(1) Il s'agit ici de Charles Colbert, marquis de Croissy, frère cadet du contrôleur général et père du marquis de Torcy, qui eut la survivance de sa charge de secrétaire d'État.

j'ai sujet de m'étonner, qu'après lui avoir fait connaître par ma réponse à son bref, quelle est la justice du droit de Régale, inséparablement attaché à ma couronne, elle veuille encore persister à l'en vouloir arracher, que je vous ai ordonné de lui déclarer, que, comme il m'a été transmis par une longue suite de rois mes prédécesseurs, et que Dieu a fait voir par les bénédictions qu'il a données à mes armes, et à toute ma conduite, combien lui sont agréables les soins que j'ai toujours pris, par-dessus tous les rois de la terre, de ne nommer aux premières dignités des Eglises de mon royaume que des personnes d'une vertu éprouvée, *je saurai bien aussi maintenir, de toute la puissance que Dieu m'a mise en main,* un droit qui m'appartient si incontestablement et qui me donne un moyen si légitime de mettre dans les chapitres et dans les églises des ecclésiastiques capables de maintenir la pureté de la religion catholique...; quoi qu'il arrive de son côté, *rien au monde n'est capable de me faire changer de sentiments,* ni de me porter à souffrir qu'il soit porté la moindre atteinte à une prérogative si essentiellement unie à ma couronne. »

Le roi envoyait à l'ambassadeur un courrier de cabinet, porteur d'une lettre datée du 20 mai 1680. *(Inédit.)*

« Mon cousin, je vous dépêche ce courrier parce que je ne vois aucune de vos lettres qui fasse la moindre mention de ce que le pape dit ou fait à présent, ni des desseins qu'il peut avoir concernant mon droit de Régale, et que cependant j'apprends de tous côtés, que Sa Sainteté, soit qu'elle y soit instiguée par les ennemis de ma couronne, qui savent bien que *je saurai maintenir un droit* qui y est si inséparablement attaché, *par tous les moyens que Dieu m'a mis en main,* soit qu'elle y soit portée par son pur mouvement, prétend pousser l'affaire par des voies *qui pourraient être très-préjudiciables à l'Eglise.* „

Pour qui lisait entre les lignes, cette dernière phrase qui revient souvent, était grosse de menaces. Le cabinet de Versailles, dont la bonne foi en cette affaire ne peut être suspectée, puisqu'il n'en avait aucune, ne condescendait à justifier ou mieux à expliquer sa conduite que pour la forme, il tenait à bien établir la situation : la Régale, cette chose condamnée par plusieurs conciles, c'était un droit, et un droit tellement incontestable pour Louis XIV, qu'on ne pouvait songer à le discuter; ceci posé, le gouvernement de Sa Majesté consentait à bien faire voir au Saint-Père que la Régale était chose désirable et la meilleure possible pour l'Eglise, puisque le roi pouvait ainsi mettre de bons sujets dans les postes ecclésiastiques, comme si les choix faits par les chapitres ou par le pape, n'eussent pu être aussi bons que ceux du roi. Enfin, on ajoutait que quoi qu'il arrivât, on savait à Paris à quoi s'en tenir, et que le pape pouvait adresser brefs sur brefs, on n'en tiendrait pas le plus petit compte.

Telle était la tactique royale qui perçait sous la transparence des protocoles diplomatiques.

Quant au Saint-Père, il montre la confiance la plus solide dans les solutions de l'avenir, l'assurance la plus ferme dans la conduite du présent.

De Rome, M. l'abbé Servien adressait au roi un rapport secret sur la même affaire, montrant jusqu'à l'évidence, la modération de la cour du Vatican. *(Inédit.)*

« L'affaire de la Régale paraît être devenue l'unique des malintentionnés de cette cour, et outre tout ce que j'ai eu l'honneur d'écrire tant sur les insinuations au pape que sur leur union secrète avec les Autrichiens, sur la rupture qu'ils préparent plutôt qu'une négociation avec Mgr le cardinal d'Estrées..., outre, dis-je, toutes ces choses, *on a voulu presser le pape* de pousser les régalistes, d'ayder le parti contraire, d'agir avec toute la vigueur possible et de publier la constitution papale, qui est déjà dressée, mais le pape a résisté jusqu'ici à tous les efforts des cardinaux de la congrégation secrète.

» .... *Le pape prétend que la constitution étant le dernier pas, il ne faut le faire qu'à l'extrémité....*

» .... Je parlay l'ordinaire passé des vues qu'on voudrait peut-être qu'on eût en France de prétendre ou une concession ou une confirmation du Saint-Siége... »

On vient de voir que M. le cardinal d'Estrées partait pour l'Italie en mission extraordinaire ; on lisait dans les instructions qui lui furent remises ce qui suit :

MÉMOIRE POUR INFORMER MGR LE CARDINAL D'ESTRÉES S'EN ALLANT A ROME, DE CE QU'IL Y DOIT FAIRE POUR LE SERVICE DU ROI.

Du 20 juillet 1680 à Versailles. (Inédit.)

« L'intention du roi est que le cardinal fasse connaître à Sa Sainteté, que le droit de Régale n'étant point un privilége accordé par l'Eglise aux rois de France, mais une partie de la reconnaissance des biens qu'elle a reçus, et ainsi un droit de la couronne *qui ne relève que de Dieu seul,* l'Eglise ne peut prendre connaissance, ni de la nature de son exercice ni de son exercice, et que, *quand même le roi n'en ferait pas un si bon usage qu'il paraît*, par la science et la piété qui règnent dans tout le clergé de France, elle n'aurait pour toutes armes que *des prières envers Sa Majesté, qui est le seul juge sur la terre* des choses de cette nature. (Il s'agit, on s'en souvient, de la nomination aux bénéfices)....

» .... Le dit sieur cardinal se servira de ce que contient ce mémoire, et de tout ce que sa grande capacité y pourra suppléer, pour faire entendre à Sa Sainteté, à combien de malheurs elle exposerait l'Eglise, et quelle joie elle donnerait aux ennemis de la religion catholique, si elle forçait Sa Majesté en la voulant priver d'un droit si justement acquis à sa couronne, *d'employer les moyens que Dieu lui a donnés, pour s'y maintenir....* »

Les mois se passent, le pape demeure inflexible; c'est alors que l'on imagine, dans le sein du Conseil privé, cette assemblée de 1682, qui doit servir à légitimer en France, ce que l'on réprouve justement à Rome. M. de Harlay, l'utile auxiliaire à Charonne, celui qui refusait de proclamer la canonisation de saint François de Sales, parce que le roi ne l'y avait pas invité par lettres-patentes, qui avait fait porter de force le corps d'un nonce du pape à l'église paroissiale, malgré le vœu du défunt d'être inhumé dans un couvent qu'il désignait, et qui voulait par là prouver à toute l'Europe que personne n'était dans son diocèse, pas même le représentant du Vatican, exempt de sa juridiction, M. de Harlay est nommé président de cette assemblée.

Bossuet fut chargé de prononcer le discours d'ouverture.

Le grand orateur avait lu son discours aux archevêques de Paris et de Reims, qui l'avaient approuvé. « On a souhaité depuis de le revoir, écrivait Bossuet quelques jours après, au cardinal d'Estrées. Il fut relu à MM. de Paris, de Reims, de Tournay et à trois députés du second ordre. On alla jusqu'à la chicane et il passa tout d'une voix qu'on n'y changerait pas une syllabe. L'archevêque de Paris, de Harlay, dit seulement à l'endroit où j'ai déclaré *qu'il fallait tout supporter plutôt que de rompre avec l'Eglise,* que je devais mettre *plutôt que de rompre avec l'Eglise Romaine.* Je refusai ce parti comme introduisant une espèce de division entre l'*Eglise Romaine* et l'*Eglise en général.* Tous furent de mon avis. Le roi a voulu voir le sermon. Sa Majesté l'a lu tout entier avec beaucoup d'attention et m'a fait l'honneur de me dire qu'elle en était très-contente et qu'il le fallait imprimer. »

L'assemblée du clergé se sépara après avoir confectionné ces quatre articles, qui avaient pour effet de soumettre l'Eglise en France non plus au pape, mais au roi; l'un des plus tristes monuments de l'histoire ecclésiastique, « ces quatre articles furent l'ouvrage de l'orgueil, du ressentiment, de l'esprit de parti, et par-dessus tout, de la faiblesse, pour parler avec indulgence. »

Cette assemblée convoquée par Louis XIV, pour reconnaître à son profit le privilége le plus contraire aux canons, livra au roi les évêchés, *le patrimoine du crucifié,* et ne fut pour l'église gallicane « la source d'aucune gloire ni d'aucune liberté, mais plutôt une tache et une vraie servitude. »

Mais la question ne fut nullement tranchée par l'envoi que fit Harlay « aux très-illustres et très-révérends archevesques et évêques établis dans tout le royaume de France, » des actes de cette réunion.

Le roi tenait à affirmer son prétendu droit et écrivait trois mois après à son ambassadeur à Rome, le cardinal d'Estrées (26 juin 1682). *(Inédit.)*

« .... Je suis bien aise de vous répéter ce que je vous ai déjà fait connaître, qui est qu'il est si important au bien de ma couronne, et à la conservation du repos de mes sujets et des lois fondamentales de mon royaume, que mon édit sur la *Déclaration* faite par le clergé de France, de ses sentiments touchant la puissance ecclésiastique, ait son entière exécution, *qu'il n'y a point de considération qui* puisse être capable de me porter à quelque relâchement sur cette matière, et qu'encore que je ne prétende point donner de nouveaux ordres, suivant la parole que je vous ai permis d'en donner en mon nom, néanmoins on ne doit pas douter, au lieu où vous estes, que mes procureurs généraux ne fassent toutes les diligences auxquelles le devoir de leur charge les oblige, pour faire exécuter ledit édit dans tout leur ressort. »

La lettre suivante, contenant le récit détaillé d'une audience accordée par le pape au duc d'Estrées, montrera bien clairement quelle était la situation de la cour de Versailles, devant l'immuable modération de Rome :

Du duc d'Estrées au roi *(23 septembre 1682.) En chiffres. (Inédit.)*

« Sa Sainteté me reçut d'un air tout à fait ouvert et riant, à quoi je ne correspondis pas, gardant un grand sérieux et beaucoup de gravité, et sans commencer par ce qui pouvait être de sa santé, et par quelques autres discours généraux, ainsi que je fais ordinairement, je lui dis d'abord en tirant de ma poche la lettre de M. le cardinal d'Estrées au cardinal Cibo, qu'ayant su que le dernier ne l'avait pas encore lue à Sa Sainteté, je l'avais apportée pour y suppléer, si ce n'était point l'incommoder de lui en faire la lecture; elle me dit : *La sentiremo dal cardinale Cibo;* à quoy lui ayant répondu que j'étais surpris qu'elle en usât ainsi, non pas par la considération particulière de M. le cardinal d'Estrées, qui n'y prétendait pas, mais par celle du caractère de ministre de Votre Majesté, dont il était revêtu comme moi; elle me répondit: que tout le monde devait de la considération à M. le cardinal d'Estrées, et qu'elle en aurait pour lui comme il le méritait.

„ Je lui dis que, puisqu'elle n'avait pas voulu que je lui lusse la lettre, je l'informerais de la substance, ce que je fis, et Sa Sainteté m'écouta avec une fort grande attention.

„ Après avoir fini, je lui dis que je ne me serais jamais imaginé, qu'après tout ce qu'elle nous avait dit à M. le cardinal d'Estrées et à moi, en tant d'occasions, de son amitié, de son estime et de sa considération pour Votre Majesté, et encore à moi en dernier lieu, nous ayant même priés plusieurs fois d'en assurer de sa part Votre Majesté, elle eut pu dire qu'il fallait mettre les choses *in pristinum*, que Votre Majesté pouvait croire, ou que nous l'aurions trompée en lui rendant compte de ses sentiments pour elle, ou que nous aurions été trop crédules, et qu'on ne pourrait prendre ce procédé de Sa Sainteté, que pour un dessein de rompre.

» Elle se défendit fort mal du reproche que je lui faisais, me voulant dire, et assez confusément, que dès que M. le cardinal d'Estrées était arrivé ici, elle s'était expliquée à peu près dans cette conformité, que ce qu'elle demandait était juste, et que l'édit de 1673 ne pouvait pas subsister; du reste, me faisant de très-grandes protestations d'amitié, d'estime et de considération pour Votre Majesté, et qu'elle les conserverait de même que je les lui ai toujours connues!

» Je dis au pape qu'il n'y avait aucun fondement à ce qu'on lui avait pu dire, touchant l'édit de 1673, mais que, quand même il pourrait être, (ce qui ne se trouvera jamais) que V. M. ait tort dans le fond, qu'elle en fût convaincue, et de plus qu'elle en demeurât d'accord, ce serait faire une grande injure à V. M., de demander après vingt mois que M. le cardinal d'Estrées était ici, et après deux conférences avec le cardinal Cibo, établies pour chercher des expédients pour accommoder l'affaire de la Régale, que les choses fussent remises *in pristinum*; que toute la terre admirait la patience, la modération et le respect de Votre Majesté pour le Saint-Siége, dans les *mauvais traitements* qu'elle avait reçus de lui, en tant d'occasions.

„ Le pape continua de me dire, mais plus faiblement que la première fois, qu'il était juste de remettre les choses *in pristinum,* que, du reste, il ne savait pas quels étaient les mauvais traitements dont je pouvais parler, qu'il souhaitait extrêmement que Votre Majesté eût raison dans l'affaire de la Régale, qu'il se trouvât un autre concile qui détruisît celui de Lyon, qu'il donnerait une récompense à celui qui lui apporterait cette nouvelle, que ce qu'il faisait n'était point du tout en intention de faire une vexation ou de déplaire à V. M., mais seulement parce qu'il croyait en conscience, qu'il ne pouvait agir autrement. Je lui répondis que c'était en quoi il était bien trompé, et que l'on voyait évidemment combien les faussetés et les artifices des malintentionnés lui avaient fait d'impression et prévalaient sur la vérité, que, quant aux mauvais traitements, ce serait consumer le temps inutilement de lui en conter le détail, puisque lui en ayant parlé en diverses occasions, je l'avais trouvé peu sensible à ce que je lui en avais représenté. Je lui lus, en cet endroit, les deux articles donnés à MM. les cardinaux du Perron et d'Ossat touchant l'affaire de l'absolution d'Henri IV, à quoi j'ajoutai : qu'il y avait une grande différence entre l'état où se trouvait ce prince, dont la puissance n'était pas encore bien affermie, et qui demandait une absolution à Clément VIII, et celui de

Votre Majesté, qui ne prétendait autre chose, si ce n'est que Sa Sainteté ne le voulût pas dépouiller d'un bien si légitime de la couronne, dont la puissance était infinie, au-dessus de celle de Henri IV, qui était adorée de ses sujets comme on le voyait en toute occasion, le plus absolu monarque qui eût jamais été, qu'ainsi, elle pouvait juger par la comparaison du procédé de Votre Majesté avec celui de Henri IV, si ce n'était pas avec beaucoup de raison que l'on admirait la patience et la modération de Votre Majesté.

» Le pape répéta quelque chose de ce qu'il avait dit qu'il fallait remettre les choses *in pristinum* ; à quoi je répondis : que Votre Majesté ne prétendait rien sur le spirituel, mais que s'il voulait attaquer en la moindre chose le temporel, elle serait obligée d'employer tous les moyens et toute la puissance que Dieu avait mis entre les mains de Votre Majesté, et qu'elle augmentait tous les jours, pour l'empêcher.

» Sa Sainteté me dit que c'était une *erreur de croire que le spirituel et le temporel de la Régale se pussent séparer* et que, par cette raison, c'était une hérésie de dire que la Régale était un droit de la couronne, et quand Votre Majesté voudrait user de sa puissance et employer la violence, rien ne saurait résister.

» Sa Sainteté revint aux propositions de l'assemblée du clergé, elle en reparla à peu près de la même manière, et me dit : qu'il serait de la piété de Votre Majesté de faire révoquer ce que l'assemblée avait fait, et ensuite, s'inclinant fort, et d'un ton tout à fait bas : « qu'elle ne pouvait s'empescher de me dire entre nous que Votre Majesté ne devait pas appuyer cette déclaration par un édit et qu'il n'était pas bien que Votre Majesté l'eût fait, me répétant la même chose trois ou quatre fois, et toujours fort bas, et que ce qu'elle me disait était entre nous, » je lui répondis qu'il n'avait tenu qu'à Sa Sainteté que les choses n'allassent pas si avant, et qu'ainsi il ne fallait s'en prendre qu'à elle-même, *luy représentant que le véritable moyen d'avoir quelque satisfaction, touchant ces propositions, était de finir l'affaire de la Régale*. Sur quoi, elle me répondit, que, si elle en usait ainsi, il paraîtrait que l'accommodement de la Régale aurait été une condition pour avoir raison des propositions, et que cela ne serait pas bien, et elle me dit qu'il fallait remédier aux propositions auparavant, et rappelant qu'il serait de la piété de Votre Majesté, et le reste, etc.... »

IV

Ce document prouve entre mille autres combien, dans toute cette affaire, le gouvernement français n'écouta qu'un intérêt d'argent, et les prélats de 1682 ne se laissèrent aller qu'à une détestable complaisance. Les évêques et le roi ne furent pas longs à reconnaître qu'ils s'étaient trompés, et les quatre articles ne furent pas longtemps maintenus, mais révoqués par ceux-là mêmes qui les avaient favorisés ou émis. L'opinion dont M. de Harlay avait été le zélateur, et qui faisait de l'Eglise chrétienne la servante de l'Etat, donna naissance à ce qu'on appela le Gallicanisme, la plus redoutable et la plus invétérée de nos erreurs ; de cette faute, il porte le poids devant la postérité. Il a fallu bien du temps pour que le clergé français s'aperçoive d'un fait bien simple : à savoir que le Gallicanisme se réduisait à n'être qu'une sorte de prétexte théologique pour l'omnipotence de l'Etat en matière spirituelle, exercée par des hommes purement politiques.

Au demeurant, le discrédit et la révocation des articles de 1682 n'entraînèrent pas immédiatement la perte de M. de Paris.

Jamais homme en France ne jouit plus complétement et plus longtemps d'une influence semblable à la sienne. Ce *pape d'en deçà les monts,* comme on l'appelait, chef du conseil de conscience, présida seul neuf assemblées générales du clergé ; à lui le roi renvoyait les différends des évêques et de la plupart des Ordres, pour les juger souverainement ; on ne pouvait, sans sa protection, obtenir la crosse, et il disposait de la feuille, selon son plaisir.

Cardinal désigné par le roi en 1690, c'était lui qui avait été chargé par Louis XIV, d'annoncer à Bossuet huit ans auparavant, sa nomination à l'épiscopat.

Quand, sur le conseil de Louvois, on eut décidé la

révocation de l'édit de Nantes, l'archevêque de Paris, espérant que son zèle, même intempestif, ferait oublier le désordre de son intérieur, porta son ardeur habituelle dans l'exécution de cette mesure. Des protestants, il effraya les uns, il acheta les autres et s'imagina les persuader tous par la force de ses raisons.

Mme de Sévigné écrivait déjà à cette époque : « On dit que le roi se lasse de M. de Paris et de sa vie. » En effet, ce prélat si austère qu'il refusait à Molière la sépulture chrétienne, si prudent qu'il ne permettait pas la révision de la bible de Mons par Bossuet, Sacy, Arnaud, Nicole et Lalane, était chaque jour pour le clergé de France qu'il prétendait gouverner par son influence, objet de scandale et de mépris.

Fénelon pouvait de lui écrire avec vérité : « Vous avez un archevêque qui fait gémir tous les gens de bien ; vous vous en accommodez, parce qu'il ne songe qu'à vous plaire par ses flatteries. Il y a plus de vingt ans qu'en prostituant son honneur il jouit de votre confiance. Vous lui livrez les gens de bien, vous lui laissez tyranniser l'Eglise, et nul prélat vertueux n'est traité aussi bien que lui. »

Ce fut peu d'années après la Déclaration de 1682 que, devant ce complaisant archevêque, flatteur vieilli, courtisan dans l'âme et jusqu'à la moelle, vint se dresser ce fantôme des fantômes, ce spectre effroyable : *la disgrâce....*

« Harlay, dit Saint-Simon en racontant sa disgrâce,

avait toujours régné sur le clergé par la faveur déclarée et la confiance du roi qu'il avait possédée toute sa vie. Le mérite qu'il s'était acquis de tout le royaume, l'avait de plus en plus ancré dans la faveur du roi. Son profond savoir, l'éloquence et la facilité de ses sermons, l'excellent choix des sujets et l'habile conduite de son diocèse, jusqu'à sa capacité dans les affaires et l'autorité qu'il y avait acquise, tout cela fut mis en opposition de sa conduite particulière, de ses mœurs galantes, de ses manières de courtisan du grand air. Cet esprit étendu, juste, solide et toutefois fleuri, qui pour la partie du gouvernement en faisait un grand évêque et pour celle du monde un grand seigneur fort aimable et un courtisan parfait, quoique fort noblement, ne put s'accoutumer à cette décadence et à ce discrédit subit. Le clergé qui s'en aperçut se plut à se venger de la domination, quoique douce et polie, qu'il en avait éprouvée et lui résista pour le plaisir de l'oser et de le pouvoir. Le monde qui n'eut plus besoin de lui pour des évêchés et des abbayes, l'abandonna. Toutes les grâces de son corps et de son esprit, qui étaient infinies et qui lui étaient parfaitement naturelles, se flétrirent. »

Tout sembla l'accuser, tous semblèrent le fuir, le silence se fit sur son passage et le vide dans son palais, ces portraits enluminés, où il était représenté la bouche souriante, au bas desquels on lisait ces vers :

> Cet illustre prélat, tout remply d'éloquence,
> Soutint avec honneur l'estat qu'il possédait,
> Et joignant un génie sublime à sa naissance,
> Il s'éleva luy seul au rang qu'il méritait ;

ces portraits furent remplacés par de grossières satires, imprimées à l'étranger, qu'on faisait circuler secrètement.

On élèvera, disait le pamphlétaire, dans la cour de l'archevêché une pyramide avec cette inscription :

> Au Damoiseau de Conflans toujours jeune, toujours souriant,
> Que l'on trouvait dans les rues à deux heures du matin,
> L'Arrondisseur de la couronne,
> Duquel on n'appelle point,
> Le Grand-Maître des lettres de cachet,
> L'Intrépide amplificateur de la Régale,
> Souverain dominateur de l'Eglise gallicane
> Prélat Arlai-Quint,
> Etc., etc.

On juge l'impression que pouvaient faire les épigrammes d'en bas, le dédain d'en haut sur un homme qui jamais n'avait pris les roses par les épines.

L'archevêque n'avait pas formé dans le temps de sa puissance, de profondes assises dans les âmes ; on ne l'aimait point pour lui-même mais pour les avantages qu'il procurait. Ce prélat avait trop exploité l'Eglise et l'Eglise le sentait trop, pour qu'il y eût des regrets bien profonds. Celui qui avait tant joui de la cour, ne pouvait guère parler d'ingratitude quand la cour l'abandonnait. A ses créatures même il n'avait demandé qu'une chose : lui obéir. Il répondait du succès, on l'avait pris au mot. Quand il tomba, loin de songer à le soutenir, on se jugea trahi par lui. On ne le plaignit pas, on le condamna.

Avant la douleur, le cœur peut être fer, après il est acier; il faut que l'homme s'y brise ou s'y trempe. Harlay, quand il se sentit descendre tout vivant dans ce tombeau de l'indifférence humaine, Harlay eut le cœur brisé.

A cela ses ennemis dirent que si l'on avait toujours pénétré facilement jusqu'à l'antichambre de son cœur, c'était peut-être parce qu'il n'y avait personne, laissant ainsi entendre que sa bonté était toute de surface.

M. de Paris savait se montrer, mais il ne savait guère autre chose; sa belle prestance, son facile débit, son érudition réelle faisaient de lui un très-agréable orateur et pourtant pas un morceau imprimé ne subsiste, pour donner une idée de son talent.

« Ces harangues, disait-il, sont des tableaux faits pour être vus d'un lieu élevé, et non pour être considérés de près. »

Comme tous les hommes habitués à beaucoup parler, il parlait souvent sans idées, comme ce médecin qui tâtait le pouls à son fauteuil en mourant.

Les Annales de Saint-Germain des Prés garderont

le souvenir des efforts brillants que fit M. de Harlay pour faire attribuer à Jean Gersen l'*Imitation de Jésus-Christ* à qui l'on ne connaissait encore que deux auteurs possibles : Gerson ou A'Kempis.

« J'aime bien mieux sentir la componction que d'en savoir la définition, » aurait dit à l'archevêque, s'il eut médité le livre, cet inconnu qui l'écrivit; et il aurait ajouté que : « Ceux qui ont la science ne sont point fâchés de passer pour habiles et d'en obtenir le nom. »

De cet humble et saint anonyme, Harlay eut appris à supporter son malheur et se serait résigné à mourir seul pour avoir trop aimé le monde.

M. de Paris fut frappé dans sa maison de campagne de Conflans d'une apoplexie tellement foudroyante, qu'on n'eut pas le temps de lui porter aucun secours, soit pour l'âme soit pour le corps.

Le Père de Gaillard fit son oraison funèbre à Notre-Dame : la matière était plus que délicate et la fin terrible. Le célèbre Jésuite prit son parti. Il loua tout ce qui méritait de l'être, puis tourna court sur la morale; il fit un chef-d'œuvre d'éloquence et de piété.

Harlay parut un grand homme, parce qu'il eut une grande place; du reste plus petit en place que dehors, comme tous les hommes médiocres. Triste successeur des prélats mérovingiens, celui où le panégyriste ne trouve à louer que la beauté des formes; triste prélat pour l'oraison funèbre duquel on dut chercher une épigraphe dans Virgile :

Formosi pecoris custos, formosior ipse....

CHAPITRE VII

LE CARDINAL DE NOAILLES

M. de Châlons. — Installation solennelle. — La mort de Bossuet. — Le livre du Père Quesnel. — Noailles et les Jésuites. — La diplomatie secrète de Louis XIV. — M. Amelot. — Le *Problème ecclésiastique*. — *La bulle Unigenitus*. — Le roi et le cardinal. — Noailles au Conseil de Conscience. — Le confesseur du roi. — Sa soumission et sa mort.

1695-1729

I

Au mois de juin 1680, Louis XIV écrivait à M. de Noailles, évêque de Cahors, la lettre suivante :

« M. l'évêque de Cahors, croyant ne pouvoir mieux remplir l'évêché de Châlons-sur-Marne, dont vous savez la dignité[1], que par la translation de votre personne à cette église, j'ai résolu de vous y nommer, sans autres sollicitations que celle de votre vertu et les services

(1) C'était une des six pairies ecclésiastiques.

de votre famille ; je m'assure que votre zèle pour la pureté de la foi, n'y sera pas d'un moindre secours que dans votre premier diocèse, c'est aussi dans cette confiance que je prie Dieu de bénir mon choix, et de vous avoir, M. l'évêque de Cahors, en sa sainte garde. »

« M. de Noailles, dit Saint-Simon, porta à Châlons son innocence baptismale et y garda une résidence exacte, uniquement appliqué aux visites, au gouvernement de son diocèse et à toutes sortes de bonnes œuvres. »

Le nouveau pair ecclésiastique avait eu pour précepteur le Père Amelote, de la congrégation de l'Oratoire, qui soutenait sur la grâce ce qu'il appelait la doctrine de saint Augustin et de saint Thomas, sans vouloir passer pour janséniste. Aussi M. de Noailles, en arrivant dans son diocèse, ne fit-il aucune difficulté d'approuver l'ouvrage du Père Quesnel, dans lequel on prônait à mots couverts l'hérésie janséniste, à savoir la prédestination gratuite et la grâce efficace par elle-même, ce qui introduisait dans la religion chrétienne, sous une apparence déguisée, le fatalisme musulman. L'évêque de Châlons disait dans son mandement, en parlant de Quesnel. « Il faut que l'auteur ait eu cette charité lumineuse, dont parle saint Augustin, et qu'il ait été longtemps dans l'école de l'Esprit-Saint qui a dicté ce livre divin, pour avoir pénétré avec tant de clarté et d'onction, dans l'intelligence des mystères et des enseignements du verbe sacré. »

Ce mandement passa à peu près inaperçu à l'époque

de sa publication, car le roi nomma à Paris quatre ans après M. de Noailles, comme anti-janséniste et comme ami de Bossuet, soutenant même doctrine.

Cette nomination se fit à l'insu de Noailles lui-même et Louis XIV dit très-haut, au petit lever, quand elle fut publique :

« Si j'avais connu un homme plus digne de cette place, M. de Châlons ne l'aurait pas eue. »

Mme de Maintenon écrivait en même temps à son amie la comtesse de Saint-Géran : « Il fallait à la première église du royaume un prélat de mœurs sans tache et d'un caractère modéré, doux, simple, d'une piété éclairée et solide ; le roi a cru voir toutes ces qualités réunies dans M. de Châlons et il s'est consulté, il a consulté des gens de bien, il a consulté Dieu et rien n'est plus vrai que s'il eût connu en France un plus honnête homme, il l'aurait donné à sa capitale. » (24 août 1696).

Quand ses bulles furent arrivées, M. de Noailles fut installé dans son archevêché avec toutes les solennités requises.

Il fit sa profession de foi chez le nonce, étant accompagné des six témoins qu'il avait choisis, savoir : trois du premier ordre et trois du second ; les premiers étaient MM. le Tellier, archevêque de Reims, Bossuet, évêque de Meaux et Brulart évêque de Soissons.

Le 10 novembre, il reçut le pallium des mains de l'évêque de Chartres, son premier suffragant, dans l'église des Jacobins, rue Saint-Honoré, sur les neuf heures du matin. On avait lu ses bulles le jour précédent en plein chapitre, à Notre-Dame. Dès que la cérémonie du pallium fut achevée, M. de Noailles vint à l'archevêché; le chapitre qui s'était assemblé après la messe, ayant su son arrivée par le son de deux bourdons, députa le chantre, l'archidiacre, le théologal et un chanoine, pour aller le recevoir. Le chantre le harangua, et Mgr l'archevêque lui répondit dans les termes les plus obligeants. On l'amena devant Saint-Denis du Pas; il entra dans le chapitre, se mit à genoux sur un carreau, préparé pour cela, nu-tête, et sans calotte; et tous les chanoines étant assis et couverts, il fit le serment accoutumé, la main sur le commencement de l'Evangile de Saint-Jean, écrit sur vélin, baisa le crucifix, et se leva pour signer le serment. On le conduisit dans la nef de l'église, à l'autel de Saint-Sébastien, où était un fauteuil; il y quitta le camail et se revêtit de l'habit canonial. On sonnait sexte et dès qu'on eut commencé, on ouvrit les deux battants de la grande porte du chœur, et pendant la psalmodie, il entra, accompagné de M. le doyen. Ils firent ensemble l'*Ante* et le *Retro* à la tombe d'Eudes de Sully, allèrent au grand autel, se mirent à genoux au dernier degré, y récitèrent le *Pater*, se levèrent pour aller mettre la main droite sur l'autel, et pour le baiser, puis ils se rendirent au trône où M. le doyen entra le premier, et fit asseoir Mgr l'archevêque qui avait été découvert jusque alors. M. le doyen le quitta pour aller se mettre à la place décanale, où il ne s'asseoit que les fêtes solennelles, M. l'archevêque s'assit, et se couvrit. Il resta ainsi jusqu'à la fin du psaume, se leva au *Gloria,* se découvrit, et écouta debout l'oraison que dit le bénéficier en semaine. Puis le clerc de M. le chantre entonna le *Te Deum,* qui fut chanté en contrepoint. Après le *Te Deum,* le même clerc, alla devant le théologal l'avertir de la proclamation de l'archevêque par une simple inclination, et aussitôt M. le théologal se découvrit, alla faire des salutations à la tombe d'Eudes de Sully, et monta au jubé. Cependant le clerc retourna à M. le doyen, et après une inclination, marcha devant lui jusqu'à l'aigle. Là, M. le doyen dit l'oraison de la Trinité, et y joignit celle : *pro Domino Archiepiscopo.*

Le théologal qui était au jubé, se tournant vers la nef, sous le grand crucifix, où était un tapis pendant jusqu'à la figure de Notre-Dame de Pitié, fit au peuple la proclamation d'un nouvel archevêque, ayant en main les bulles déployées vers l'auditoire. En même temps, M. l'archevêque, découvert, donna la bénédiction, son porte-croix tenant devant lui la croix archiépiscopale, que l'on n'avait fait paraître qu'au commencement du *Te Deum.* Ce prélat étant descendu du trône, alla au revestiaire par la grande porte du chœur, et salua l'autel de la chapelle de la Vierge, d'une inclination profonde.

Il quitta son habit canonial d'hiver, et ayant repris son camail, il fut droit à l'officialité, précédé des officiers subalternes du chœur, de ses aumôniers et accompagné des dignités et des chanoines. Là, après la harangue d'un procureur, et une cause plaidée, il demanda tout bas l'avis aux dignités et aux chanoines, en commençant par la droite, et prononça....

Il nomma ensuite son official, son vice-gérant et son promoteur, fut conduit à l'archevêché, reçut le compliment du doyen, et le reconduisit au milieu de la cour. L'officialité était brillamment tapissée, et l'on y remarquait dix-huit évêques.

Le 9 mai 1696, accompagné de deux dignités de l'archevêché, Noailles se rendit au parlement, pour y être reçu duc et pair de France, il fut harangué par un conseiller de la Grande-Chambre, puis par M. le premier président, leur répondit, et après avoir prêté le serment, fut installé en habit de duc et pair ecclésiastique.

Le même jour, il reçut le cierge du collége de la Marche dont il était proviseur-né.

Enfin, quelques semaines après, il alla à Versailles en quatre carrosses et accompagné de dix chanoines, prêter serment de fidélité au roi et lui adresser ses remerciements.

Il y avait une dizaine d'années que M. l'archevêque, — maintenant cardinal de Noailles, occupait le siége de Paris, quand il eut la douleur de perdre son ami et son confident, Bossuet. Dans la dernière maladie de Bossuet à Paris, le cardinal vint le voir et lui parla longtemps avec la plus tendre affection, devant tous ceux qui assistaient à cette touchante et dernière entrevue. L'abbé Bossuet demanda ensuite à Noailles sa bénédiction pour son oncle. M. de Paris répondit avec modestie, qu'il la voulait recevoir de M. de Meaux lui-même, et la lui donna en même temps.

Au moment où le cardinal allait se séparer de lui pour toujours, Bossuet, d'une voix faible et presque éteinte, lui adressa ces dernières paroles :

— Je vous recommande mon neveu.

— Le roi vous aime, répondit Noailles, et il est tout recommandé. Tant que vécut Bossuet, dit le cardinal Bausset, M. de Noailles se dirigea constamment par son avis et par ses lumières. Mais aussitôt après sa mort, il se laissa gouverner par des conseils qui remplirent d'amertume sa vieillesse! En perdant Bossuet, il perdit celui qui pouvait seul le sauver de ses amis et de ses ennemis, celui qui lui eût rappelé sans cesse, qu'il devait rester supérieur à tous les partis, sans se rendre le protecteur de l'un, ni l'esclave de l'autre. Il aurait su concilier ses convenances et ses devoirs dans l'affaire du livre du Père Quesnel. Louis XIV s'en serait reposé sur lui du soin de ramener et d'éclairer le cardinal de Noailles.

En effet, l'instruction de M. de Noailles en arrivant dans son diocèse, où il cherche à tout concilier, passe pour être indubitablement de Bossuet. Mme de Maintenon disait à propos de ce document : « Je ne suis pas surprise des différents jugements qu'on porte de l'instruction de M. de Paris, le premier pas était difficile et toutes les personnnes désintéressées qui l'ont lue, conviennent qu'il s'en est démêlé en homme prudent ; certainement le roi en sera satisfait. »

La situation de l'archevêque de Paris ne laissait pas toutefois que d'être difficile. Depuis qu'il avait, par un mandement, approuvé à Châlons le livre du P. Quesnel sur la grâce, cet ouvrage avait été jugé en cour de Rome, et justement condamné comme contenant des propositions hérétiques. M. de Noailles ne pouvait soutenir un auteur censuré par le pape, il le comprit et retira la protection qu'il avait paru accorder à Quesnel. Mais au lieu de s'en séparer de suite, de désavouer brusquement son premier avis, de convenir tout simplement qu'il s'était trompé, il louvoya, il chercha des termes moyens, n'osant se déjuger, et craignant de maintenir son premier jugement. Il résulta de toutes ces manœuvres une conduite ambiguë, qui le fit tenir en suspicion par les deux partis et en résumé le brouilla, à peu près avec tout le monde. M. de Paris, le plus saint homme du monde pour la morale, était en fait de doctrine un de ces doux entêtés qui mettent vingt ans à effectuer péniblement, ce qu'il leur serait facile de faire en vingt minutes.

On vit paraître un jour sous le titre de : *Problème*

Ecclésiastique un pamphlet, dont l'auteur anonyme reconnu pour être un bénédictin nommé Dom Thierri de Viasme, demandait qu'on accordât entre eux l'évêque et l'archevêque, et s'informait ironiquement, duquel il fallait croire, de M. de Noailles, évêque de Châlons, approuvant les *Réflexions Morales* de Quesnel, ou de M. de Noailles, archevêque de Paris, condamnant les mêmes *Réflexions Morales*.

L'auteur du *Problème* fut emprisonné, et son ouvrage déféré au Parlement, qui rendit un arrêt ainsi conçu :

« Considérant.... que c'était ainsi, que pendant que Mgr l'archevêque de Paris donnait tous les jours à l'Eglise des gages précieux de la sainteté et de l'uniformité de sa doctrine par celle de sa vie, un simple particulier, sans caractère, sans pouvoir et peut-être sans capacité, s'érigeait en tribunal supérieur à celui d'un grand archevêque, et qu'au lieu de recevoir ses décisions avec déférence, il voulait se rendre juge des juges mêmes de la foi....

» Qu'on accusait le prélat, tantôt d'hérésie et tantôt de variation, que d'un côté, il insinuait qu'on devait l'envisager comme un archevêque qui méritait d'être mis au nombre des hérétiques, dignes d'être placés à la tête de cette secte, et que, de l'autre, il le représentait comme un prélat d'une doctrine chancelante, incertaine, contraire à elle-même, comme un juge qui approuvait ce qu'il devait condamner, qui condamnait ce qu'il avait approuvé, hérétique quand il approuvait, téméraire quand il condamnait, également incapable de constance et dans le parti de l'erreur et dans celui de la vérité....

" Que quelque respect qu'ils eussent pour la personne du prélat, que l'on attaquait avec tant d'indignité, ils ne craindraient pas de dire qu'un intérêt encore plus grand, et un motif encore plus pressant et plus élevé, excitaient leur zèle en cette occasion, que le public attendait d'eux, premiers magistrats d'un roi qui s'honorait moins de ce titre, que de celui de protecteur de l'Eglise, un arrêt réprimant la licence criminelle de ce torrent de libelles, etc., etc... "

Le livre fut brûlé par la main du bourreau, mais Noailles, indécis, effrayé, voulut mitiger sa condamnation, comme il avait voulu mitiger son approbation, et se rendit suspect ainsi aux vrais amis de la foi.

Mme de Maintenon, sa parente, lui écrivait : « J'allai hier à Melun voir une fille qui a été à Saint-Cyr, et qui est présentement fille de la Visitation. Elle me tint ce discours : On dit que le roi et vous, avez été bien trompés sur M. l'archevêque de Paris ; qu'il est janséniste et le protecteur de tous ceux qui le sont, qu'il ne se contente pas de permettre la lecture de leurs livres, mais qu'il les conseille, qu'il y a une communauté de Sainte-Agathe, formée par M. l'archevêque toute remplie des maximes et des pratiques de ces messieurs, qu'il fait renverser le bréviaire pour ôter la Madeleine, parce que ces messieurs le veulent ainsi, qu'il fait son possible pour protéger et rétablir le Port-Royal des Champs.

« Ne vous donnez point la peine de me répondre là-dessus, peut-être que vous ferez un jour quelque action d'éclat, qui vous lavera de tout soupçon.

» Il est impossible que le roi n'apprenne tout cela et que ses soupçons ne se fortifient. » (13 octobre 1698).

Sur la morale d'ailleurs, le cardinal était toujours inflexible; en 1700, à son retour de Rome, où il avait été assister au conclave, il fixa l'ouverture du Jubilé au Dimanche gras, défendit la Comédie et l'Opéra, et ne permit pas d'aller masqué et de courir les bals.

On lui fit parvenir un placet en vers commençant ainsi :

>Comme au tems de nos pères
>Laissez le carnaval,
>Que compères et commères
>En masque aillent au bal, etc.

Et comme le cardinal avait obtenu des lettres d'Etat de la chancellerie de France, pour ne payer que peu à peu ses dettes, augmentées considérablement par les grandes dépenses où son voyage à Rome venait de l'engager, quelqu'un, qui ne l'aimait pas, en prit occasion de répandre dans le public les vers suivants, comme ayant été adressés à Son Eminence :

>En carnaval, le jubilé
>Demande l'abstinence ;
>Mais quand on n'est pas disposé
>A gagner l'indulgence,

> En vous imitant, grand prélat,
> Le voulez-vous permettre
> Qu'on prenne des lettres d'Etat,
> Afin de la remettre.

Une circonstance vint, à cette époque, rendre plus critique la position du cardinal de Noailles. Il était fort à la mode alors de poser ce qu'on appelait des *Cas de conscience,* sorte de tournoi théologique, où les adversaires se combattaient par des thèses scientifiques, souvent attaquées et défendues avec beaucoup de violence. Des docteurs de Sorbonne jugeaient sur le tout, et généralement en dernier ressort.

Or, il parut un jour sous le nom de *Cas de conscience par excellence,* un problème théologique ainsi posé : « Pouvait-on donner les sacrements à un homme qui aurait signé le *Formulaire,* en croyant dans le fond du cœur, que le pape et même l'Eglise peuvent se tromper sur le fait? » Quarante docteurs se prononcèrent pour l'affirmative. Le cardinal de Noailles intervint, et ordonna qu'on crût le droit d'une foi divine, et le fait d'une foi humaine. D'autres évêques exigèrent la foi divine pour le fait. Le pape voyant la discussion prendre des proportions exagérées, voulut avec raison terminer la querelle en publiant la bulle *Vineam Domini Sabaoth,* par laquelle il ordonna de croire le fait, sans s'expliquer si c'était d'une foi divine ou d'une foi humaine.

C'était trancher la question de la manière la plus

large, et dans le sens le plus judicieux. Dans l'assemblée du clergé de France qui suivit la publication de cette bulle, Noailles, en la faisant accepter, mit ce préalable : « Que les évêques ont droit, par institution divine, de juger des matières de doctrine, et que leur acceptation des constitutions dogmatiques des papes, se fait toujours par voie de jugement. »

Cette clause indisposa également la cour de Rome et la cour de France. De plus, quoique le souverain-pontife n'eût pas ordonné de signer cette bulle, le cardinal exigea la signature des communautés religieuses du diocèse de Paris. Ce que faisant, les religieuses de Port-Royal ajoutèrent cette réserve : « Sans déroger à ce qui s'est passé à notre égard à la paix de l'Eglise, sous Clément IX. »

Ce dernier symptôme d'indépendance fut, pour la trop célèbre abbaye, la goutte d'eau qui fait verser le verre, Port-Royal n'y survécut pas. Ce monastère, supprimé à Rome, fut fermé et démoli dans la même année.

Quant à Noailles, il demeura mal avec les catholiques pour avoir voulu soutenir les filles de Port-Royal, il se brouilla avec les jansénistes pour ne les avoir point soutenus jusqu'au bout.

C'était l'irrésolution en personne que ce malheureux prélat; il changeait de dessein avec une facilité incroyable, et une fois qu'il en avait changé, il se tenait au dernier avec un acharnement sans exemple, « c'était un océan devenu terre ferme; » curieux mélange, il portait l'entêtement dans la versatilité et l'irrésolution dans la volonté.

Mme de Maintenon lui écrivait : « Je donnerais de mon sang pour entendre dire : M. le cardinal est bien déclaré contre les jansénistes ; je voudrais que vous puissiez voir l'uniformité des soupçons sur vous, depuis les prélats jusqu'aux plus petites religieuses. »

La marquise écrivait en même temps au duc d'Ayen : « Je voudrais vous cacher le déplaisir que j'ai de voir celui de notre cardinal, ses affaires avec le roi se gâtent de plus en plus, je n'y vois point de remède. »

On sait qu'en 1695, le cardinal avait approuvé le livre de Quesnel ; il continuait depuis quinze ans à user de modération, bien que l'ouvrage fût reconnu entaché d'une des plus dangereuses hérésies qui aient désolé l'Eglise. Un mandement fut, sur ces entrefaites, publié contre les *Réflexions morales* par les évêques de Luçon et de la Rochelle, qui avaient chacun un neveu au séminaire de Saint-Sulpice.

Ces deux jeunes ecclésiastiques firent afficher une innombrable quantité de ces mandements, dans tous les carrefours de Paris, sur les murs de Notre-Dame et sur ceux de l'archevêché.

Noailles se crut insulté directement, et renvoya les deux jeunes gens du séminaire ; il publia en même temps contre les deux évêques un mandement dans lequel il disait en parlant de ces prélats : « Nous aurions mauvaise opinion de leur sagesse, si nous pensions qu'au lieu d'être tout occupés du troupeau qui leur est confié, ils eussent étendu leur sollicitude sur le diocèse de Paris, dont Dieu ne les a point chargés, et dont ils ne sont pas à même de connaître les besoins. »

Paris avait pris fait et cause pour le cardinal, les communautés, les curés l'avaient poussé à publier son mandement; Noailles alla plus loin, il supplia le roi d'exiger que les deux évêques, pour réparer cette injure, écrivissent une lettre de réparation.

Mme de Maintenon écrivait à un tiers : « Si vous voulez savoir mon avis là-dessus, je vous dirai qu'ils ont tous grand tort. M. le cardinal de Noailles a demandé la permission de venir ici mercredi pour faire ses plaintes au roi. J'ai grand peur que cette audience ne fâche beaucoup celui qui la donnera et celui qui la demande. »

L'audience ne fut pas même accordée. Le comte de Pontchartrain, secrétaire d'Etat, ayant Paris dans son département, écrivit au cardinal de Noailles de la part de Louis XIV, que Sa Majesté n'approuvait nullement qu'il eût donné ce mandement, et que puisqu'il s'était fait justice à lui-même, en sa propre cause, il ne devait pas en attendre d'autre de Sa Majesté.

Une apostille ajoutée à cette lettre, portait que, dans l'état où étaient les choses, le comte de Pontchartrain croyait que le cardinal ferait bien de ne pas venir en cour.

Noailles écrivit alors directement au roi, pour justifier sa conduite auprès de Sa Majesté, la suppliant d'observer que dans cette affaire, il y avait deux choses à considérer, savoir ce qui concernait la foi, et ce qui ne regardait que sa personne ; qu'il ne s'était pas fait justice de la lettre outrageante des évêques, mais, qu'en ce qui concernait la foi, il était juge souverain en son diocèse, de l'autorité qu'il tenait de Jésus-Christ.

Le cardinal ajoutait :

« Au surplus, Sire, quand ceux qui me persécutent depuis si longtemps, voudront me laisser en repos, et se tenir à leur place, tout ira bien, et Votre Majesté n'aura que de la consolation des évêques, et j'ose dire, de moi, plus que d'aucun autre, mais s'ils continuent, ils troubleront tout, ils exposeront l'Eglise de votre royaume, au schisme et aux plus grandes extrémités. »

« Une seconde ordonnance parut en même temps, dans laquelle le cardinal parlait d'esprits brouillons qui cherchaient à semer la division dans le corps épiscopal et il condamnait ces écrits, avec défense à ses diocésains d'en prendre lecture et de les garder. »

Il est bon de savoir, que ces « esprits brouillons » ces gens « qui le persécutent depuis si longtemps » ce sont les jésuites. Car les jésuites, sans le savoir, sans le soupçonner même, étaient les ennemis acharnés de l'archevêque de Paris. Le cardinal de Noailles a passé les belles années de son épiscopat à s'imaginer être poursuivi par les jésuites, qui, disait-il, « voulaient le perdre à quelque prix que ce fût. »

Ce vénérable prélat, s'est laissé à ce point abuser par des fantômes, créés par son imagination, qu'il a bien réellement, en ce qui le concerne, poursuivi les jésuites de toute son animosité; leur interdisant de confesser, de prêcher, de donner les sacrements, les taquinant, les recherchant sans repos ni trêve, voulant se venger d'injures imaginaires, que les jésuites auraient été censés lui faire, s'appliquant à leur rendre la vie impossible dans son diocèse. Il est bien clair que les jésuites ne pouvaient, pour complaire au cardinal, le suivre dans son obstination janséniste, il est vraisemblable qu'ils ont dû obéir à leur conscience de catholiques et de prêtres, en pressant le roi de ne pas permettre les progrès de l'erreur, et puisque l'autorité civile était accoutumée à s'ingérer dans les affaires spirituelles, il était du devoir des jésuites, et spécialement du Père Le Tellier, confesseur du prince, de le guider dans la protection, parfois intéressée, mais en cette circonstance très-sincère, qu'il accordait à la religion. De là, à une persécution de Noailles par les jésuites, il y a l'infini.

En se faisant ouvertement l'ami d'un livre entaché d'hérésie, Noailles passait pour le protecteur tacite de cette hérésie, position sans doute éminemment fausse pour un cardinal archevêque de Paris. Il lui en arrivait des désagréments de tout genre, qui l'exaspéraient.

Les jésuites étant, par état et par vocation, les plus zélés défenseurs de l'orthodoxie, s'offrirent les premiers au prélat; il affecta de voir en eux ses persécuteurs, et parce qu'il se crut persécuté par eux, il le leur voulut rendre avec usure, et fit tomber sur eux son mécontentement.

Pour dire le vrai, il eût agi avec sagesse en ne s'en prenant qu'à lui-même.

« Je ne vous parlerai plus de M. le cardinal, écrivait Mme de Maintenon au duc de Noailles, j'ai fait tout ce que j'ai pu, pour adoucir tout de part et d'autre; je déplais aux deux partis parce que je ne suis d'aucun; le roi voulait faire justice à M. le cardinal, mais Son Eminence, sans attendre le jour de l'audience, se l'est faite à lui-même. »

Le roi chargea le Dauphin, duc de Bourgogne, Bissi, évêque de Meaux, le curé de Saint-Sulpice, confesseur de Mme de Maintenon, le contrôleur général des Marets, et le duc de Beauvilliers, chef du conseil intime, d'apaiser l'affaire du mandement. Noailles répond par un billet qu'il n'a pas le temps de s'en occuper, et se recommande aux prières de ses collègues. Le Dauphin lui envoie un mémoire de sa main, mais l'évêque de Meaux écrit quelques jours après à Mme de Maintenon: « Le cardinal a rejeté tous les expédients, peut-être que, dans la dernière entrevue qu'il aura demain avec M. le Dauphin, il se radoucira. »

Le lendemain, nouvelle lettre de l'évêque de Meaux à

Mme de Maintenon : « Dans l'entretien que M. le Dauphin a eu aujourd'hui avec M. le cardinal de Noailles, le cardinal a paru plus disposé que dimanche dernier à entrer dans les derniers moyens qu'on lui proposait ; nous ferons tout pour ne pas laisser sortir cette affaire des mains de M. le Dauphin, sans une heureuse fin. »

Le Père Le Tellier avait envoyé aux évêques des projets de lettres, qui auraient été remises à Louis XIV, et dans lesquelles les prélats auraient demandé à Sa Majesté, de soutenir l'opinion catholique contre toutes les entreprises. Un grand nombre de prélats les renvoyèrent au Père Le Tellier avec leur adhésion. Quelques-unes de ces lettres tombèrent aux mains de Noailles, qui voulut y découvrir comme une manière de conspiration contre lui. Il prit la plume et écrivit au roi :

« Sire, j'ai l'honneur d'envoyer à M. le Dauphin et à Mme de Maintenon les pièces que la Providence a fait tomber entre mes mains, par un coup qui ne peut venir que d'elle. Ils en rendront compte l'un et l'autre à Votre Majesté ; je ne préviens point le jugement qu'elle portera sans doute, à la vue du mystère d'iniquité, que ces pièces vont faire éclater. Je connais trop la religion de Votre Majesté, pour douter qu'elle ne soit vivement frappée d'une si mauvaise intrigue. »

Et le même jour, au Dauphin :

« Monseigneur...... vous verrez clairement par la lecture seule de ces lettres, le fond de cette intrigue.

Dieu n'a pas voulu qu'elle fût plus longtemps cachée, et ne la découvre ainsi, avec tant d'évidence, qu'afin que vous puissiez par votre autorité, et par votre piété, en arrêter les suites funestes. J'irais vous porter moi-même ces lettres si je n'appréhendais de faire trop de bruit, en arrivant à Fontainebleau où l'on ne m'attend point....

. . . .

- .... Si je croyais pouvoir apaiser la tempête en me jetant au milieu de la mer, je le ferais du meilleur de mon cœur, mais elle n'en deviendrait que plus forte.... Je suis affligé d'être l'occasion de la peine que cette triste affaire vous donne. Je vous supplie de croire que je ferai toujours avec empressement mon devoir contre le jansénisme, et contre toute autre mauvaise *doctrine*. »

Dans une troisième lettre à Mme de Maintenon, Noailles raconte comment le paquet est venu entre ses mains, et la prie de remettre sa lettre au roi.

Le roi ne répondit pas, et le Dauphin envoya au Cardinal une lettre assez froide, cherchant à le calmer. On comprend que la lettre du Père Le Tellier avait été à Versailles jugée ce qu'elle était, animée du désir de concorde sur le fait, et de sévérité sur la doctrine.

On y lisait textuellement : « Pour les procédés, on est dans la résolution de donner satisfaction à Son Eminence, mais sur le fond ces deux évêques gagneront leur procès, le livre du Père Quesnel sera proscrit.... »

Voyant que l'envoi de son paquet ne produisait aucun résultat, l'archevêque écrivit au roi contre le Père Le Tellier, une lettre très-ardente, véritable réquisitoire :

« Dieu m'est témoin, qu'après le désir de lui plaire, je n'en ai point de plus fort, que celui de plaire à Votre Majesté....; le Père Le Tellier ne mérite pas la confiance dont elle l'honore, il est incapable de la conduire dans la voie du ciel, en un mot, la conscience de Votre Majesté n'est point en sûreté entre ses mains.... »

« Je ne puis me dispenser de représenter à Votre Majesté, que sa conscience n'est pas en bonnes mains. Je le dois à Dieu et à elle. Quand je ne serais pas chargé de son salut comme son archevêque, attaché à elle au point où je le suis, je ne laisserais point d'y être très-sensible. »

Une nouvelle lettre à Mme de Maintenon partit en même temps ; ces deux missives restèrent sans réponse comme les précédentes. Pourtant on n'avait pas rompu à Versailles avec le Cardinal. Le Dauphin, dit Saint-Simon, dans ses *Notes manuscrites,* aimait et estimait Noailles, il ne pouvait le croire, ni janséniste, ni faux, ni haineux.

L'indifférence de Louis XIV excitait l'archevêque au delà de toute expression, il se montait l'imagination, son esprit s'exaltait, et ne sachant à qui s'en prendre, il faisait tourner sa colère sur les jésuites, qu'il accusait de tout le mal. Le Père Daniel, supérieur de la maison professe de Paris, avait porté au secrétaire du Cardinal la liste de leurs confesseurs et prédicateurs, pour demander, ainsi qu'il se pratiquait tous les ans, vers la fête de l'Assomption, le renouvellement de leurs pouvoirs pour la prédication et la confession. Le Cardinal avait apostillé cette liste de sa main, et l'avait signée après avoir effacé plus de vingt de ces religieux.

« Sa Majesté, ne laissera pas d'en être fâchée, écrit l'archevêque à Mᵐᵉ de Maintenon, mais pour lui plaire, il ne m'est pas permis d'offenser Dieu. Je donne de nouveaux pouvoirs au Père Le Tellier, quoique ce soit celui qui mériterait le mieux de n'en plus avoir. Je fais ce sacrifice au roi. »

De son côté, Mᵐᵉ de Maintenon écrivait au duc de Noailles :

« C'est un ressentiment, plutôt qu'une punition qu'il devrait, ce me semble, sacrifier au roi....

. . . .

» Il ne faut pas se flatter, Monsieur, nous allons voir une très-violente rupture, si nous ne voyons pas un accommodement. Je connais le roi, sa colère augmente par le temps ; je vous l'ai dit plusieurs fois, et vous verrez tous les jours, quelque nouvel incident de part et d'autre. Le roi hait les divisions. Il désire ardemment que celle-ci finisse. Il ne tient qu'à ce cher oncle de la terminer à son avantage....

» ... Non, je ne m'accoutume point à voir le nom

de Noailles à la veille d'une disgrâce, et je crois vous avoir porté malheur. »

Le duc répond : « que le cardinal est en visite dans son diocèse, qu'il le verra à Paris, à son retour, et lui fera toutes les représentations convenables, mais il ne peut rien promettre. »

Le 16 novembre 1711, le roi, pour en finir, avait écrit au cardinal de la Trémoille, ambassadeur de France à Rome, une lettre signée par Colbert, marquis de Torcy, comme secrétaire d'Etat des affaires étrangères, demandant un bref contre le livre du Père Quesnel.

L'ambassadeur répond le 2 janvier 1712[1] :

« .... On y va de bonne foi et avec intention de satisfaire Votre Majesté sur cela, mais on trouve des difficultés pour qualifier les propositions, parce que cet auteur a écrit avec tant d'art et de circonspection, qu'il est difficile de tirer de son livre des propositions particulières, au moins sans mettre des pages entières, d'où l'on puisse tirer parce qui est devant, et parce qui est après, la malignité de sa proposition, et il est très-difficile de mettre tout cela dans une Constitution. S'il n'était question que de condamner le livre, sans stipuler les propositions, ce serait une affaire bientôt finie. »

---

(1) Ces dépêches sont entièrement inédites. Correspondance de Rome. (Archives des Affaires Etrangères).

Le cardinal de la Trémoille écrivait de nouveau sur ce sujet le 2 juillet, puis le 23 juillet :

« J'ai parlé encore deux fois cette semaine à l'assesseur du Saint-Office, pour presser la Constitution. Il me dit hier de la part de Sa Sainteté qu'il était impossible d'y travailler avec plus d'assiduité et de diligence. Les examinateurs sont au nombre de neuf, et, quoique je ne sois pas du secret du Saint-Office, je ne laisse pas de savoir qu'il y en a qui font des dissertations entières, qui durent des temps infinis.

» .... *Le pape veut faire un ouvrage solide auquel on ne puisse répondre*, et sur lequel on ne puisse trouver matière de parler. »

Le même ambassadeur écrit encore le 3 septembre 1712 au secrétaire d'Etat des Affaires Etrangères :

« J'ai pris la liberté de mander au roi dès la semaine passée ce qui pourrait, présentement, tirer en longueur le projet de la Constitution ; il ne faudrait pas que ceux qui la demandent avec le plus d'empressement, fussent les premiers à fournir de la matière pour l'allonger, *à force de vouloir la bien faire,* c'est le moyen de ne jamais finir ; par le peu que j'ai pu tirer sur cette matière, dans laquelle on agit avec beaucoup de secret, j'ai lieu de croire que ces propositions ont été envoyées de France. »

Pendant ce temps, Noailles écrit au pape, une lettre longue, modeste et digne, passant en revue toute sa conduite, et joignant à son envoi les ordonnances et mandements qu'il a pris sur la matière.

« Si Votre Sainteté trouve que je n'ai pas pris le vrai sens du livre, je ne rougirai point d'avouer et de corriger avec une prompte soumission ce que j'aurai pensé mal à propos. »

Ceci n'empêchait pas l'affaire des jésuites de prendre en France des proportions considérables. Le roi insista pour que le droit de prêcher leur fût rendu. Le duc d'Antin fut chargé de la négociation. Le cardinal répondit par une lettre pleine d'une fermeté, qu'on regrette de ne pas voir mieux employée, et dit en substance à Louis XIV qu'il se mêle de choses qui ne le regardent point : rappelant les *dons gratuits* du clergé au roi, pendant la guerre de la succession d'Espagne, il écrit :

« Sire... tant qu'il ne s'est agi que de biens temporels, et qu'on peut donner dans une pressante nécessité, j'ai surmonté mon scrupule, et travaillé le premier à la ruine du clergé, pour sauver votre Etat, et pour soutenir votre trône.

» Il ne s'agit pas aujourd'hui d'un bien temporel, et il n'est pas question d'argent, mais de sacrements.... Il ne m'est pas permis d'y toucher ; et — si j'ose le dire, — (et pourquoi ne l'oserai-je pas, parlant à un roi aussi religieux que Votre Majesté, et ayant l'honneur d'être son pasteur) il ne lui est pas permis d'y toucher, ni de s'en mesler. »

Et Noailles en écrivant à Mme de Maintenon, lui dit : « Convient-il que le roi s'en mêle, cela est-il de la compétence de l'autorité royale, et n'est-ce pas lui faire mettre la main à l'encensoir ? »

La marquise lui répond que Sa Majesté considère l'affaire comme temporelle, et qu'il n'est pas possible de dire qu'en un moment les jésuites sont devenus incapables de confesser.

Le cardinal ripostait que les jésuites tenaient boutique ouverte de simonie !

II

Cependant on poursuivait toujours à Rome, la Constitution sur l'hérésie janséniste et particulièrement sur le livre de Quesnel.

« Il serait à souhaiter, écrivait l'ambassadeur au roi, (12 novembre 1712) que la Constitution à laquelle on travaille, fît cesser toute dispute, mais je n'ose l'espérer ; je vois, au contraire, une animosité qui nous menace d'un chaos d'affaires en ce pays-ci, dont on ne peut prévoir la fin. »

Cette Constitution devait être la fameuse bulle : *Unigenitus Dei filius*. La bulle, à peine achevée, fut apportée de Rome à Fontainebleau par un courrier du cardinal de la Trémoille ; un exemplaire en fut adressé par le marquis de Torcy au cardinal de Noailles, qui publia un mandement commençant par se soumettre très-humblement à la volonté pontificale, explicitement exprimée.

Tout faisait présager un dénouement prochain aux difficultés jusque alors pendantes, au moment où le roi assembla les évêques à Paris dans le palais archiépiscopal, pour délibérer sur l'acceptation de la bulle. Dans Paris, on publiait des libelles, on faisait circuler des recueils de chansons impies, et ce qui devait surtout ouvrir les yeux aux catholiques sur l'urgence qu'il y avait de terminer promptement les formalités de l'acceptation, c'était de voir les protestants, par leur organe, le *Journal de Hollande,* et les ennemis de l'Eglise en général, décrier la bulle de toutes leurs forces.

La presque unanimité des prélats accepta purement et simplement la constitution pontificale; Noailles et quelques autres, sans la refuser absolument, demandèrent des explications.

La colère de Louis XIV, sourde jusque-là, éclata comme le tonnerre. La bulle, pour la cour, c'était le moyen de tout terminer, d'apaiser les dissentiments, de donner une règle de foi sur la matière. Les difficultés de l'archevêque de Paris mettaient à néant tous les efforts, et il fallait recommencer les négociations sur nouveaux frais. Ordre fut donné aux prélats rebelles de retourner sous trois jours dans leurs diocèses, et au cardinal de Noailles, défense fut faite de venir à Versailles.

L'archevêque qui ne s'attendait pas à un coup aussi subit, fut atterré. Il fit un mandement pour expliquer sa conduite, et, comme on venait de signer la paix d'Utrecht, il écrivit au roi que « malgré ses disgrâces, il n'aura jamais de sujet plus sensible que lui à son repos, à sa gloire et à sa consolation. »

Il était trop tard pour regretter sa faute ; et il faudrait avoir vécu il y a un siècle, pour savoir quelle peine c'était que la disgrâce royale. On était à l'antichambre, à la galerie, à l'Œil-de-Bœuf, il n'y avait entre le roi et soi que le battant d'une porte, il y avait un abîme. On se retournait, on cherchait des biais, on ne trouvait rien. Le cardinal était disgracié et comment croyez-vous que le roi se venge? Par la torture pour Ravailhac, par la Bastille pour un gentilhomme, par l'exil pour les parlements, mais pour un cardinal par un mot ou, pis encore, par le silence.

Il fallait savoir ce que c'était que le silence du roi. Tandis que Louis XIV traverse les grands appartements, impassible et sourcilleux, gardant sa solitude au milieu de la foule, ne se souciant de rien et toisant les gens sans en recevoir aucune impression, les chuchotteries cessent, les courtisans baissent la tête, n'osant pas saluer tout à fait et les dames hasardent ce bonjour gracieux, que nos grand'mères appelaient une révérence.

C'est alors que le roi, au lieu de vous répondre, vous dévisage en passant avec son regard muet, et vous anéantit. Après la Grève et la Bastille, c'était un certain degré de supplice, qui, moins cruel en apparence, marquait aussi bien que la main du bourreau. Le condamné, il est vrai, restait libre, mais devant lui tout se fermait ou se détournait et il se promenait ainsi au hasard dans une prison invisible.

Il fallait pourtant réduire le cardinal, dont la conduite, devant une bulle aussi explicite, et sur un aussi grave sujet, devenait un scandale.

M. le conseiller d'Etat Amelot reçut à cet effet de pleins pouvoirs près la cour du Vatican, et fut chargé de cette délicate ambassade[1].

Il arriva à Rome le 9 janvier 1715, le pape désigna le cardinal Fabroni pour traiter de l'objet de sa mission. Par dépêche du 22 janvier, M. Amelot rendait compte au roi de ses démarches :

« .... Le pape me dit que c'était sur ce que me dirait ce cardinal que je devais faire fonds, qu'il savait parfaitement les intentions et la dernière résolution de Sa Sainteté, que je ne devais point m'arrêter à tout ce que d'autres, même cardinaux, pourraient me rapporter, quand ils assureraient l'avoir entendu *de la bouche de Sa Sainteté, ou même quand je le verrais écrit de sa main* ; que je crusse le cardinal Fabroni

---

(1) Dépêches inédites (Archives des affaires étrangères). *Vicissitudes de la vie du cardinal Louis-Antoine de Noailles* par Nicolas le Dran, chef du dépôt des affaires étrangères, 6 vol. in-fol., *manuscrit* — 1732.

préférablement à elle, qu'elle lui avait donné toute sa confiance, en ceci, et l'avait rendu dépositaire de toutes ses idées, afin qu'il n'y eût point de variations et que ce qui serait réglé entre ce cardinal et moy, demeurât fixe et non sujet à changement; que la conclusion devait demeurer entre nous trois, dans un secret impénétrable, jusqu'à ce qu'elle eût esté approuvée par Votre Majesté, et convenue avec elle, sur le compte que je lui en rendrais. »

M. Amelot eut le lendemain, 23 janvier, une conférence avec le cardinal Fabroni. On voit dans sa dépêche à Louis XIV, du 26, sur les *propositions* faites par le cardinal dans cette conférence, ce qui suit :

« Il faudrait que Votre Majesté qui a une pleine puissance dans son royaume, tant sur les libertés de l'*Eglise gallicane,* que sur tout le reste, déclarât Mgr le cardinal de *Noailles,* par sa désobéissance à vos lettres patentes, *privé et déchu* de ces mesmes libertés, qu'elle le *dénaturalisât* même, s'il était nécessaire, et qu'ensuite elle l'abandonnât au pape pour le punir de la même manière que Sa Sainteté pouvait faire sans contredit à l'égard d'un évêque d'Italie; qu'en ceci ce serait uniquement l'autorité de Votre Majesté qui ferait tout, que le pape n'y entrerait que parce que vous voudriez bien lui ouvrir une porte dont Votre Majesté avait la clef, que, par conséquent, *cela ne donnerait point d'atteintes aux libertés du clergé de France, puisque M. le cardinal de Noailles, les aurait déjà perdues, que personne dans votre royaume ne pouvait vous contester votre pouvoir, que ce cas singulier ne ferait point d'exemple, que Votre Majesté pouvait naturaliser un étranger et par là, luy donner le droit de posséder des bénéfices en France, qu'elle pouvait de même dénaturaliser un de ses sujets.* »

M. Amelot ajoute que cette proposition lui parut *violente* et qu'il ne lui fut pas difficile de la contredire, qu'il la considérait « comme inouïe parce que certainement, il n'y en avait point eu d'exemple parmi les siècles les plus reculés, et comme injuste, parce qu'il était contre toutes les règles de faire subir à quelqu'un une peine si rude sans l'avoir entendu. »

M. Amelot traita le 3 février l'affaire avec le pape dans une audience :

« Le pape se montra irrité contre le cardinal de *Noailles*; il avait plusieurs papiers et même quelques livres auprès de lui, il prit sa constitution, et m'en lut le dispositif tout entier ; il me fit remarquer que les précautions, prises après de mûres délibérations, devaient lever tout scrupule aux esprits non prévenus, il s'arrêta principalement sur la liberté des écoles qu'il ne prétend pas qui doive assujettir le Saint-Siége, quoique effectivement son intention n'ait pas été d'y préjudicier, etc., etc. »

Le pape proposait d'adresser à Noailles deux brefs, l'un de douceur, l'autre de rigueur ; le second ne partirait qu'après le refus de se soumettre au premier.

Le chancelier de France, Voisin, répondit le 11 mars 1715 à M. Amelot « que le bref de douceur, en présence de l'opiniâtreté de M. de Noailles, serait inutile, qu'il n'est pas davantage possible, de traiter avec le cardinal Fabroni sur les propositions extraordinaires qu'il a faites, » il conclut en proposant un concile national.

La lettre de M. Voisin était écrite et allait partir, quand il en reçut deux à la fois d'Amelot, qui d'après ses nouvelles conférences avec le pape, inclinait à ce que le cardinal de Noailles fît tout bonnement l'acceptation conditionnelle qu'il avait proposée à la bulle *Unigenitus*, il adressait en même temps au chancelier le bref de douceur.

Ce bref est transmis le même jour à M. de Noailles, qui le reçoit fort mal.

Le cardinal écrit au chancelier :

« L'obéissance aveugle, la soumission pure et simple, la dégradation de l'épiscopat y sont nettement établies, je suis un enfant prodigue, qu'on veut bien recevoir, un criminel à qui on offre le pardon, pourvu qu'il se reconnaisse ; *si j'en conviens,* il ne doit plus être question pour moi de publier de bulle, mais de faire amende honorable à toute l'Eglise, et d'aller dans la retraite faire pénitence. »

Le chancelier fit alors proposer à Sa Sainteté par l'intermédiaire d'Amelot :

« De donner une bulle, pour enjoindre à M. le cardinal de Noailles et à tous les évêques de son parti de la recevoir dans un temps bref, comme de quinze jours... sous peine, en cas de refus, d'être procédé contre eux d'après les canons.

» Cette bulle étant remise au roi par le nonce, pouvait être revêtue de lettres patentes, pour être enregistrée au parlement de Paris, le procureur-général la signifierait aux prélats et ils seraient regardés comme accusés. »

Pendant ce temps, les brochures allaient leur train et dans l'une d'elles, on traitait les évêques qui avaient accepté la bulle, de *mercenaires* qui, pour obtenir les faveurs du roi, lanceraient anathème sur Jésus-Christ lui-même.

Voyant que les affaires de Rome n'avançaient pas, et qu'aucun système n'était adopté par l'une et l'autre des deux cours, le roi se prépare à convoquer un concile, et fait rédiger une déclaration préalable; on envoie cette pièce au Parlement qui refuse de l'enregistrer, on décide de tenir un lit de justice, on charge Chauvelin, l'avocat-général, d'y exercer pendant huit jours l'office de procureur, on prend date... mais le roi tombe malade tout à coup....

Les négociations s'arrêtent, le chancelier écrit au plénipotentiaire de France de revenir, la maladie du roi empire, et il n'est plus question de concile. Les lettres de cachet pour faire arrêter le cardinal étaient prêtes, on le devait conduire sous bonne escorte à *Pierre-Encise*.

Noailles alors écrit à Mme de Maintenon et lui marque « combien il est sensible à l'état où se trouve le roi, et son désir d'avoir la permission de paraître devant Sa Majesté pour lui rendre les devoirs de pasteur. »

Le 26 août, il fait ouvrir les prières des quarante heures dans les églises de Paris....

A Versailles, Fagon, Maréchal, Bissi, Rohan, Le Tellier, Mme de Maintenon étaient dans la chambre royale. Le silence régnait. Fagon demanda entre haut et bas, si on laisserait mourir le roi sans voir son archevêque et sans marquer par là réconciliation et pardon, que c'était un scandale nécessaire à lever.

« Vraiment, dit textuellement Louis XIV à la marquise de Maintenon, je serais bien aise de voir le cardinal de Noailles et je suis fâché de mourir brouillé avec lui. »

Un courrier de cabinet fut aussitôt chargé de porter à l'archevêque une lettre où le roi l'informait qu'il serait bien aise de le voir, mais à la condition qu'il acceptât la bulle *Unigenitus*. Le cardinal était ce soir même en prière au pied de l'autel, dans l'église cathédrale.

Il répondit « qu'il regardait la lettre qu'il avait reçue la veille, à l'entrée de la nuit, comme une défense, plutôt qu'une permission de se présenter devant Sa Majesté, et que le triste état où Sa Majesté se trouvait ne changeait rien à l'affaire de la bulle *Unigenitus*. »

III

Une heure après la mort de Louis XIV, le cardinal arrive à Versailles, le chancelier seul est resté dans la chambre mortuaire, la foule se précipite vers le duc d'Orléans ; l'archevêque de Paris se présente au nouveau régent, et comme la mode était alors à la réaction, le prince l'embrasse avec effusion, l'emmène dans son cabinet et l'y retient une heure à causer.

Il en sortit plus en faveur qu'il ne fut jamais et chef du conseil de conscience ; on venait en effet de décider, qu'on émietterait le pouvoir ; il venait de résider soixante ans entre les mains d'un seul, on ne crut pas suffisant de le donner à huit ou neuf ministres, on fit des extraits de ministres et des neuvièmes de portefeuilles. « Un changement immense, dit Saint-Simon, se fit en vingt-quatre heures dans l'opinion. L'herbe croissait à l'archevêché ; en un moment, on s'en rapprocha, en un autre, tout y courut. Les évêques, ceux du second ordre, les gens du monde, grossirent la cour du cardinal de Noailles, peu ému au reste de ce subit changement qu'il voyait être la cause d'un autre contraire, si la cour venait à cesser la faveur qu'elle lui montrait. »

Le duc d'Orléans informait cependant le cardinal de la Trémoille, ambassadeur du roi à Rome, de la nomination de Noailles au poste le plus élevé de la hiérarchie ecclésiastique en France[1]. « Un archevêque de Paris, dit-il, est regardé comme ayant presque un droit acquis pour entrer dans un Conseil de Conscience ;... le public le présente lui-même au régent et ne lui laisse presque pas la liberté de le refuser.

» Ce prélat, déjà recommandable par l'innocence de ses mœurs et par la sainteté de sa vie, a été comme consacré par la *mauvaise fortune*.... Sa disgrâce n'a servi qu'à relever l'éclat de sa vertu, à lui attacher non-seulement la ville de Paris, mais presque tout le royaume, et à le rendre, pour ainsi dire, l'idole de la France. Il n'aurait pas été sûr, pour le régent, de priver un homme de ce caractère du droit que sa place semblait lui donner naturellement.

» On ne doit pas craindre qu'il abuse de ce qui se fait en sa faveur. On peut être sûr, au contraire, qu'il ne s'en servira que pour faire connaître au pape, des sentiments dont Sa Sainteté aurait été édifiée, *si l'on avait laissé à ce prélat la liberté de les lui expliquer avec une confiance filiale*.... »

Quelque médiocre satisfaction que dût causer à Rome la nomination de Noailles, malgré l'eau bénite de cour qui l'accompagnait, et la diplomatie dont elle était enveloppée, le cardinal-archevêque n'en était pas moins classé parmi les ennemis d'une bulle, acceptée par l'univers chrétien, et à laquelle le Souverain-Pontife attachait avec justice une extrême importance.

---

[1] Lettre du 13 septembre 1715. (*Inédite.*)

Les jésuites ne pouvaient que continuer à écrire et à parler plus vigoureusement que jamais en faveur de l'orthodoxie, bien qu'ils ne fussent plus assurés d'aucune protection et sans y mettre de passion d'aucune sorte.

L'archevêque se vengea, en retirant les pouvoirs à tous ces religieux pour prêcher et pour confesser, en exceptant seulement le Père de la Rue, confesseur de la duchesse de Berry, fille du régent; le Père Gaillard, confesseur de la reine d'Angleterre, veuve de Jacques II, le Père de Linière, confesseur de Madame, mère du Régent, le Père Martinot, ancien confesseur du duc de Bourgogne, et le Père de Trévoux, confesseur du duc-régent.

Les jésuites s'étaient scrupuleusement soumis à l'ordre, intimé par l'huissier de l'officialité.

Mais le Père de la Ferté, parent de Mme la duchesse de Ventadour, avait été chargé par le cardinal de Rohan, grand-aumônier de France, de prêcher l'Avent aux Thuilleries.

Il est bon de savoir que le grand-aumônier avait, en cette qualité, une situation toute particulière. Revêtu de la première dignité ecclésiastique de la cour, qui ne s'accorde guère qu'aux cardinaux, il dispose du fonds des aumônes du roi, célèbre le service divin dans la chapelle de Sa Majesté ou nomme ceux qui doivent y officier.

Il est commandeur-né de l'Ordre du Saint-Esprit, et c'est en cette qualité que les aspirants font leur profession de foi entre ses mains. Il a appartement chez le roi, baptise les enfants de France et ceux dont le roi est parrain, fiance et marie les princes et princesses de la famille royale. Il marche aux obsèques des princes immédiatement devant l'effigie. Il peut seul, ainsi que le confesseur, parler au roi pendant la messe.

Il peut se trouver au lever et au coucher du roi pour assister aux prières de Sa Majesté, c'est lui qui donne au roi la communion et les dispenses et permissions, il peut assister aux repas publics du roi pour la bénédiction de la table, et pour les grâces. A la messe du roi, le grand-aumônier présente à Sa Majesté son livre de prières, et lui donne l'eau bénite. Quand le roi va à l'offrande, il l'accompagne depuis le prie-Dieu jusqu'à l'autel, à certaines fêtes, il présente à Sa Majesté l'Evangile et la paix à baiser.

Il a sous ses ordres le premier aumônier, les quatre aumôniers de quartier, les chapelains de la grande chapelle, et ceux de l'Oratoire. Enfin, il est l'évêque de la cour, et en fait fonction en tout diocèse sans en demander la permission.

C'est à ce titre que M. de Rohan avait chargé le Père de la Ferté, de la Compagnie de Jésus, de prêcher l'Avent aux Thuilleries devant le roi. M. l'archevêque, qui considérait le grand-aumônier comme son ennemi personnel, à raison de la chaleur qu'il avait montrée pour la bulle *Unigenitus,* saisit avec plaisir cette occasion de le contrecarrer, et réclama vivement au régent contre ce qu'il appelait : l'abus de pouvoir de M. le cardinal de Rohan.

Noailles était, au surplus, soutenu dans sa lutte contre les jésuites, par le parti philosophe qui commençait à lever la tête, et par les curés de Paris qui se prétendirent tous lésés dans leurs droits.

Des pétitions en vers, demandaient ironiquement le retour des Pères de la Compagnie; la plus célèbre commençait ainsi, et s'adressait à Noailles :

> Seigneur, plaise à Votre Eminence,
> Donner un moment d'audience
> Aux pécheurs de votre cité
> Assemblés en grand comité
> Pour humblement lui faire entendre
> Le solide intérêt qui les pousse à défendre,
> Près de vous ces *Agnus Dei*
> *Qui tollunt peccata mundi.*
> Nous, pécheurs de profession,
> Gens de toute condition,
> Princes et ducs, marquis et comtes
> Maréchaux, barons et vicomtes
> Gens de palais et maltôtiers
> Nous qui vivons sans conscience
> Sans loi, sans foi, sans espérance
> etc., etc.

De son côté, le grand-aumônier avait pour lui toute la cour et le Père de la Ferté était proche parent de la duchesse de Ventadour. Le Régent, entre les protestations de Noailles et les réclamations de Rohan, se trouvait assez embarrassé et nul ne sait ce qu'il en serait advenu, quand le Père de la Ferté reçut l'ordre de prêcher de M. le cardinal grand-aumônier.

Il prêcha donc, mais à son corps défendant. Le lendemain, l'archevêque indigné demandait justice au Régent, le grand-aumônier ripostait par les priviléges de l'exemption, et le Père de la Ferté, instruit des difficultés que son sermon faisait surgir, écrivait à Noailles une lettre remplie d'humilité où, après avoir expliqué comment on lui avait donné l'ordre de monter en chaire, il demandait à être déchargé de ce devoir.

Pour apaiser Noailles, le duc d'Orléans nomma confesseur du roi l'abbé de Fleuris, qui n'était point jésuite, malgré le désir que Louis XIV avait exprimé dans son testament, qu'un Père de la Compagnie fût chargé de la conscience de son arrière petit-fils.

Noailles ne se contenta pas de cette petite vengeance, il fulmina un mandement contre les jésuites.

Pourtant le Père général disait dans une de ses lettres : « S'il faut que j'écrive de mon sang, des lettres, où je marque que j'aime mieux n'avoir aucun jésuite en France, que de déplaire aux Français, j'y suis prêt. »

L'archevêque de Paris avait beau s'en prendre ainsi à la Société des ennuis que son obstination lui causait, il n'en restait pas moins tenu en suspicion par les catholiques, et dans la plus fausse position du monde, en refusant son adhésion à la bulle.

Les papiers de l'époque, les rapports diplomatiques

et particulièrement la correspondance du maréchal d'Huxelles, chargé des affaires étrangères, avec le jésuite Lafitau à Rome, fournissent d'abondants détails sur les propositions, négociations, expédients, transactions, qui furent inventées, étudiées, repoussées tour à tour, et dont le but était de faire rentrer le cardinal dans le giron de l'Eglise.

Le trouble excité par la bulle augmente, les cardinaux adressent à Noailles une lettre collective, celui-ci ne répond qu'en faisant un appel secret de la bulle, au pape mieux conseillé et au futur concile général.

A Rome, par ordre de la congrégation des cardinaux inquisiteurs généraux dans tout le monde chrétien, on brûla les écrits contre la bulle, entre autres la lettre des curés de Paris à leur archevêque. « Ce petit feu, écrivait le consul de France, M. de la Chausse, répandra un grand embrasement. »

A quoi répondit le Parlement de Paris, en parlant d'un appel général de la nation au futur concile.

Une *déclaration* solennelle du roi ordonna le silence, et les dépêches s'échangèrent, plus pressantes, entre le secrétaire d'Etat et l'ambassadeur de France à Rome, le cardinal de la Trémoille.

L'attitude de l'archevêque de Paris, qui, après avoir reçu la bulle en 1715, en appelait quatre ans plus tard au concile, était aussi grave que ridicule ; en se prolongeant, elle devenait scandaleuse.

« Il faut à M. de Noailles autant d'amis qu'il en a,

écrivait de sa retraite, Mme de Maintenon, pour faire passer doucement une acceptation et une protestation en même temps. »

L'affaire cependant n'avançait pas.... « Que n'a-t-on pas tenté, écrivaient au pape, le 14 février 1717, les cardinaux de Rohan et de Bissi, pour déterminer M. le cardinal de Noailles à l'acceptation de la bulle. Il n'y a que l'autorité de votre béatitude qui soit capable de le déterminer. »

Le régent même, malgré son amitié pour l'archevêque, se lassait comme Louis XIV de toute cette diplomatie.

Il fut un moment question de déclarer Noailles suspens et interdit de toutes les fonctions ecclésiastiques, et de l'approche des sacrements; si le cardinal avait enfreint la défense, il eût été excommunié, et au cas où il n'en eût tenu compte, on lui aurait retiré le chapeau et son siège. Mais le pape répugnait à employer la violence.

Le cabinet de Versailles essaya de faire couler de l'argent à Rome par un agent subalterne, qui, seul avec le régent et le chancelier, aurait été dans le secret. On proposa ensuite un précis de doctrine soumis à l'approbation du pape.

Ce projet échoua par l'addition que les cardinaux de Rohan et Bissi y voulurent faire de la condamnation des cent et une propositions par le cardinal de Noailles :

« Non-seulement dans les sens expliqués dans le précis de doctrine convenu entre eux, par l'entremise du maréchal d'Huxelles, président des affaires étrangères, mais encore dans tous les autres mauvais sens qu'elles pourraient avoir, et dans lesquelles la bulle les avait condamnés. »

Sur les observations du cardinal, on proposa de substituer à ces mots, qu'il trouvait inadmissibles, ceux-ci :

« Et dans tous les autres mauvais sens dans lesquels lesdites propositions pourraient être condamnées par l'Eglise. »

Noailles, le vendredi, se rendant à l'audience qu'il avait ce jour-là, chaque semaine, du duc d'Orléans, lui dit que la clause insolite :

« *Le tout selon les sens contenus,* etc., pourrait par sa singularité et sa nouveauté, alarmer le pape, et plusieurs évêques sur la sincérité d'une pareille acceptation. » L'affaire en resta là.

Sur ces entrefaites, l'abbé Dubois arrive d'Espagne, où il vient de conclure le traité le plus important de la régence. — On le met au courant des affaires religieuses, et il déclare qu'on s'embarrasse inutilement, et que l'affaire peut se terminer en une demi-heure de conversation.

Il rédige de sa main un projet d'acceptation, que les deux partis repoussent avec une égale vigueur. La cour de Rome cependant, ne peut retarder une décision inévitable, et par les lettres *Pastoralis Officii,* le souverain-pontife sépare les opposants de la communion romaine.

L'archevêque de Paris se révolte, et va porter son appel au Palais-Royal ; mais le duc d'Orléans écrivait au pape quelques jours après : « Votre Sainteté verra une nouvelle preuve de mon attention dans la défense que j'ai faite de donner acte au cardinal de Noailles, suivant l'usage ordinaire, de la démarche qu'il a faite. »

Son Altesse supprimait en même temps le conseil de conscience dont l'archevêque était président. « Je ne doute pas, disait Dubois, dans les dépêches au cardinal de la Trémoille, que la suppression du conseil de conscience, dont les fonctions avaient souvent alarmé la cour de Rome, ne contribue à calmer ses défiances, aussi bien que celle des prélats qui pouvaient voir avec peine M. le cardinal de Noailles à la tête de ce conseil. »

Pendant ce temps, Dubois ne négligeait pas ses propres intérêts. A la mort de la Trémoille, il avait été nommé archevêque de Cambrai, et correspondait activement avec Lafitau pour atteindre au but suprême de son ambition, le chapeau de cardinal.

Afin de n'éveiller aucun soupçon, l'ancien précepteur du régent, était convenu avec Lafitau de parler de lui, Dubois, et de ses négociations comme d'une *dame de Gudagne,* qui serait à Rome pour un procès.

Une de ses lettres fut saisie par le marquis de Torcy,

grand-maître des postes, et remise au régent. Ces mots : *La dame de Gudagne espère gagner son procès ;* « *si la dame de Gudagne gagne son procès* » revenaient fréquemment.

Un matin que Dubois, selon sa coutume, était dans la chambre du régent, (une heure avant le réveil de Son Altesse, il était au chevet de son lit), le duc d'Orléans lui montra la dépêche saisie, et lui demanda l'explication de cette allégorie.

Le ministre avoua tout, et fut autorisé à continuer secrètement ses démarches.

Le 14 novembre 1719, le roi écrivit à notre ambassadeur à Rome *(Inédit.)* :

« Mon cousin, voici le temps où le duc d'Orléans, mon oncle, croit pouvoir profiter du calme produit par la déclaration que j'ay donné, pour préparer par le silence une acceptation universelle de la Constitution par la conclusion de l'affaire des bulles et par l'état heureux de mes affaires, tant au dedans qu'au dehors de mon royaume, pour disposer le cardinal de Noailles et les autres évêques qui n'ont pas reçu la bulle *Unigenitus* à l'accepter.... »

Quelques mois plus tard, le 18 février 1720, le roi, âgé de 10 ans, entra pour la première fois au conseil de Régence.

On résolut à Versailles de pousser l'affaire avec vigueur....

L'archevêque de Paris, de son côté, sentait bien

que sa résistance était puérile et qu'il ne fallait pas songer à se dire catholique sans accepter la bulle, et rester bien avec les jansénistes tout en l'acceptant. Il épiloguait, *il s'accrochait aux branches,* il consentait à accepter la constitution *Unigenitus* par un mandement, mais — sachant que le Parlement ne la voulait point enregistrer — il disait ne pouvoir publier son mandement qu'après l'enregistrement de la bulle au Parlement de Paris.

Dans une lettre, où perce le style remarquablement ferme et lucide, et la main dégagée de Dubois, le duc d'Orléans le poussa dans ses derniers retranchements. *(Inédit.)*

« .... Il s'agit de prendre votre parti : si vous persistez à ne vouloir publier votre mandement que lorsque le Parlement aura enregistré, vous prenez le chemin qu'il faut prendre pour empescher l'enregistrement, et par conséquent, pour vous dispenser de publier. Dès qu'il sera public que vous ne voulez avancer qu'avec le Parlement, ces messieurs, qui sont mécontents, se rendront plus opiniâtres, et seront charmés d'avoir ce dégoût à me donner. Vous vous mettez à leur teste pour me déclarer la guerre. Il faudra donc voir qui de nous deux sera le plus fort, vous voyez que votre collusion avec le Parlement crêve les yeux, et les conséquences que j'en dois tirer.

» Mais enfin, vous attendez que le Parlement enregistre, d'où savez-vous que je permettrai au Parlement de se rassembler à la Saint-Martin, et si je n'ai pas des raisons d'Etat pour me passer de lui jusqu'à la majorité? Si vous ne différez que pour me forcer à le rassembler, il n'en faut pas davantage pour m'en éloigner; ce ne sera pas vous qui me ferez la loi. Le seul moyen de m'adoucir envers le Parlement, c'est de publier.

» .... Ainsi prenez votre parti, car je veux prendre le mien.

» Je vous donne jusqu'à mardi. Revenez avec une réponse positive. Vous y ferez vos réflexions. Les miennes sont toutes faites. »

Le mardi, le cardinal alla à l'audience du duc d'Orléans : elle fut longue; après lui avoir parlé seul, ce prince appela le chancelier, et l'on finit par dire au cardinal de remettre un exemplaire de son mandement, signé de lui. Le cardinal le donna.

Les entrevues se succédèrent, et l'archevêque finit par dire qu'il aimait mieux donner sa démission que de publier son mandement. La cour tenait à éviter ce scandale, on députa le premier président, Noailles fit, en d'autres termes, la même réponse.

Cette réponse fut envoyée au régent, qui présidait en ce moment le Conseil, il la lut, la montra au chancelier et la jeta au feu en criant :

« Voilà bien le cardinal de Noailles, et ses réponses qui ne finissent rien!...

Le Parlement, mis en demeure, refusa d'enregistrer;

on s'y s'attendait. Il fut transféré à Pontoise, et le grand Conseil, sur l'ordre exprès du cabinet, enregistra.

Le peuple, qui sera de tout temps en France, avec l'opposition, chansonna le grand Conseil :

> L'arrêt que rendit le grand nombre
> Ne fut que l'arrêt de son ombre,
> Et le Conseil fut étonné,
> D'avoir sans lui-même opiné.

Le pape mourut en ce temps-là, et Innocent XIII monta sur la chaire pontificale. Il était animé des mêmes intentions bienveillantes que ses prédécesseurs, et préférait user de longanimité.

Le cardinal de Rohan écrivait au régent :

Le pape m'a dit : « Quoique je n'aie pas vu M. le cardinal de Noailles, parce que je n'étais pas à Rome quand il est venu, cependant je le connais assez pour savoir que, par les mœurs, c'est un saint. Je ne crois pas aussi qu'il veuille appuyer de mauvaises doctrines, mais il faut qu'il aide nos bonnes intentions. »

Le pape adressait en même temps à l'archevêque de Paris un bref pour l'engager à se soumettre : A notre très-cher fils Louis-Antoine, nommé de Noailles, prêtre-cardinal de la sainte Église romaine, du titre de Sainte-Marie-Majeure.

De son côté, le régent voyant que l'archevêque persistait à lier sa fortune à celle du Parlement, menaça ce corps de le transporter à Blois.

Or, le Parlement voulait bien être janséniste, et faire de l'opposition et ne pas publier la bulle, mais il ne voulait pas aller à Blois.

— Si vous ne publiez pas, dirent les conseillers à l'archevêque, nous allons à Blois.

Et ce que ni les papes, ni Louis XIV, ni les évêques, ni le collége des cardinaux, ni les ordres religieux, n'avaient pu obtenir d'un archevêque, le Parlement l'obtint.

Son mandement, publié en 1719, commençait ainsi :

« Nous acceptons, avec respect et soumission, la Constitution, renouvellons la condamnation que nous avons déjà faites du livre des *Réflexions morales* et condamnons, tant ledit livre que les cent et une propositions avec les mêmes qualifications prononcées respectivement par Sa Sainteté. »

Ainsi se termina cette petite grande affaire d'un cardinal qui, pendant quinze ans, avait tenu en échec toute la chrétienté, en refusant d'accepter une constitution dogmatique.

Sans incriminer la soumission de M. de Noailles, que nous pouvons croire sincère, nous constatons avec regret, que le pasteur de la capitale ne pardonna pas aux jésuites l'acte d'orthodoxie qu'ils lui avaient fait accomplir.

Il s'opposa de toutes ses forces, à ce qu'un des pères devînt confesseur du roi. Le Père de Lignière fut toutefois nommé, parce que le gouvernement espagnol en faisait une des conditions du mariage, alors projeté, entre Louis XV et une infante d'Espagne. On donna au Père de Lignière le brevet et la pension, il vint au sermon en habit de confesseur, et accompagna dans cet habit Sa Majesté à Saint-Germain l'Auxerrois.

Mais le cardinal de Noailles refusa les pouvoirs à ce jésuite, et comme l'abbé de Fleuris s'était retiré, l'abbé Chuperel, chargé de la musique, confessa Louis XV pendant que le Père de Lignière avait le titre.

A la fête de Pâques, le maréchal de Villeroi dit à Chuperel de se mettre à la messe, près du prie-Dieu de Sa Majesté, à la place ordinaire des confesseurs. Chuperel répondit que sa place à la messe du roi, était à la musique et qu'il serait embarrassé dans une place où il se verrait au-dessus de gens qu'il reconnaissait comme ses supérieurs.

Le maréchal de Villeroi ne pouvant décider ce brave abbé, chargea de ce soin le cardinal de Rohan; le cardinal ne s'en voulut point mêler, crainte de décider de travers, et renvoya Chuperel au maréchal qui recommença ses instances. Tout fut inutile, Chuperel retourna à sa musique, mais Noailles ne céda pas.

Il faut dire à la louange de l'archevêque, qu'il déployait autant de fermeté dans l'accomplissement de ses devoirs de pasteur, qu'il mettait d'entêtement dans la satisfaction de ses petites rancunes.

La duchesse de Berry, fille du régent, étant tombée gravement malade, le curé de Saint-Sulpice, sa paroisse, ne manqua pas de se présenter au Luxembourg, afin d'y remplir ses devoirs de pasteur. Mme de Mouchy, dame d'honneur, lui répondit qu'elle n'irait pas l'annoncer à Mme la duchesse de Berry, parce qu'elle était bien sûre que cette princesse ne voudrait pas le recevoir. Il ne put rien obtenir. Il déclara tristement qu'il se trouverait obligé d'interdire l'usage des sacrements à la malade, et le bon curé s'achemina vers le Palais-Royal, où M. le duc d'Orléans le fit introduire immédiatement dans son cabinet. Au bout d'une demi-heure de cette pénible conférence, on vit partir des écuries d'Orléans un carrosse du prince qui se dirigea sur l'archevêché pour en ramener le cardinal de Noailles, à qui M. le régent demandait à parler le plus vite possible, et qu'il envoyait conjurer de se rendre au Palais-Royal sans nul retard. M. le cardinal arriva dans un carrosse à lui, parce que les armes d'Orléans étaient sur l'autre voiture, ce qui déplut souverainement à M. de Ségur, maître de la garde-robe de Son Altesse Royale et chargé par elle de cette commission. La séance fut longue entre ces deux ecclésiastiques et M. le régent.

Tous les ministres, les conseillers et les courtisans du Palais-Royal en attendaient la fin, dans une galerie qui précédait le cabinet du prince; enfin la porte s'ouvre, le cardinal en dépasse le seuil, il se retourne, et là, devant tout ce monde, et tout à côté du régent qui avait l'air consterné, voici ce qu'il dit à l'abbé de Gerzy :

« M. le curé, en vertu de mon autorité comme archevêque de Paris et votre supérieur canonique, je vous défends d'administrer, faire administrer, ou laisser administrer les sacrements de l'Eglise à madame la duchesse de Berry, à moins que M. le comte de Riom et madame la vicomtesse de Mouchy ne soient partis du Luxembourg, et qu'ils n'en aient été congédiés par ordre de cette princesse. »

Cependant la duchesse de Berry se mourait, elle demandait impérieusement à recevoir les onctions avec le saint Viatique, dont le refus la mettait dans un état d'exaspération forcenée; le malheureux duc d'Orléans qui l'adorait, et qui craignait qu'elle ne pût être inhumée comme une chrétienne et comme une princesse, renvoya M. de Ségur à l'archevêché et au presbytère de Saint-Sulpice, afin d'obtenir du cardinal et de M. de Gerzy, qu'ils se rendissent au Luxembourg où M. le régent fut les attendre avec la frayeur dans l'âme.

Arrivés là, et réunis tous les trois, refus complet, opiniâtre, insurmontable. Le régent s'en retourna désespéré. Le cardinal-archevêque répéta devant les familiers du Luxembourg ce qu'il avait dit le matin au Palais-Royal, et le curé s'établit dans une première salle, afin de rester à portée de veiller au salut de sa paroissienne.

Marie-Louise d'Orléans, duchesse de Berry, mourut cinq jours après au Pavillon de la Muette.

IV

Quelques années plus tard, l'an mil sept cent vingt-neuf, le mercredi vingt-quatre mai à deux heures un quart après minuit, décéda en son palais archiépiscopal éminentissime et révérendissime Père en Dieu monseigneur Louis-Antoine de Noailles.

Ceux qui veulent, dit Vauvenargues, que les hommes soient tout bons ou tout mauvais, ne connaissent pas la nature humaine. Telle est la seule oraison funèbre qui convienne au cardinal. Noailles a eu pendant vingt ans un parti dans la capitale, et ce n'était pas un parti orthodoxe comme le prouvent ces vers de l'abbé des Fourneaux, dont la poésie de mirliton servit à encadrer une estampe que l'on vendit à la mort de l'archevêque :

> Du savant Athanase, imitateur fidèle,
> Cet illustre prélat, des prélats le modèle,
> Respecté de son peuple, estimé de son roi,
> Fit admirer partout sa constance et sa foi.
> Pour soutenir les droits de l'Eglise de France,
> Il fut longtemps *persécuté*
> Son zèle triompha de la fausse prudence
> Et du *mensonge accrédité*
> Humble dans la prospérité,
> Comme Zorobabel constant dans sa disgrâce,
> Il montra par sa fermeté,
> Que rien au monde ne surpasse
> La force de la vérité.

La vérité est qu'il a fait, comme dit d'Aguesseau, plus de belles retraites que de belles défenses. Encore sa résistance fit-elle beaucoup de mal à l'Eglise et sa soumission vint-elle trop tard pour opérer un très-grand bien.

Il montait un jour par un mauvais escalier pour voir une réparation que l'on avait faite au haut de Notre-Dame :

« Jamais, dit-il, on n'a fait passer un archevêque par d'aussi mauvais chemins que moi.... »

Les chemins, ce fut au demeurant, M. de Noailles qui les préféra tels, et si des plaintes devaient s'élever, l'Eglise seule aurait le droit de les formuler, qui souffrit si longtemps du fol entêtement d'un de ses princes.

Son épiscopat se consuma en des discussions où il se voyait sans cesse obligé de reculer, pour s'être imprudemment avancé, et dans lesquelles il finissait par mécontenter également tous les partis.

A voir cette figure large aux contours très-doux, cette bouche souriante, cet œil clair et naïf, ce front haut ombragé de cheveux longs et abondants, avec de petites mèches tombant à droite et à gauche, on ne se fut vraiment point imaginé être en présence d'un homme d'une obstination proverbiale, à la fois subtil comme un rhéteur, et simple comme un enfant, l'entêtement dans l'indécision, docile aux conseils de gens qui estimaient les jésuites incapables d'enseigner autre chose que le *Kyrie eleison*.

L'un des plus tristes effets de ces jours de crise, c'est l'empire qu'ils donnent aux opinions extrêmes, les passions s'allument, les griefs se développent, les animosités s'aigrissent, les violences réciproques suscitent l'entraînement des représailles. Pourtant la cour de Rome usa d'autant de patience que l'archevêque mit d'entêtement.

Noailles fut un de ces hommes rares, respectables et déplaisants, qui ont toujours l'air de concourir pour le prix Monthyon et font plus de mal avec leurs vertus que d'autres avec leurs vices.

FIN DU TOME PREMIER.

TABLE DES CHAPITRES.

Introduction 5

PREMIÈRE PARTIE.

CHAPITRE I.

Saint Denis, apôtre de Paris. — Les dieux de Lutèce. — La mort d'un martyr. — 250-286 49

CHAPITRE II.

Les successeurs de saint Denis. — Saint Marcel. — Le bourg Mouffetard. — Le dragon des cimetières. — 286-436 59

CHAPITRE III.

Ruine de l'empire. — Clovis. — Le christianisme à Paris. — Héracle et sainte Geneviève. — Un évêque déposé. — Le fils de Chlodomir. — Eusèbe. — 436-545 65

CHAPITRE IV.

Saint Germain, évêque. — Childebert et saint Germain. — La basilique de Paris. — Evêque-Roi. — 555-576 71

CHAPITRE V.

Le disciple de saint Germain, Ragnemode. — L'évêché de Paris à l'encan. — Saint Céraune. — Les conciles. — Saint Landri. — 576-656. 79

CHAPITRE VI.

Agilbert. — Evêque et moine. — Hugues, prélat grand seigneur. — Enée, le notaire royal. — 666-883. 91

CHAPITRE VII.

Gozlin, quarante-neuvième évêque de Paris. — Comment Paris fut assiégé *et défendu par Gozlin.* — Du rôle qu'il a joué en France. — 883-886. 97

CHAPITRE VIII.

Des successeurs de Gozlin. — Renaud de Vendôme. — Le sac de Saint-Germain des Prés. — 886-1124. 107

CHAPITRE IX.

Etienne de Senlis. — La royauté. — Du rôle des évêques. — Le prieur de Saint-Victor. — Pierre Lombard. — Le Maître des Sentences. — Maurice de Sully. — La Cathédrale. — Les Elections. — Eudes de Sully. — La fête des Fous. — L'Excommunication. — 1124-1208. . 111

CHAPITRE X.

Le tombeau de Pierre de Nemours. — Le génie de la discussion au moyen âge. — Cy dit l'entrée solennelle du seigneur évêque de Paris. — Cy dit l'hommage prêté par ses vassaux, et comment il les reçoit. — L'évêque interdit à l'Université le droit d'avoir un sceau, et des troubles qui en adviennent. — Comment force resta à l'évêque. — Des jugements de Dieu. — L'Epée, l'eau froide. — 1208-1304 151

CHAPITRE XI.

Les Moustiers de Paris au xive siècle. — Où l'évêque assiste au procès des Templiers. — Cy dit des légendes du moyen âge. — Des superstitions sur les Sacrements. — De Maître du Coignet. — Comme l'évêque Pierre de Forest fut un grand homme. — L'évêque sait faire respecter l'Université. — 1304-1409 189

CHAPITRE XII.

Paris et ses évêques au xve siècle. — Du grand dîner que messire de Montagu donna pour son frère l'évêque, et de ce qui en advint. — Comment le sublime docteur Courtecuisse devint évêque, et comment le roi anglais en agit au siège de Paris. — Comme le roi d'Angleterre fut sacré à Notre-Dame. — De Guillaume Chartier. — Des sorciers et de l'air du temps. — 1409-1532 209

CHAPITRE XIII.

Comment le moyen âge fut une période de civilisation. — Du cardinal du Bellay. — De la cour de l'évêché. — De Rabelais. — Comment l'évêque en usa pour la conversion du roi d'Angleterre. — Comment est né le gallicanisme. — De la maison de Gondi. — Le cardinal de Gondi. — 1532-1622 229

SECONDE PARTIE.

CHAPITRE I.

Les archevêques dans les temps modernes. — Période politique et diplomatique. — Le concordat de François Ier. — Son influence, ses causes. — Les Bulles. — Autrefois et aujourd'hui. — 1622. 251

CHAPITRE II.

JEAN-FRANÇOIS DE GONDI.

Erection de l'évêché en archevêché. — L'ordre du Saint-Esprit. — L'archevêque commandeur. — Les Eglises de Paris au dix-septième siècle. — Le clergé de Paris pendant la Fronde. — Les Ordres religieux sous l'épiscopat de Gondi. — 1622-1654 267

CHAPITRE III.

LE CARDINAL DE RETZ.

L'abbé de Buzay. — Retz dans la société de son temps. — Son rôle dans la Fronde. — Le cardinal au Conclave. — La vieillesse d'un conspirateur. — Retz et ses mémoires. — 1654-1662. . . . 293

CHAPITRE IV.

PIERRE DE MARCA.

Un magistrat archevêque. — Un archevêque homme d'Etat. — Son épitaphe. — 1662-1662. 325

CHAPITRE V.

HARDOUIN DE PÉRÉFIXE DE BEAUMONT.

Le précepteur de Louis XIV. — Un portrait du temps. — Hardouin à Port-Royal. — La vie de Henri IV. — 1662-1671. 329

CHAPITRE VI.

FRANÇOIS DE HARLAY DE CHAMPVALLON.

Harlay en Sorbonne. — Un sermon à la cour. — Les religieuses de Charonne. — La cour de Rome et le cabinet de Versailles. — Le gallicanisme. — Dépêches du duc d'Estrées. — Mission du cardinal d'Estrées. — Rôle de Harlay. — Correspondance diplomatique. — Un prélat disgracié. — 1671-1695. 345

CHAPITRE VII.

LE CARDINAL DE NOAILLES.

M. de Châlons. — Installation solennelle. — La mort de Bossuet. — Le livre du Père Quesnel. — Noailles et les Jésuites. — La diplomatie secrète de Louis XIV. — M. Amelot — Le *Problème ecclésiastique*. — *La bulle Unigenitus*. — Le roi et le cardinal. — Noailles au Conseil de Conscience. — Le confesseur du roi. — Sa soumission et sa mort. — 1695-1729. 381

Tournai, typ. Casterman.

Chez le même Éditeur :

HISTOIRE
DES
COMTES DE FLANDRES

PAR EDWARD LE GLAY
Chevalier de la Légion d'Honneur et de l'Ordre de Léopold.

OUVRAGE COURONNÉ PAR L'INSTITUT

DEUXIÈME ÉDITION REVUE AVEC SOIN

Beau volume, très-grand in-8° à 2 colonnes de 418 pages.
PRIX : **5** FRANCS

SAINTS & GRANDS HOMMES
DU CATHOLICISME

(Belgique et Nord de la France)

PAR LE R. PÈRE SMET
de la Compagnie de Jésus.

NOUVELLE ÉDITION REVUE AVEC SOIN

Beau volume, très-grand in-8° à 2 colonnes de 408 pages.
PRIX : **5** FRANCS